U0605222

本书获得

国家自然科学基金项目70872020、

国家软科学研究计划项目2014GXS4D116和

福建省社会科学研究基地财务与会计研究中心

资助

福建省社会科学研究基地财务与会计研究中心系列丛书

Series Books of Fujian Province Philosophy Social Science Research Base Finance and Accounting Research Center

公司互联网报告的风险及其治理机制研究

林　琳 / 著

RESEARCH ON THE RISKS OF CORPORATE INTERNET REPORTING AND GOVERNANCE MECHANISMS

中国财经出版传媒集团

经济科学出版社
Economic Science Press

前言

21 世纪伊始，国内外相继曝光的亿安科技、银广夏、蓝田、安然、世通、施乐等系列财务舞弊案件严重冲击了全社会对会计人和会计信息质量的信任，对现有公司信息披露尤其对财务报告的质疑和批评一度甚嚣尘上。来自全社会的批评浪潮和信任危机对会计学术界构成了巨大的思想撞击，亦引发了一些学者对现行公司对外报告系统的深刻反思和对未来财务报告改革的殷切期望。

与此同时，互联网在商业领域应用的异军突起及其卓越的技术优势迅速吸引了国内外众多学者和研究机构的关注。学者们发现，互联网的全球同步发布信息、广泛可及性、及时信息披露和灵活的信息列报方式等显而易见的优势使其具有新型公司信息披露平台的潜质，并可作为解决现有公司报告系统诸多问题的技术承载体。于是，对互联网在公司信息披露领域应用的研究自 21 世纪初起便成为一股会计学术研究的新风。

21 世纪以来，国内外学术界对公司互联网报告的研究主要集中于以下方面：报告模式研究；应用现状调查和比较研究；决策影响研究；报告动机和影响因素研究。大量研究对互联网之于公司报告系统改革的革命性意义充满了溢美之词，包括：互联网使公司可与当前和未来投资者沟通各类信息，强化公司向投资者提供最新信息的能力，是一个重要的促进资本市场功能运转的工具；互联网提供了灵活的信息披露方式，是公司最佳的进行信息披露管理的平台；互联网媒介的广泛可及性，使得任何信息使用者均可获得原先只有公司管理层、专业投资分析师和财经新闻媒体才能够获得的信息。因此，公司对外报告模式将发生根本变革，公司报告将实现“民主化”等。

伴随着学术界的积极研究，互联网在公司对外报告实践中的应用早已悄然兴起。2000 年，美国财务会计准则委员会（FASB）在其《企业报告信息电子发布》研究报告中公布如下调查数据：99% 的美国财富百强公司建有网站，其中 94% 网站包含一定形式的投资者关系网页和年度报告，信息列报的高级方法包括声频、视频和图像等；阿拉姆和莱姆（Allam and Lymer，

2003）对美国、英国、加拿大、澳大利亚和中国香港共250家公司的调查发现，其中99.6%建有网站，98.8%运用互联网发布新闻稿，并均开辟了投资者关系管理专栏以披露财务和其他信息。以上数据表明，实务界对互联网技术的欢迎态度丝毫不亚于学术界，并大有运用其改革已有对外报告系统的决心和行动力。目前，互联网在国内外公司尤其上市公司信息披露领域的应用已经普及。

可喜的是，互联网在商务领域的应用前景及其革命性意义也受到了我国政府部门和研究基金管理机构的重视。2000～2015年，国家自然科学基金委员会资助的以互联网在商务领域应用为主题的研究涉猎互联网环境下的企业价值增值模式、信息传播机制、营销战略变革、股票市场证券定价、内部控制设计、组织结构设计和上市公司信息披露等多个领域。其中，公司互联网报告的专门研究有六项，我的导师潘琰教授主持了其中的两项。这两个项目分别在我硕士和博士入学年获批，也就顺理成章地成为我硕士和博士论文研究课题。由于我本科阶段的计算机专业学习背景，这几乎让我觉得自己与互联网报告研究具有天然的缘分。硕士阶段主要围绕互联网对公司报告的影响展开，对互联网报告的模式、会计信息质量特征和信息使用者多样化需求的满足等问题进行了研究，硕士论文的主要部分发表在《会计研究》上，并获得中国会计学会组织评选的2007年度优秀会计学术论文二等奖第一名，取得了较好的研究成果。

2000年以来，国内外学者主要对互联网报告的模式、优势及其对传统公司报告的改进路径等进行了研究，对互联网报告收益的关注呈现了过分集中的趋势，极少有研究探讨其可能引发的风险问题。得益于对学术研究的敏锐洞察力，我的导师潘琰教授在国家自然科学基金项目的研究中将公司互联网报告的风险及其治理作为核心研究问题，这显然是对既有研究视角和研究内容的有力突破与拓展。而公司互联网报告已然风行于全球的事实及其与现有研究对风险问题缺乏探索形成的巨大反差使得我博士阶段的研究不但紧跟了时代发展的步伐，而且具有一定理论探索和现实启示意义。我很荣幸在硕士和博士阶段持续进行了公司互联网报告问题的研究，相信研究成果对于推动互联网时代上市公司信息披露实践的发展具有一定参考意义。在本书即将出版之际，谨向我的导师潘琰教授致以最深的谢意！

林　琳

2016年3月2日

目录

Contents

第1章

绪　论

1.1　研究背景及意义

1.1.1　研究背景

20 世纪 90 年代以来，各国相继发生的上市公司舞弊案件，引发了全球范围内对提高公司透明度的强烈要求和改革公司对外报告系统的广泛讨论。与此同时，互联网的蓬勃发展及其作为新型公司信息披露平台的潜质吸引了国内外众多学者和研究机构的关注和推崇：互联网提供了灵活的信息披露方式，是公司进行信息披露管理的最佳平台（Wallman，1995）；互联网媒介的广泛可及性，使得任何信息使用者均可获得原先只有公司管理层、专业投资分析师和财经新闻媒体能够获得的信息，因此，公司对外报告模式将发生根本变革，公司报告将实现"民主化"（Wallman，1997；Trites，1999；FASB，2000）；互联网使得公司可与当前和未来的投资者沟通各类信息，强化公司向投资者提供最新信息的能力，是一个重要的促进资本市场功能运转的工具（Jasim，2008）。学者们指出，运用互联网对外披露财务信息显见的益处至少包括：（1）减少印制和分发传统年度报告的成本；（2）可向全球信息使用者同步发布信息，且具备提供满足其特定需求信息的能力；（3）信息容量远大于传统年度报告；（4）提高信息披露的及时性，使得公司与利益相关者间的信息沟通更加及时高效；（5）可以创新的方式（如声频和视频）发布公司信息（Trites，1999；FASB，2000）。一些学者甚至预言传统纸质报告将渐次消亡，公司报告将逐步移往互联网（Bury，1999；Nordberg，1999；Romain，2000）。

互联网的兴起为公司对外报告系统的改革注入了前所未有的希望和生机，学者们纷纷对互联网与公司报告系统的结合寄予厚望，长期以来困扰传统报告的难题似乎均有可能迎刃而解。例如，格林和斯波尔（Green and Spaul，1997）认为，互联网将促进公司信息供给的增加，使得一系列额外的非财务信息得以发布，实现实时报告和按需报告；琼斯和肖（Jones and Xiao，2004）指出，互联网将以其特有的互动性、创新列报方式、全球可访问、速度和空间不受限制等技术优势成为传统财务报告问题（如及时性不足和无法按需定制信息）的解决者；肖等（Xiao et al.，2002）学者更进一步指出，通过从基础数据库抽取数据、剪辑内容以满足用户个性需求、利用多媒体技术动态生成报告内容、利用人工智能技术在报告编制者与使用者间互动等，互联网报告具有远胜于纸质报告的技术优势，因而具有巨大的发展潜力。

除上述明显优势之外，学者们更认为公司运用互联网进行对外报告具有特殊意义：公司建设网站进行互联网报告可引发潜在股东的兴趣，并有助于提升形象（Noack，1997）；互联网使得公司能够以自己的语言表述信息，公司网站的真正价值在于提供给公司形象展示自身独特品牌的机会（Lowengard，1997）；互联网媒介使公司能够控制数据发布的背景强调正面信息并对潜在负面信息予以解释（Allam and Lymer，2002）；互联网是一个恰当和有效的传递公司战略信息的方式，它可能是最有效的向利益相关者传达信息的手段（Campbell et al.，2003）；互联网为公司提供了改造和现代化其过时且非效率报告方式的机会（Bonson and Escobar，2006）；互联网是一种优越的沟通工具，使公司重新考虑其信息披露策略，由于其信息披露显著比传统手段更灵活，披露内容远比传统手段广泛，这表明公司管理层与投资者间的关系管理工作将更为直接、动态和互动，通过互联网平台，公司将提高信息披露的及时性和透明度，更好地与利益相关者沟通，并借此更加有效地实施其报告策略（Cormier et al.，2009）。

伴随着对公司互联网报告优势和发展前景的热情探讨，实践中互联网已悄然成为全球众多公司对外信息披露的重要平台。20 世纪 90 年代中期起，一些大型公司率先将其应用于对外信息披露工作，有目共睹的优势令众多公司纷纷效仿，学者们的调查数据揭示了互联网报告实践在全球范围内开展的步伐：劳尔斯（Louwers，1996）等发现大约 23% 的财富 500 强前 150 家公司在其网站发布了几乎全部纸质年度报告信息；特里特斯（Trites，1999）

的调查显示，69%在纽约（NYSE）、纳斯达克（NASDAQ）和多伦多（Toronto Stock Exchange）证券交易所上市的公司计10 000家建有网站，其中35%披露财务信息；莱姆等学者（Lymer et al.，1999）受国际会计准则委员会（IASC）之托对22个国家前30强公司（共660家）进行调查，发现86%建有网站，且其中之62%在其网站披露财务信息。至2000年，运用互联网沟通公司信息已经相当普遍（Brennan and Hourigan，2000），美国财务会计准则委员会（FASB，2000）在其研究报告——《企业报告信息电子发布》中公布了如下调查数据：99%美国财富百强公司建有网站，其中94%的网站包含一定形式的投资者关系网页和年度报告，年报主要以HTML或PDF格式列报，报告指出：许多公司不论规模大小，均已在互联网上发布信息，在公司网站上，通过由一个网站向其他网站超链接，人们可在数秒之内访问许多信息，信息列报的高级方法包括使用声频、视频和图像等。

然而，互联网是柄“双刃剑”，风险与机会总是如影随形。互联网报告的发展也对信息使用者、审计师和监管机构带来了巨大的潜在影响，其在拓宽获取信息途径的同时，也带来了安全、审计和监控问题（Gowthorpe and Flynn，2001）。1998年，英格兰和威尔士特许会计师协会（The Institute of Chartered Accountants in England and Wales，ICAEW）发表了名为《21世纪的年度报告》的研究报告，报告指出：当前，在会计发展过程中出现了根本性的变革，技术和全球化等因素正推动会计财务报告领域的创新，然而，监管机构却难以跟上会计变革的速度。1999年，多伦多证券交易所（Toronto Stock Exchange）在其发布的《电子沟通披露指南》中指出：互联网在提供信息方面是一个巨大的进步，它即时地将相关信息置于投资者的指尖，但也提出了监管挑战①。主要表现在：信息列报方式远比传统手段灵活，披露信息的范围远比传统手段广泛，大量定性非财务信息构成了报告内容的主体，而信息更新频率不受限制，可实现动态更新。理论上，通过互联网报告公司可发布无限容量的信息，将极大拓展公司对外报告的信息类型及范围，但也带来了信息质量鱼龙混杂的局面，不可靠信息可能和可靠信息并行披

① 该指南用于指导在多伦多证券交易所上市的公司运用互联网披露财务信息，2003年修订，指南主要内容被收录于2001年、2003年、2005年、2006年、2009年编制的多伦多证券交易所手册423节（Toronto Stock Exchange Company Manual Section 423）。

露，虚假信息可能以各种方式传播，诸如误导性、法律责任等风险可能随时出现，信息使用者虽然能够获得由纸质报告所无法获得的大量信息但将面临信息误导、信息不可靠等各种信息风险的困扰，审计师对信息质量的鉴证、监管机构的监管以及投资者保护工作都将变得更加困难。

2015 年 2 月 3 日，中国互联网信息中心（CNNIC）在京发布了《第 35 次中国互联网发展状况统计报告》，报告显示，截至 2014 年 12 月，我国网民规模达到 6. 49 亿，网民规模、宽带网民数、国家顶级域名注册量三项指标继续稳居世界第一；报告认为，互联网已成为我国新闻传播领域影响巨大、最具发展潜力的主流媒体。显然，互联网将成为公司对外信息披露主流平台的趋势也已明朗，互联网报告有望逐步取代公司传统信息披露形式，成为公司对外信息披露的主要窗口和外部利益相关方获取公司信息的主要渠道。在此背景之下，迫切要求对公司互联网报告的风险及其治理机制展开系统研究，以为互联网时代公司信息披露风险的有效治理、切实提高信息披露质量和保护投资者利益之监管目标的实现作出有益的探索和贡献。

1. 1. 2　研究意义

公司互联网报告实践产生至今将近二十年，尽管一些学者对其风险问题表示了关注，但多数学者更多地讨论和憧憬了其可能带来的各方面收益。前期相关文献仅在对互联网报告其他主题的研究中附带提及了风险问题，相关讨论不仅不够深入而且缺乏系统性，迄今尚未见到对公司互联网报告风险问题的系统研究，这与已然风行于全球的互联网报告实践形成了巨大反差。理论研究过度滞后于实践发展的状况应当引起包括学者、研究机构和监管机构在内的有关各方的重视。

将风险管理理论引入公司互联网报告领域风险问题的研究，对公司互联网报告风险形成的机理及其风险因素进行系统的理论分析和实证检验，开展定量风险评价，并在此基础上探索多方协同参与的风险治理机制，不仅将弥补公司互联网报告领域风险问题理论探索的缺憾，进一步丰富该领域的研究成果，为公司互联网信息披露实践的顺利开展奠定理论基础，而且有利于公司运用互联网技术提升透明度，保护信息使用者利益，增进互联网时代资本市场信息流通和利用的效率及效果，有利于引导包括信息使用者、公司、审计师以及监管机构在内的利益相关各方对公司互联网报告形成全方位的理性认识，不仅了解其优势和收益，更要正确认识其风险和不利后果，辨识自身面临的关键风险因素和主要风险，并采取适当机制予以积极治理，在规避可能发生的各种有形经济损失和无形声誉损失的同时，收获创新的互联网报告带来的各项预期收益。因此，公司互联网报告的风险及其治理机制研究具有重要的理论和现实意义。

1.2 风险管理理论概要

1.2.1 风险的定义

当今世界，是机遇与风险并存的世界。技术的长足发展在创造了无数机遇的同时，也使人们不断面临各种风险的挑战。西方学者对风险的研究由来已久，“风险”这一概念出现于20世纪初期，最早对其展开系统研究的是美国哥伦比亚大学的威利特博士（Willet，1901），他做了如下定义：“所谓风险，就是关于不愿发生的事件发生的不确定性之客观体现”①。这包含三层含义：其一，风险是客观存在的；其二，风险的本质与核心是具有不确定性的；其三，风险是人们主观所不愿发生的。

20世纪以来，风险问题已成为包括工程技术、信息技术、金融工程、经济学和企业管理等在内的众多学科领域重要的研究内容，不同研究领域学者从各自视角出发对其提出定义，这些定义对风险在各领域的研究具有重要指导意义。以下，本书阐述几类有代表性的观点，并做简要评述。

1. 风险是损失发生的不确定性

美国学者梅尔（Mher）将风险定义为，“风险是有关损失的不确定性”②。布罗科特（Brokett）、查恩斯（Charnes）和库珀（Cooper）等的定义是，“风险是不利事件或事件集发生的机会，并可运用概率进行描述”③。我国学者魏迎宁指出，“风险是损失的不确定性，这种不确定性包括损失发

① Allan H. Willet, The Economic Theory of Risk and Insurance, University Press of the Pacific, 2002.

②③ 卓志：《风险管理理论研究》，中国金融出版社2006年版，第56~60页。

生的不确定性和损失程度的不确定性”①。该类观点主要强调风险可能导致损失，而损失的发生具有不确定性。

2. 风险是事件可能结果发生的不确定性

1996年，美国著名风险管理学家普里切特（Pritchett）将风险定义为，“风险是未来结果的变化性，当我们处于这样一种状态中，即事件的结果具有不同于我们预期的可能性时，风险就产生了”②。哈林顿（Harrington）和尼豪斯（Niehaus）认为，“风险的通常含义是指结果的不确定状态，或者是实际结果相对于期望值的变动”③。斯基珀（Skipper）认为，“风险为预期结果与实际结果间的相对变化”④。我国学者顾孟迪和雷鹏指出，“在最一般情况下，风险可看做是实际结果与预期结果的偏离，用方差正好可表示这种特征”⑤。该类观点主要强调未来可能发生结果的变动程度，由于计算的简便性，运用方差计量风险在实践中得到了广泛应用。但该类定义没有区分有利结果和不利结果，因为有利结果并非风险。

值得注意的是，前两类观点均指出风险的本质在于其不确定性，不确定性包括随机性和模糊性两个子特征。其中，随机性指风险是由多种风险因素随机相互作用而引发，可采用概率论与数理统计方法予以刻画与研究；模糊性指风险发生与否、发生时间、过程及其结果均具有模糊性，可采用模糊数学方法予以刻画和研究。实践中，概率论、数理统计及模糊数学的理论和方法被广泛应用于各学科领域风险问题的研究。

3. 风险是风险构成要素相互作用的结果

我国学者郭晓亭等根据风险形成机理将风险定义为，“风险是在一定时间内，以相应风险因素为必要条件，以相应风险事件为充分条件，有关行为主体承受相应损失的可能性”⑥。叶青、易丹辉认为，“风险的内涵在于它是

---

①③ 卓志：《风险管理理论研究》，中国金融出版社2006年版，第56~60页。

② 普雷切特（Pritchett, S. T.）：《风险管理与保险》，中国社会科学出版社1998年版，第11~12页。

④ 斯凯柏（Skipper）：《国际风险与保险：环境—管理分析》，机械工业出版社1999年版，第4~12页。

⑤ 顾孟迪、雷鹏：《风险管理》，清华大学出版社2009年版，第12~16页。

⑥ 郭晓亭、蒲勇健、林略：《风险的概念及其数量刻画》，载《数量经济技术经济研究》2004年第2期。

在一定时间内，风险因素、风险事件和风险结果递进联系而呈现的可能性”①。该类观点认为，风险因素、风险事件和风险后果是风险的基本构成要素，三者共同作用，决定了风险的存在、发生和发展，风险实质上是三者的统一体，三者串联构成了风险形成全过程（刘新立，2006），如图1-1所示。其中，风险因素是风险事件发生的潜在原因，是造成风险后果的内在原因或间接条件，它是风险产生的必要条件；风险事件指造成风险后果如生命财产等各类损失的事件，它是风险由可能性转化为现实的媒介，是风险存在的充分条件，是联结风险因素与风险后果的桥梁；风险后果通常指损失，包括直接损失和间接损失两类，前者指风险事件直接造成的有形或实质损失，一般包括财产损失或人身伤害，后者指风险事件造成的无形损失，如精神损失和声誉损失等。

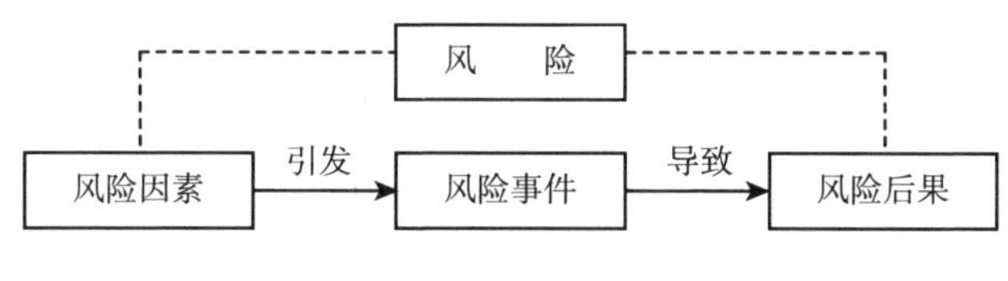

图1-1 风险基本构成要素

4. 风险是发生可能性和损失大小的综合测度

我国学者卓志认为，“伴随人们认识水平的提高、数据挖掘能力的增强、风险处理技术的进步等，大量风险的发生具有一定必然性，风险‘群体’作为整体其发生的可能性和后果能够在一定水平上进行估计或确定，这使风险表现出可测性”②。朱淑珍将风险定义为，“风险是一个二维概念，以损失发生大小与损失发生概率两个指标进行衡量”③。王明涛指出，“风险包括损失的概率、可能损失的程度以及损失的易变性三方面内容，其中可能损失的程度处于最重要位置”④。该类观点对风险的阐述较为完整，指出了风险概念的二维甚至三维属性，强调风险要根据损失发生概率和损失大小综合度量，这在实践中得到了广泛应用。即 Risk = P(Loss) × Loss，其中，

① 叶青、易丹辉：《中国证券市场风险分析基本框架的研究》，载《金融研究》2000年第6期。

② 卓志：《风险管理理论研究》，中国金融出版社2006年版，第56~60页。

③ 朱淑珍：《金融创新与金融风险——发展中的两难》，复旦大学出版社2002年版，第20~23页。

④ 王明涛：《证券投资风险计量、预测与控制》，上海财经大学出版社2003年版，第10~15页。

Risk 代表风险，P 代表损失发生概率或可能性，Loss 代表损失大小，这一模型被称为概率损失模型。

1.2.2 风险管理的定义、目标及程序

风险管理思想起源于中世纪欧洲，却发展于 20 世纪的美国。1916 年，法国管理学家法约尔（Fayol）在《一般管理与工业管理》一书中提出，企业有六种职能，经营职能、营业职能、财务职能、安全职能、会计职能和管理职能，其中安全职能是所有职能的基础和保证，从而率先把风险管理思想引入企业经营范畴。1931 年，美国管理协会率先倡导风险管理，并在以后若干年中，以学术会议等形式探讨和研究风险管理问题。1950 年，在加拉格尔（Gallagher）撰写的调查报告《风险管理，成本控制的新阶段》中风险管理一词正式被提出。1963 年梅尔（Mher）和赫奇斯（Hedges）的《企业风险管理》和 1964 年威廉姆斯（Williams）和汉斯（Heins）的《风险管理与保险》的出版被学术界公认为“将风险管理作为学科进行系统研究”的标志①。

毋庸置疑，风险管理是人类社会生产力和科学技术水平发展到一定阶段的必然产物，高度物质文明是其产生的物质基础，概率论和数理统计为其提供了方法论基础，近代科学管理思想为其产生做好了理论准备。20 世纪 60 年代后期起，风险管理的概念、原理和方法从起源地美国传播到加拿大和欧洲、亚洲和拉丁美洲的一些国家与地区。进入 80 年代，世界性的风险管理热潮开始形成，风险管理技术得以长足发展，风险管理发展至今已成为管理科学中的一门独立学科。

1. 风险管理定义

最早对风险管理做出较确切定义的是美国的威廉姆斯和汉斯，他们在《风险管理与保险》一书中指出，“风险管理是通过对风险的识别、衡量和控制而以最小成本使损失达到最低程度的管理方法”②。1998 年，美国当代风险管理与保险学权威之一斯凯柏（Skipper）教授，在其著作《国际风险与保险》中指出，“风险管理指各经济单位通过对风险的识别、估测、评价

---

①② 卓志：《风险管理理论研究》，中国金融出版社 2006 年版，第 56 ~ 60 页。

和处理，以最小成本获得最大安全保障的一种管理活动”①。我国魏迎宁教授在《简明保险辞典》中提出，“风险管理指各经济单位通过风险识别、风险衡量、风险评价，并优化组合各种风险管理技术，对风险实施有效控制、妥善处理风险所致损失，期望达到以最小成本获得最大安全保障的目标”②。上述定义的共同点在于：均强调风险管理是一个连续的过程，并提出了风险管理的基本目标。

2. 风险管理目标

有关风险管理的目标，威廉姆斯和汉斯在《风险管理与保险》一书中写道，“维持生存；安定局面；降低风险管理成本；提高利润；维持稳定收入；避免经营中断；继续成长；企业社会责任感的满足和建立良好形象愿望的满足；履行外部强加的义务”③。卢瑟亚特（Luthardt）和史密斯（Smith）认为，风险管理的根本目标是“将损失的不利影响最小化”④。哈林顿（Harrington）和尼豪斯（Niehaus）指出，“风险管理的总体目标是通过风险成本最小化实现企业价值最大化”⑤。

我国学者陈秉正在《公司整体化风险管理》一书中认为，“风险管理的整体目标是使企业价值最大化”⑥。还有学者认为，风险管理目标由两部分组成：损失发生前的风险管理目标和损失发生后的风险管理目标，前者是避免或减少风险事件形成的机会；例如，通过执行防范机制达到规避风险的目的。后者是努力使损失标的恢复到损失前的状态，例如，通过执行风险应急预案，将损失最小化，使组织尽快恢复正常运转。显然，两阶段风险管理目标是对风险管理总目标的具体化和系统化，更具有实践指导意义。

3. 风险管理程序

风险管理实质上是按照一套预定程序周而复始进行的过程。有关风险管理程序，道弗曼（Dorfman）指出，“风险管理由三个步骤组成：第一步，识别并衡量潜在风险；第二步，选择最有效的方法控制损失风险；第三步，

---

① 斯凯柏：《国际风险与保险：环境—管理分析》，机械工业出版社1999年版，第4～12页。
② 魏迎宁：《简明保险辞典》，中国财政经济出版社2003年版，第5～15页。
③④⑤ 卓志：《风险管理理论研究》，中国金融出版社2006年版，第56～60页。
⑥ 陈秉正：《公司整体化风险管理》，清华大学出版社2003年版，第10～20页。

督察其结果"①。1998年，美国斯凯柏教授在其著作《国际风险与保险：环境—管理分析》中提出，"在理想状态下，风险管理程序是：识别和评价与事件活动相关的可能结果；开发有效处理这些风险的技术；执行并定期检查计划"②。

受到我国学术界普遍认同的风险管理基本程序包括：风险因素识别、风险评价、风险应对和风险监控。其中，风险因素识别是在特定环境中运用各种方法和工具探索引发研究对象发生风险事件的各种潜在原因，确定风险因素并对其进行定性描述的过程。风险因素识别应遵循系统性和全面性原则，对可能引发风险事件的各种潜在原因进行辨认；风险评价指在风险识别基础上，运用主观评估（如专家评估）或客观评估（指根据以往损失资料，运用概率论和数理统计方法进行估计）方法衡量某一风险事件造成损失发生的概率及损失的严重程度，并在此基础上对风险进行综合评价确定风险水平的高低。常用的风险评价方法包括层次分析法、模糊综合评判法、蒙特卡罗法和人工神经网络等；风险应对，指对已明确的风险确定应采用何种技术或方法予以消除，或减少其发生概率或将损失降低到最低限度的过程，达到以最低成本最大限度地降低风险的目的，常见的风险应对方法包括风险规避、风险转移和风险分散等；风险监控指通过考察各风险应对行动的实际效果，确定风险减少的程度，监视残留风险的变化情况，进而考虑是否须调整风险管理计划以及是否启动应急措施。

上述风险管理理论为本书公司互联网报告风险问题的研究奠定了坚实的理论基础，并启发了本书研究目标的设定以及技术路线的规划，即本书将根据风险管理目标及程序理论，依循风险因素识别、风险评价以及风险应对的主要脉络开展研究。由于风险应对的关键在于设计适当的风险治理机制以达到风险规避、风险降低的目的，因此，本书对风险应对的研究将以风险治理机制的研究作为着力点。

---

① 卓志：《风险管理理论研究》，中国金融出版社2006年版，第56~60页。

② 斯凯柏：《国际风险与保险：环境—管理分析》，机械工业出版社1999年版，第4~12页。

1.3 国内外研究文献综述

1.3.1 国外研究文献回顾

尽管早在2000年，FASB就在其发布的名为《企业报告信息电子发布》的研究报告第7章讨论了公司进行互联网报告可能带来的法律和其他风险问题，但纵观现有研究文献，公司互联网报告风险问题的系统研究依旧匮乏。有关风险问题的讨论仅在本领域其他主题的研究中被附带提及，观点比较零散。以下，本书整理了涉及公司互联网报告的风险及其治理问题的国外研究文献并进行回顾。

1. 公司互联网报告风险问题相关研究回顾

美国财务会计准则委员会（FASB，2000）在《企业报告信息电子发布》研究报告第7章讨论了公司互联网报告可能带来的法律和其他风险问题。报告认为互联网报告在提高及时性的同时伴随着可靠性降低的风险，风险管理是公司的重要工作。报告提出了如下风险因素：（1）没有通过恰当警示性语言唤起安全港规则的保护。例如，提供前瞻性信息，却未进行免责声明。（2）链接向分析师网站或在公司网站提供分析师报告可能引起最大的法律风险。公司在线发布分析师报告可能被认为公司“采纳”或“认可”了分析师观点，证券监管机构如SEC将向分析师网站的链接视同公司直接发布信息，在公司仅选择性地提供部分分析师清单的情况下，“采纳”责任风险将更为加剧，须运用免责声明强调公司未对分析师预测的准确性及其与管理层预测的一致性进行审核，且公司未认可分析师报告及其结论。（3）列报不完整的财务报告，如缺少附注的财务报表，这将导致违反SEC10b-5规则，该规则禁止遗漏重要事项，当审计报告与不完整财务报告一同发布时，问题将变得更加复杂。（4）列报执行官发言稿或电话会议，而没有适当警示性语言，无法唤起安全港规则的保护。（5）如公司未能定期审查网站，履行更新网站的责任，过时的信息可能引致风险。（6）本无炒作目的的产品宣传，在可以被理解为对公司股票宣传的情况下，可能引起诉讼风险。（7）来自公司外部的黑客和其他恶意人员可能故意对网站实施破坏，故意篡改互联网上的财务报表，将存在重大误导性的信息置于网站，而公司内部人员的疏忽或草率也可能制造安全漏洞。（8）一些公司（如微软）在提供给网站浏览者财务报表的同时，也提供给他们进行“如果—怎样”（What-If）的分析工具，但结果无限的“如果—怎样”分析可能带来无限的前瞻性陈述，这可能带来法律问题。（9）公司员工在聊天室的言论，可能被认为是公司的对外披露，员工的表述可能不当，而聊天室言论并未伴随任何警示性语言，不受安全港规则的保护。

同时，FASB 也在该研究报告中提出了一些降低互联网报告法律风险的策略。（1）对前瞻性陈述提供有意义的警示性免责声明。注意演讲和新闻发布会的稿件，必须包含适当书面免责声明，向免责声明的链接必须在视觉上尽可能与前瞻性陈述接近。（2）所有链接均应带警示。不要链接向分析师网站或在公司网站提供分析师言论，如提供追随公司的分析师名单，则应包括所有分析师的名字，而不能仅提供评价有利于公司的分析师名单。（3）提供一整套财务报表和附注。提供任何导航帮助的同时应注意保持财务报表的完整性。（4）避免任何更新披露的责任。监控网站陈旧过时的信息，对可能因疏失而导致未能及时更新新闻稿或将过时新闻稿移入独立栏目的情况，加上适当的免责声明。（5）重新评估系统的安全措施。（6）制定员工参与聊天室讨论雇主的政策。最后，报告强调：不要因为惧怕安全而远离互联网，相反，应当理解互联网的风险并采取措施。

阿特里奇等（Ettredge et al.，2001）对 17 个行业共 490 家处于不同发展阶段的不同规模的公司开展调查，发现上述公司网站平均列报了调查清单中 38% 的财务信息和 30% 的其他财务信息，并发现如下风险因素：（1）许多公司专门为网站披露而剪辑信息，如仅提供年报摘要，或年报不包含附注（仅 20.9% 的公司披露附注信息）及审计报告，却对其冠以“年度报告”的标题。他们认为，将年报的某些部分排除在网页之外似乎构成了最大的问题，因为省略附注可能隐瞒表外负债，如期权和或有负债，省略审计报告可能使某些重要信息模糊化，如审计报告反映的是有关公司未来前景和持续经营的不确定性信息。（2）一些公司在网站上提供向第三方网站（如分析师网站）的链接，超链接可能引致额外风险，因为它将所链接网站的信息融入公司披露的信息集中，使公司可能需要对相关信息负责，这会增加诉讼风险或负面影响公司在法律案件中胜诉的概率。（3）互联网报告在具有促进投资者便捷获取信息优势的同时，对原告律师亦是充满了吸引力，可能导致诉讼风险增加。（4）网站的数据管理也构成一个潜在问题，网站上未能及时更新的陈旧信息可能引致法律行为，公司应当制定保持信息更新并将过时数据存档的政策。（5）如公司网站提供有关持有本公司股票益处的宣传，在未来事件导致前期业绩不能维持或预期业绩无法实现的情况下，这种性质的股票宣传会增加诉讼风险。

阿拉姆和莱姆（2003）对5个国家和地区（美国、英国、加拿大、澳大利亚和中国香港）最大的50家公司进行调查研究，指出：在在线已审计财务报表内提供向未审计信息的超链接，是一个潜在的可能误导信息使用者的因素，可能损害年报的可靠性，如超链接在插入报表后又删除，将使情况更加复杂也更具危害性，公司可通过将未审计信息与已审计的财务报表信息相链接影响信息使用者的感知。

琼斯和肖（Jones and Xiao，2004）运用德尔菲技术邀请20名会计及互联网界专家分别代表学术界、审计师、监管者、公司和用户参与探讨了2010年前互联网报告的发展前景。在互联网报告可能产生的问题方面，他们指出，互联网可能既是问题的解决者又是问题的制造者。一方面，互联网可帮助解决财务报告的现有问题，如及时性；另一方面，互联网可能带来额外的问题，包括互联网欺诈、保密和鉴证问题或加剧已有问题如信息过载，同时存在纸质版和电子版的财务报告，将会带来两个版本不相一致的潜在问题。此外，审计师在审计互联网数据时将面临风险，无论WebTrust鉴证或数字签名都无法应对审计与非审计信息间界线模糊的问题，这一问题将因广泛使用的超链接技术而加剧，提供可有多种解释的明细数据也将带来问题，尤其在提供如果—怎样（What-If）的分析工具用以生成前瞻性信息的情况下。

费希尔等（Fisher et al.，2004）考察了210家新西兰上市公司的互联网报告实践，就公司互联网报告对审计的影响问题进行了研究，通过对学术界和执业界相关研究文献的全面回顾，提出了如下审计师需要特别关注的风险因素：（1）公司网上披露信息目前未受监管，且由于互联网的全球性质，传统国家监管法规可能并不适用于互联网环境；（2）网上发布前的信息转换过程可能出错；（3）互联网上信息存在风险暴露，可能被未经授权的公司内外部用户访问和更改；（4）互联网上信息具有很强的动态性，信息可由远程或本地在任何时间点发布、更改或删除而不留下任何证据；（5）外部来源的信息可能会轻易通过超链接等融入公司网站；（6）可能使审计报告与公司网站的未审计信息不恰当关联，或将审计报告与外部网站信息相链接，或不恰当地在公司网站上遗漏审计报告。

赫洛克斯（Héroux，2006）在对180家加拿大公司网站管理员开展的问卷调查研究中指出，互联网上信息列报的固有风险包括由于信息错误导致的诉讼风险以及向竞争者提供战略性信息的风险。

特拉贝尔西和拉贝尔（Trabelsi and Labelle，2006）对108家加拿大公司网站自愿披露的信息与传统年度报告自愿披露的信息进行内容分析，结果显示二者间存在显著差异。他们认为，公司网站构成了公司整体披露战略的一部分，但互联网报告可能加大公司的诉讼风险，股票市场报酬的波动性会影响公司对网站信息披露范围的决策。

马里克（Mariq，2007）在对沙特股份公司互联网报告对审计界影响的研究中提出如下风险因素：（1）网上发布信息的转换过程可能出错；（2）未经授权访问网站信息的风险；（3）网站上信息被更改的风险；（4）信息可能在任何时间点被发布、编辑或删除，且不留痕迹；（5）通过超链接可能将外部来源信息轻易融入公司网站；（6）可能使审计报告与被审计单位网站上的未审计信息或外部网站信息产生不恰当关联。马里克的主要结论是：互联网实质上是不安全的，没有可靠的安全性，互联网上的财务报告处于风险之中，审计报告可能在未经授权的情况下，被更改和截取，而审计报告的电子性质可能使得难于发现这种行为。因此，审计界应对互联网报告提供鉴证，提供依赖互联网报告的风险警示，为缓解互联网报告的风险发挥重要作用。

卡恩等（Khan et al.，2008）基于对孟加拉国公司互联网报告进行的调查研究对其安全性进行了如下思考：电子报告情况下，真实性和完整性问题值得关注，纸张是一个静态媒介，具有审计师签名的年度报告纸质版能够保证信息的真实性和完整性，而电子报告却无法对此做出保证。公司网站在当前安全状态下，更改文档不难做到，操纵电子信息也不是不可能。通过对样本公司的调查，他们没有发现任何一份以审计师电子签名加密的财务报告。

伊斯梅尔和索比（Ismail and Sobhy，2009）对埃及审计师开展了一项对互联网报告审计所需执行工作认识的调查，调查发现，埃及审计师将以下各项列为公司互联网报告的固有风险：（1）财务报表信息和审计报告可能受到公司内外部非授权人员的访问和篡改；（2）公司可能发布未经审计的财务信息或将未审计信息与已审计财务报告或审计报告超链接，这将降低信息的可靠性；（3）被审计单位可能在未经审计师允许情况下更新与年报一同列示的信息；(4) 提供额外或自愿披露的信息和分析工具，而这些信息不遵循公认会计原则或未经审计；(5) 以看似已经审计师审阅的方式列报对未来的预测信息；(6) 一些公司可能提供包含伪造审计师签名的虚假审计报告；(7) 在网站上将审计报告与不完整年度报告相关联；(8) 发布完整的已审计年度报告却未提供审计报告；(9) 可能将包含审计师签名的真实审计报告附于公司未经审计的财务报表之后；(10) 不恰当地使用通用财务报告术语；(11) 网站上大多数审计报告没有扫描审计师签名。

穆罕默德等（Mohamed et al.，2009）对142家在阿曼马斯喀特证券交易所上市的公司进行调查，提出如下风险问题：(1) 管理层使用的未审计和已审计财务信息间的界线将被在线实时报告所抹杀；(2) 抽取信息或重新录入过程可能出现错误，这可能影响财务信息的可靠性和完整性；(3) 公司网站可能用于多种目的，这可能使对财务信息的搜索出现困难；(4) 网站发布财务信息的安全性和完整性问题是互联网报告面临的最大挑战；(5) 除发布过程可能出现错误外，发布在网上的信息也可能面临各种安全风险，信息可能在网站上发布后，受到组织内外部各种故意或非故意的篡改，基于从网站上获得的不准确信息制定决策，将导致实质性风险。他们认为，上述风险问题的解决程度决定了互联网作为公司财务信息披露媒介的长期有用性。

2. 公司互联网报告风险治理问题相关研究回顾

尽管前期研究并未从风险治理和治理机制建设的高度对公司互联网报告的风险问题予以系统应对，但学者们就如何对互联网报告实施鉴证及监管以保证其信息质量进行了初步探索。无疑，鉴证和监管是公司互联网报告风险治理的基本手段。因此，本书将与公司互联网报告鉴证及监管相关的研究纳入风险治理问题研究的回顾。

(1) 公司互联网报告鉴证问题相关研究回顾。互联网报告的发展为审计执业界带来了前所未有的挑战和机遇，一些前期研究对互联网报告的鉴证问题提出了可贵构想。包括：霍奇（Hodge，2001）发现将已审计和未审计信息超链接可能误导投资者，他建议对互联网披露是否符合一定标准进行鉴证，并贴以清晰的标记，而这种鉴证与美国注册会计师协会（AICPA）和加拿大特许会计师协会（CICA）提出的WebTrust鉴证类似（Hodge，2001）；费希尔等（2004）等通过对210家新西兰上市公司互联网报告实践的调查，提出了一些值得审计执业界关注的问题，包括互联网信息披露未经监管的性质、披露前的信息转换过程可能出错、互联网信息的动态性质、存在未经授权的访问或更改会计信息的可能性等，他们指出审计师应重视预防性控制并实时检测控制，有必要进行持续审计并改变审计报告惯例，进行“短周期”（short interval）报告、“常新”（evergreen）报告和“按需报告”（report on demand）；哈达罗（Khadaroo，2005）对马来西亚吉隆坡证券交易所综合指数上市公司的调查发现，越来越多公司在网上提供信息，且信息类型多样，既有财务信息也有非财务信息，然而网上信息的质量尤其可靠性几乎未有提高，他认为互联网报告增加了审计师的审计风险，审计准则制定者可通过制定互联网审计指南，使公司和信息使用者对良好的互联网报告实践有更加明确的认识。马里克（2007）基于对沙特证券市场 86 家上市公司互联网报告实践的调查，指出互联网实质上是不安全的，互联网上的财务报告处于风险之中，审计执业界应当对互联网报告提供鉴证，审计机构的工作将对缓解风险起重要作用，可考虑由审计师对依赖互联网报告的风险进行警示，会计师事务所应当更多考虑公司内部控制系统，尤其是对互联网报告环境的控制，公司内部审计师和审计委员会应当实施更多内部政策以确保充分的安全性，缓解互联网报告的风险。

（2）公司互联网报告监管问题相关研究回顾。公司互联网报告的监管问题引起了一些学者的关注，他们对监管的必要性和监管难度进行了初步思考。例如，德布里森尼和拉赫曼（Debreceny and Rahman，2005）指出，运用网站进行财务报告的公司迅速增加，但公司网站的设计和质量却存在巨大差异，技术层面上，在具有各自设计特色的网站上发布信息对监管者监控公司披露提出了挑战，使监管规则的有效制定变得困难；凯尔顿（Kelton，2006）通过实验研究发现互联网报告的列报格式会影响投资者的决策制定，公司能够通过披露未审计财务信息稀释已审计财务报告的影响，认为有必要对互联网报告实施监管。

另有一些学者提出了可贵的构想。赫西和加利福德（Hussey and Gulliford，1998）指出，由于公司的互联网应用越来越普遍，监管机构和其他相关团体应当协作制定一个应对互联网报告挑战的战略，会计准则委员会、证券交易所等机构应考虑如何保护投资者，一个解决办法是在政府控制的互联网服务器上建立一个强制性的财务报表报送系统，服务器中所存储的资料均是已审计和完整的，公司网站可提供向这一服务器的链接，从而确保信息使用者总能访问到完整且可靠的信息。琼斯和肖（2004）基于德尔菲技术获取20名英国会计和互联网专家对2010年前互联网报告发展动向的观点，在监管问题上，专家们认为由于大量出现定性的软信息，对在线报告的监管将比对纸质报告监管更加困难，监管机构将采用最简化的监管方法，同时，尽管监管仍主要以国家为主体，但将更多要求实施全球性监管。阿尔瓦雷斯等（A'lvarez et al.，2008）指出，互联网迅速被公司采用作为披露信息的手段，在线披露内容的异质性要求对其实施正式监管，而监管目标在于规范在线披露的内容和格式，使得在线信息可比。卡恩等（2008）基于对孟加拉国上市公司互联网报告实践的调查，指出证券监管机构应制定专门法规强制上市公司进行互联网报告并对其实施监管，证券交易所应对确保上市公司遵循上述法规承担责任，此外，应在证券交易委员会之下成立一个永久的顾问委员会监督上市公司的互联网报告实践并为互联网报告法规的改进提出建议。穆罕默德等（2009）基于对142家在阿曼马斯喀特证券交易所上市公司互联网报告实践的调查指出，应为互联网报告制定监管指南或公告，监管指南应明确如下问题：公司互联网报告与现有纸质财务报告的关系，究竟是其之替代或是补充？网上发布已审计和未审计财务信息的规范；外部审计师对发布于网上的已审计和未审计信息的责任界定；标准化互联网报告实践，避免当前报告实践过度多样化的问题。

1.3.2 国内研究文献回顾

国内学术界对公司互联网报告领域投入的研究力量较少，互联网报告各相关主题的研究成果均不丰富，对互联网报告风险问题的研究则更显薄弱，少数文献提出了一些风险相关的问题。以下，本书对谈及公司互联网报告风险问题的国内研究文献进行回顾。

潘琰和辛清泉（2004）对我国机构投资者信息需求的问卷调查结果表明，互联网已成为机构投资者获取公司信息的最主要渠道，但公司网站披露信息的质量存在缺陷。潘琰和李燕媛（2006）对公司报告的重要用户群体—中国公众投资者展开调查发现，目前中国公众投资者对互联网报告的利用程度不高，互联网披露的可靠性和及时性仍存在严重问题，认为公司互联网信息披露质量之所以不尽如人意，主要原因是：（1）公司网站的财务披露并非强制性披露，我国证券市场信息披露属制度驱动型，上市公司通常以满足证监会和证交所的要求为己任，而对通过充分信息披露减少投资者的不确定性，降低资本成本的认识非常有限，自愿信息披露的积极性不高；（2）对公司在网上应披露哪些信息、何时披露、如何披露等问题缺乏衡量标准，也缺乏实务规范；（3）在我国转轨经济过程中，上市公司尚未树立投资者利益导向的行为理念，忽视或侵害投资者利益的行为时有发生，这些都将影响公司网上披露的质量。潘琰和庄建芳（2007）从技术环境和制度环境角度识别了公司互联网报告的风险源，并对信息供需双方进行了风险分析，继而从风险机制改善和风险状态转移两个层面讨论了对公司互联网报告风险的防范。

1.3.3 国内外研究文献评述

自20世纪90年代中期，公司互联网报告作为一个创新的对外信息披露手段出现至今，获得了国内外众多学者的重视和积极研究。国内外学术界较成熟的研究集中于三大部分，即应用现状的调查研究、各国应用情况的比较研究以及互联网报告行为及其质量的影响因素研究。上述研究主要是在对公司互联网报告实践开展调查基础上做出相应的总结、评价和分析，各研究文献所揭示的理论观点及实证证据为研究公司互联网报告实践在全球范围内的发展脉络提供了宝贵的资料，也为本领域后续其他主题的研究提供了理论依据和证据支持，揭开了互联网时代公司对外信息披露问题研究的新篇章。

在公司互联网报告发展的前期阶段，更多地探讨其产生、发展和意义等正面主题，有利于推动公司大力开展互联网报告实践，也有利于引导更多公司大胆尝试进行创新信息披露行为。因此，大量前期研究的理论和实践意义值得肯定。然而，值得注意的是，公司互联网报告风险问题的研究始终处于被学术界忽视的位置。本书对国内外研究文献的检索表明，几乎查找不到以公司互联网报告的风险作为主题开展系统研究的文献，对公司互联网报告的风险治理机制进行研究的文献更是尚未见到。一些文献在本领域其他主题的研究中零星谈及了其风险问题，提出了可能存在的风险因素和建议等，但观点比较零散，通常基于互联网报告实践的表面现象提出风险因素，没有对导致该现象出现的内在原因如机会主义行为倾向、管理机制的设计和执行等进行深入思考和挖掘，且通常针对所发现的风险因素逐项提出建议，未能从管理机制、治理机制等机制建设的高度提出治理风险的对策，无助于从根源上遏制相关风险的发生，使得前期相关研究不但缺乏系统性而且缺乏深度。另一些文献虽然提出有必要对公司互联网报告实施鉴证及监管的观点，并对其鉴证及监管问题提出了可贵的构想，但对如何开展鉴证及监管，尚缺乏进一步研究。尤其值得注意的是，对公司互联网报告风险形成内在机理的探索，各利益相关方面临的关键风险因素和主要风险的辨识，风险治理机制的设计等一系列具重要意义的风险相关研究问题，前期研究文献亦均未有涉足。

当前，互联网报告已成为全球众多公司日常的信息披露行为，且随着互联网对社会经济生活日益深刻的全部渗透，互联网报告具有逐步取代公司传统信息披露手段的潜质，公司对外信息披露将逐步移往互联网，这是一个显见的趋势。然而，上述对国内外研究文献的回顾显示，互联网报告的风险问题及其治理机制研究至今仍是一个学术上的蛮荒地带，这可能导致公司互联网报告供应链上利益相关各方的认识片面集中于其可能带来的正面收益，而忽视其负面影响，并可能由于缺乏应有的风险意识和风险治理机制建设而担负各种有形经济损失和无形声誉损失。风险问题理论研究过度滞后于公司互联网报告实践发展的现实状况，应当引起包括学者、研究机构及监管机构在内的有关各方的重视，并亟待探索和开拓，以对公司互联网报告实践的健康、良性发展形成有益的指导作用，并为互联网时代公司更好地运用创新技术履行信息披露义务、提高透明度奠定理论基础。

1.4　研究目标、内容和框架

1.4.1　研究目标

根据风险管理理论和前期相关研究成果，界定公司互联网报告风险的定义及内涵，探索公司互联网报告风险形成的机理，揭示公司互联网报告的风险因素，在获得相关风险因素实证证据的基础上，对公司互联网报告的风险展开评价，辨识关键风险因素和主要风险，并据以研究应对风险的复合治理机制，旨在为包括信息使用者、公司、监管机构和审计师在内的公司互联网报告供应链上利益相关各方的风险治理提供理论依据和经验证据支持。包括：为信息使用者和公司预防、降低相关风险并获得互联网报告的预期收益提供有价值的理论指导，为监管机构对互联网时代公司信息披露的监管探索可行的监管机制，为审计师的相关鉴证工作探索创新的第三方鉴证机制，从而为新时期互联网上公司信息披露风险的有效治理寻求系统的解决方案，着力引导透明、高质量的公司互联网报告行为，为保护信息使用者尤其是广大投资者的利益做出有益的探索和贡献。

1.4.2 研究内容

根据上述研究目标，本书主要进行以下研究工作：

（1）探索公司互联网报告风险形成的机理。运用博弈论为理论分析工具，以公司互联网报告供应链上重要的利益相关方，公司、信息使用者和监管机构分别作为博弈参与方，分析各方为寻求自身利益最大化而达到的博弈均衡结果，探索博弈过程各方面临的风险及风险形成的内在原因，以为公司互联网报告风险因素的识别奠定理论分析框架。

（2）系统识别公司互联网报告的风险因素。通过对现有公司互联网报告相关研究文献的系统梳理和总结，基于博弈分析结论和相关研究提供的理论观点和实证证据，对公司互联网报告的风险因素展开系统识别。

（3）采集公司互联网报告风险因素的实证证据。以美国《财富》（中文版）评选的 2012 年度中国上市公司 100 强排行榜公司为研究样本，运用实地调查和问卷调查相结合的方法，观察中国百强的互联网报告实践，采集各项风险因素的实证证据，并以印象管理理论为指导对中国百强互联网报告是否存在机会主义风险因素收集实证证据并进行实证检验，从而以实证数据佐证各项风险因素的存在性，为后续风险评价提供实证证据支持。

（4）对公司互联网报告的风险进行风险评价以辨识关键风险因素和主要风险。运用专家调查法和基于语言变量的模糊风险评价方法对公司互联网报告进行风险评价，计算各风险因素的风险强度，绘制风险矩阵图，辨识公司互联网报告供应链上各重要利益相关方面临的关键风险因素和主要风险，以为风险治理机制的设计和利益相关各方的风险治理提供依据。

（5）公司互联网报告风险的复合治理机制研究。以复合治理理论为理论依据，提出公司互联网报告风险复合治理机制的思想，即分别以公司互联网报告供应链上重要的利益相关方，公司、审计师和监管机构作为风险治理主体，为公司提出完善公司治理机制和 IT 治理机制的方向，为审计执业界建立独立的第三方鉴证机制，为监管机构设计声誉反馈监管机制并制定最佳实践指南，从而构建三方同步实施协同配合的由两项内核机制和三项外围机制构成的一套公司互联网报告风险的复合治理机制，为风险的全面治理提供创新的解决方案。

1.4.3　研究框架

本书结构框架如图1－2所示：

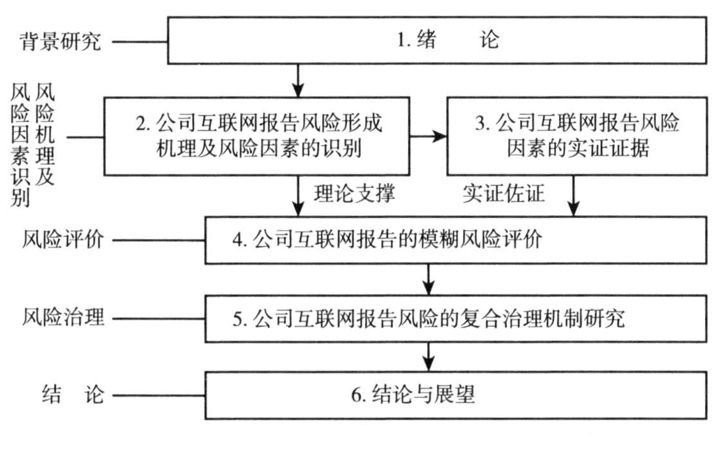

图1－2　研究框架

1.5　研究方法和技术路线

本书将基于风险管理理论，依循风险因素识别、调查取证、风险评价以及风险治理机制研究的主要脉络展开。为达到风险因素识别的系统性和全面性，本书将首先对公司互联网报告风险形成的机理进行分析，挖掘风险形成的内在原因，为风险因素的识别奠定理论分析框架，并对所识别的风险因素通过调查研究获得实证证据，以为风险评价提供证据支持，力争提高风险评价结果的可靠性，从而为风险治理机制的研究奠定坚实的基础，本书技术路线见图1－3。

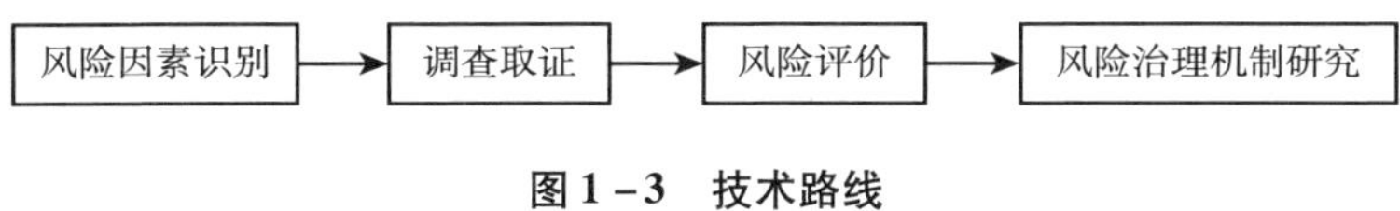

图1－3　技术路线

本书将综合运用规范研究和实证研究方法，具体如下：

（1）规范研究。通过文献检索、阅读和梳理，掌握国内外公司互联网报告风险相关研究的现状及动态，界定公司互联网报告风险的概念及内涵，运用博弈论为分析工具探索公司互联网报告风险形成的机理，运用归纳逻辑总结现有研究文献对公司互联网报告风险问题的相关研究成果，并在此基础上识别公司互联网报告的风险因素；在运用模糊风险评价方法对公司互联网报告风险进行系统评价的基础上，以复合治理理论为理论依据，提出公司互联网报告风险的复合治理机制的思想，以公司、审计师和监管机构分别作为风险治理主体，探索公司治理机制和 IT 治理机制完善的方向，设计第三方鉴证机制和声誉反馈监管机制，并制定最佳实践指南，从而构建一套公司互联网报告风险的复合治理机制，为风险的全面治理探索创新的解决方案。

（2）实证研究。选取美国《财富》（中文版）评选的 2012 年度中国上市公司 100 强排行榜公司为研究样本，结合运用实地调查和问卷调查方法，观察中国百强的互联网报告实践，采集风险因素实证证据，以印象管理理论为指导对中国百强互联网报告是否存在机会主义风险因素收集实证证据并进行实证检验，从而以实证数据佐证各项风险因素的存在性；以风险形成机理及风险因素的理论分析为理论支撑，以所收集的实证证据为证据支持，运用专家调查法及基于语言变量的模糊风险评价方法评价各项风险因素的风险强度，绘制风险矩阵图，揭示公司互联网报告供应链上重要利益相关方应当予以重点防范的关键风险因素和主要风险；通过对中国百强网站的观察，以 12 个指标评价中国百强公司互联网报告的及时性，收集中国百强公司治理机制相关数据，检验董事会结构、股权结构等公司治理机制对公司互联网报告及时性的影响，并根据实证检验结果，探索公司治理机制改进的方向。

第2章

公司互联网报告风险形成机理及风险因素的识别

2.1 公司互联网报告及其风险的定义

2.1.1 公司互联网报告的定义

1999年，国际会计准则委员会（IASC）在其发布的名为《互联网上的企业报告》的研究报告中，认为“基于互联网的企业报告”（Web-based Business Reporting）是指：企业通过互联网或互联网相关通信媒介公开报告其经营和财务数据。同年，阿什博等（Ashbaugh et al.，1999）将公司利用互联网发布财务和业绩信息的行为定义为“互联网财务报告”（Internet Financial Reporting）。他们认为，如公司在其网站提供一整套财务报表（包括附注和审计报告）、提供向其他网站列报的本公司年度报告的链接，或提供向美国证券交易委员会（EDGAR）系统的链接，即认为公司进行了互联网报告实践。多年来，大量研究沿用了阿什博等提出的“互联网财务报告”的概念。然而，“财务报告”是一个国际通用术语，其具有公认且确切的内涵和范畴，财务报告通常指反映企业财务状况和经营成果的书面文件，由资产负债表、利润表、现金流量表、所有者权益变动表、附表以及财务报表附注构成。而大量前期调查研究的发现表明：公司在其网站上披露的信息多种多样，包括公司新闻、业绩发布、定期报告、公司治理状况、营运数据、研发信息、人力资源和社会责任履行情况等（Marston and Polei，2004；Pervan，2006；Bollen et al.，2006；Chatterjee and Hawkes，2008），全球范围内众多公司运用互联网对外报告的信息范围已超越传统财务报告的范畴，仍然采用“互联网财务报告”概念不尽贴切。

因此，本书将公司通过在互联网上建设网站向投资者及其他利益相关者公开披露有关公司的各项信息（包括财务、经营及其他信息）的行为定义为“公司互联网报告”（Corporate Internet Reporting），公司互联网报告是互联网时代的公司将创新互联网技术应用于履行信息披露义务的新型对外报告方式。阿卜杜勒萨拉姆等（Abdelsalam et al.，2007）、阿里等（Aly et al.，2010）和萨玛哈等（Samaha et al.，2012）学者在他们的研究中均相继使用了这一概念。此外，鉴于上市公司的大规模、高能见度及其对社会经济的影响力和所承担的较一般公司而言更高水平的信息披露义务，本书“公司互联网报告”中之“公司”一词主要是指上市公司。

2.1.2 公司互联网报告风险的定义

迄今，世界各国监管机构对公司的互联网报告行为主要持鼓励但不强制要求的态度，除有少数监管机构要求公司在其网站上披露部分公司治理信息及年度报告①外，公司建设网站披露自身经营、财务等各方面信息属于自愿信息披露行为。根据斯科特（Scott，1994）的研究结论，公司管理层自愿信息披露的决策来自对成本与收益的权衡，其中，成本指自愿信息披露所需付出的直接和间接成本，收益指信息披露为公司和投资者带来的收益，当上述收益大于成本时，公司将进行自愿信息披露。阿米蒂奇和马斯顿（Armitage and Marston，2008）对英国公司投资者关系执行官的半结构化访谈结果显示，公司自愿披露的主要动因在于试图提高透明度声誉，维护股东及其他利益相关者的信心，降低公司股票的“信息不确定风险”，从而降低股东要求的回报率，并支撑公司股价。2000 年，FASB 基于对美国财富百强公司的调查数据，在其项目研究报告——《企业报告信息电子发布》中指出，许多公司不论规模大小，均已在互联网上发布信息。报告认为，公司在网上披露财务信息的潜在动机包括：（1）降低分发信息的成本和时间；（2）与原

① 2003 年，美国 SEC 要求上市公司将公司治理文档及道德和行为守则置于公司网站；2004 年，西班牙证券交易委员会 2004 年第 1 号通告要求上市公司须在其网站发布公司治理年度报告并对公司网站的最低内容提出了要求。

先未知的信息使用者沟通；（3）增加所披露信息的数量和类型；（4）增进潜在投资者的信息访问。诺亚克（Noack，1997）指出，借助互联网平台，公司不仅能够与现有投资者保持良好的沟通和互动，而且有助于引发潜在投资者的兴趣，提升公司形象，展现品牌价值。

然而，互联网报告行为并不总能产生上述预期收益。公司互联网报告面临的最大挑战是互联网披露信息的安全性和完整性问题（Mohamed et al.，2009）。黑客、计算机病毒等互联网世界公认的威胁随时可能侵犯公司的互联网报告系统，互联网披露的信息存在被敌意人员恶意篡改、窃取的可能性，互联网披露的重要信息存在被其他方如竞争方所利用并采取针对性行动令公司陷入被动局面的可能性，还存在由于公司自身对互联网报告的管理缺陷导致报告内容出现错误、歧义甚至误导，使公司面临诉讼风险并发生声誉损失的可能性等，上述种种可能性均将置公司于不利境地，令互联网报告行为的结果具有不确定性。

2003 年，英国投资者关系协会（UK Investor Relations Society）基于对英国上市公司的调查数据指出：对投资者而言，互联网已经成为最具影响力的信息渠道。互联网可用于集结公司披露的所有信息如新闻简讯、公告、向监管机构报送的财务报告文档等，信息使用者通过互联网获取公司信息的优势不仅在于可及时地获得信息，易于搜索和分析信息，而且在于任何投资者可获得原先只有公司管理层、专业分析师和财经新闻媒体才能够获得的信息，实现信息披露“民主化”（FASB，2000）。然而，尽管互联网能够增加向投资者披露信息的数量和多样性，提高信息获得的公平性，但互联网可能是相当不可靠的信息渠道，外部相关方可能无法评价公司网站披露信息的质量（Bollen et al.，2006）。信息使用者难以确证互联网报告信息的可靠性和公允性，存在由于错误依赖不可靠信息出现决策失误的可能性，甚至存在被有意误导甚至欺骗的可能性。

监管机构的监管目标是：保护市场参与者尤其是投资者的合法利益，保证资本市场的公平、透明与效率，降低系统风险。近二十年来，蓬勃发展的互联网技术迅速与公司对外报告系统相结合，互联网报告已事实上成为全球大多数公司对外信息披露的重要平台，并具有逐步取代传统信息披露手段的潜质。然而，技术在有助于保证会计信息产品相关性的同时，监管机构却难以跟上会计变革的速度（Institute of Chartered Accountants in England and Wales，1998）。各国监管机构虽然普遍认识到互联网报告在提供更及时和更完整信息方面的巨大优越性，但也认识到其对监管目标形成的巨大挑战。对设计上各具特色、信息容量远超纸质报告的互联网信息披露进行监管，其工作的难度不言而喻。倘若不能对公司互联网报告行为设计并执行适当的监管机制以实施有效监管，对互联网报告放任自流，则互联网时代信息使用者尤其是投资者的利益将难以得到保障，监管机构监管的基本目标将难以实现，监管机构存在受到公众质疑及公信力下降的可能性。

审计师是公司报告供应链上超然独立的第三方，其责任在于对公司报告信息质量进行公正的鉴证，以对报告信息的可靠性、公允性等提供合理保证，增加信息使用者对报告信息的信赖程度。互联网报告对审计执业界提出了挑战，要求审计师强化信息技术及互联网技术技能，实施基于互联网的审计工作（International Federation of Accountants，2006）。然而，互联网报告动态的信息更新和灵活的信息列报方式等特征，使得审计师对公司互联网报告信息的鉴证存在固有的难度。在互联网报告已成为全球大多数公司标准报告实践的背景（Trabelsi，2007）之下，倘若审计执业界仍无法设计并执行适当的第三方鉴证机制对其实施有效的鉴证，积极发挥身为“经济警察”应有的作用，致力于保证并提升公司互联网报告的信息质量，则审计执业界也将面临执业能力受到公众质疑及声誉受损的可能性。

赛厄特和井尻（Cyert and Ijiri，1974）认为，公司报告不仅是公司报告其财务状况和财务活动的载体，更是多方利益相关团体相互作用的产物，公司、报告使用者和会计职业团体是影响财务报告的核心利益相关者。比弗（Beaver，1999）指出，投资者、信息中介、规范者、公司管理当局和审计师这五类利益相关者相互制约，共同构成了财务呈报的环境。本书认为，作为报告提供方的公司、使用方的信息使用者、监管方的监管机构以及鉴证方的审计师共同构成了公司互联网报告的核心利益相关方，上述利益相关方在互联网报告实践开展过程中，尽管存在享受互联网报告带来的诸如提升透明度、声誉和投资形象、提高资本市场信息流通的效率及信息利用的效果等收益的可能性，亦同时存在须承受互联网报告带来的包括诉讼、决策失误和声誉损失在内的种种不符合主观预期的可能性。

根据美国著名风险管理学家普雷切特（Pritchet，1998）对风险的定义——风险是未来结果的变化性，当我们处于这样一种状态中，即事件的结果具有不同于我们预期的可能性时，风险就产生了——本书认为：公司互联网报告的风险指公司互联网报告利益相关各方对互联网报告实践结果的不确定性，即互联网报告实践的结果具有偏离各方主观意愿的可能性，且这种偏离是于各方利益不利的偏离，将产生不利后果包括各种有形经济损失及无形声誉损失。

2.2　公司互联网报告行为的理论动因

在监管机构并未作出强制要求的情况下，公司在其网站上进行的包括新闻发布、业绩发布、营运数据、研发信息、人力资源和社会责任履行情况等在内的报告行为属于公司运用互联网技术自愿进行的信息披露行为。为何众多公司尤其是大型公司纷纷在互联网万维空间建立专属自身的信息披露平台，公司进行互联网报告的理论动因何在？哪些理论观点有助于对互联网报告行为作出全方位的解释？以下，本书拟从代理理论、信号理论等经典理论角度展开动因分析。

2.2.1　代理理论

根据契约理论，公司是一系列契约的联结体，作为委托人的股东和作为代理人的管理层构成契约双方当事人，会计信息是契约签订的基础。然而，公司股东和管理层均是理性经济人，双方行为目标并不一致。股东希望达到公司价值最大化、股票价格最大化和投资收益最大化，而管理层却有其经济利益和心理需求，希望追逐自身各方面效用最大化，包括报酬最大化和在职消费最大化等。这种潜在目标冲突，可能驱使管理层做出损害所有者利益的行为。在两权分离导致股东和管理层间事实上存在信息不对称的背景下，管理层的努力程度具有不可观察性，为防止拥有信息优势的管理层出现“败德”行为，股东有动机与管理层签订契约，包括基于业绩的契约和奖金分享计划等，与管理层事先确定报酬机制，使其收入与公司业绩相挂钩，最大限度地协调双方利益，并对管理层履行契约的情况进行监督。然而，契约执行将引发股东的监督成本、管理层的担保成本、剩余损失等代理成本，这些代理成本将使管理层的奖金、报酬随之降低。管理层知道股东会试图通过约束或监督等途径对其行为予以控制，为最大化自身利益，其有动机通过自愿披露有关其行为和公司经营状况的信息，降低信息不对称，以最小化代理成本，说服股东相信他们的工作（Watson et al.，2002）。德布里森尼和拉赫曼（Debreceny and Rahman，2005）发现，降低代理成本是公司自愿实施互联网报告的经济动因，高代理成本的公司倾向于更高频率地进行互联网信息披露。

2.2.2 信号理论

美国经济学家迈克尔·斯宾塞（Michael Spence）于1972年提出了信号理论。现实商务世界中，普遍存在信息不对称现象，信息不对称会导致逆向选择和道德风险等问题的发生。信号理论认为市场中具有信息优势的个体为避免与逆向选择问题，具有将有关其信息的“信号”可信地传递给在信息上处于劣势的个体的动机，而信息披露是一种向市场传递公司经营状况信号的机制，可降低信息不对称，改变投资者的预期。根据信号理论，高质量、业绩好的公司具有足够的自愿信息披露动机向投资者传递公司未来前景良好的“信号”，展示其与竞争者不同的卓越特质，从而将自身与业绩不良公司有效区分，获得资本市场的更高评价。于是，投资者对公司信息披露形成了合理预期，而将不进行自愿信息披露视为“坏消息”的信号。这引发了资本市场自愿信息披露的机制：经营状况良好的公司，有自愿披露信息的动机；经营状况中等的公司，为避免被负面解读，有不得不披露信息的动机；而经营状况不良的公司，为维护其在资本市场上的信誉和规避诉讼风险，也有自愿披露信息的动机。奥意勒等（Oyeler et al.，2003）指出，运用互联网发布信息本身就是一个高质量的信号，它表明公司是现代的、采用最新技术的，而非老套和保守的。因此，更多高质量公司将利用互联网积极发布正面信号。德布里森尼等（Debreceny et al.，2002）和阿特里奇等（Ettredge et al.，2002）将信号理论用于互联网信息披露的研究，均得到了公司通过互联网报告向投资者传递有关其特殊品质的信号的结论。蓬等（Poon et al.，2003）的研究也发现，一些新兴市场的公司试图通过投资于互联网技术使自身与众不同，互联网报告是一个向股东和投资者有效推销公司自身的方法。

2.2.3 资本需求理论

资本需求理论认为对资本的持续需求是管理层信息披露的主要原因。公司信息披露是因为公司期望与资本提供者保持充分的联系，以在最优条件下获得资金投入（Verrecchia，1983）。当公司扩张持续依赖于资本市场或受到大量投资者追随的时候，资本市场的考虑可能影响管理层对信息披露成本和收益的评估（Cormier et al.，2009）。希利和帕利普（Healy and Palepu，2001）指出，随着公司规模增大，对外部资金的需求增加，自愿信息披露将有助于满足投资者和债权人的信息需求，降低内外部信息不对称，使公司在资本市场上更具竞争力，进而降低资本成本。2001 年，FASB 对化学行业公司的调查发现，过去 5 年中，化学行业公司的自愿信息披露质量得到了显著提高，主要原因在于公司对资本的竞争。调查报告表明，如一家公司根据投资者的要求进行了某项特定披露，资本竞争的压力将使同行业其他公司也进行类似披露，从而，整个行业的自愿信息披露水平得以提高。基于资本需求理论的信息披露问题可看成是公司间尤其是同行业公司间的博弈，公司会基于其对资本竞争对手自愿信息披露水平的预期制定自身的信息披露策略，确定本公司的透明度水平。

2.2.4　政治成本理论

政府是公司外部一个强势利益相关集团，政府会通过制定包括会计准则在内的管制性法规将社会财富的控制权转移到其手中。政治成本理论认为，公司自愿信息披露目标在于：争取改变政府对公司施加限制的政治决策。依据政治成本理论，为避免公司财富向政府部门或公众转移，倘若信息披露有助于改善公司与政府或公众部门间的关系，引导监管导向，避免负面影响公司运作的政府管制措施增加，从而降低政治成本（如税收）或获得特定利益（如津贴或政府对公司的关照），公司将选择自愿披露信息。大型公司在市场和社会上均具有更高能见度，受到更多分析师的关注，其公众形象更为敏感，由于其承担了更高的政治成本，因此，需要释放有关公司行为的信号，以缓解来自强势政府的压力。包括阿什博等（1999）、德布里森尼等（Debreceny et al.，2002）、阿特里奇等（2002）及马斯顿和保雷（Marston and Polei，2004）在内的大量前期研究均发现公司规模与互联网报告质量显著正相关，即大型公司的互联网报告水平往往更高，政治成本理论可对之做出部分解释。

2.2.5 合法性理论

合法性理论认为信息披露是公司所面临社会和政治压力的直接函数，即面临更大压力的公司将进行更大量的披露。该理论支持者认为对合法性的需求决定了公司对外信息披露范围，尤其是有关社会责任和环境保护信息的范围。根据合法性理论，信息披露被认为是公司寻求社会对其行为的接受和认可的手段，公司通过信息披露与其利益相关者沟通，并告诉他们公司行为是符合期望的，以争取获得其支持。米尔恩和帕滕（Milne and Patten，2002）指出，公司正是通过有关信息披露范围的决策管理着合法性形象，信息披露形式的沟通将有助于修复公司受损或受质疑的合法性，获得、维护或提高合法性形象。阿拉姆和莱姆（2003）对美国50家上市公司的互联网报告开展调查研究发现，46%的上述公司在其网站披露了环境信息。罗博顿（Rowbottom，2002）认为，公司进行在线信息披露的动机在于——希望符合社会或资本市场的预期。

2.2.6 专有成本理论

信息披露并非总会带来正面效果。专有成本理论认为信息披露存在两种类型的成本：首先是收集、处理和发布信息的成本，这种成本对公司而言往往较小，因为公司为进行内部决策本就需要编制这些信息；其次是由于一些外部信息使用者（如竞争者等）可能利用这些信息导致公司陷入竞争劣势或其他不利境况，令股东承担专有成本。因此，公司信息披露需要权衡利弊，在评估特定信息披露如何对投资者产生影响的同时，管理层必须考虑是否有其他人员可能使用这些信息及其使用程度。例如，竞争方可能利用所发布信息发现公司的弱点，并重新定位其市场战略。因此，有关公司前景的披露，更高频率的披露，均可能给公司带来竞争力损害（Debreceny and Rahman，2005），有关公司交易和活动的信息、有关技术革新、战略、计划和策略的信息等也可能使公司陷于不利境地（Elliot and Jacobson，1994）。泄露重要信息、承担专有成本的忧虑是公司进行更多自愿信息披露的主要障碍，公司不愿意将敏感的专有信息拱手相让给竞争者，即使竞争者也可从其他来源（如行业杂志或行业会议）部分地得到这些信息（Grahama et al.，2005）。显然，专有成本的考虑将影响公司互联网报告内容和范围的决策。

互联网时代，信息使用者获取信息的渠道正发生着巨大变化，当前活跃在资本市场的投资者正大量通过互联网接收各类信息。互联网的全球覆盖极大地扩展了信息受众的范围，为公司降低代理成本、传递自身高质量的信号、在资本市场上争夺资金等稀缺资源、削减政治成本、进行合法性形象宣传等开辟了崭新的阵地，为自愿信息披露提供了广阔的舞台。通过运用互联网技术，公司有望大力拓展并提高其自愿信息披露的范围和水平。然而，基于专有成本、竞争地位等的考量，又可能使公司在进行互联网信息披露决策时仔细权衡得失利弊，对互联网报告的内容和范围予以限制。综上所述，包括代理成本、信号理论、资本需求理论、政治成本理论、合法性理论和专有成本理论在内的六大理论及其相关考量因素互相交织，内在地推动或限制了公司互联网报告行为，构成了促进或约束公司互联网报告行为的积极或消极理论动因。根据前期研究成果，上述理论能够对公司互联网报告行为的动因作出较有力的解释，为本书风险形成机理的分析奠定了理论基础。

2.3　公司互联网报告风险形成的机理
——基于博弈论的分析

包括公司、信息使用者、监管机构等在内的各利益相关方作为独立且理性的“经济人”，各自具有利益诉求，且这种利益诉求往往不但不相一致，甚至可能存在冲突。互联网报告的出现一方面可能缓解各方利益诉求的冲突。例如，通过更及时的信息披露缓解公司与外部投资方间的信息不对称，加强双方沟通和互信，找到双方利益的契合点，此时，互联网报告将可能增进双方福利。另一方面，互联网报告并不可能完全化解各方利益诉求的冲突，某些情况下，甚至可能成为各方为提升自身利益而展开彼此博弈的全新平台。例如，公司为获得投资者的资金投入筹集大量资本，可能利用互联网报告传递不实信息以树立自身良好的投资形象。此时，互联网报告反而可能为作为报告使用方的信息使用者带来风险。因此，本书认为，公司互联网报告风险产生的根源在于互联网报告供应链上各方利益的内在冲突，且各方为增进自身利益而借助互联网报告平台进行的彼此博弈诱发了互联网报告相关风险的形成。以下，本章将运用博弈理论对公司互联网报告风险形成的机理展开分析。

2.3.1 公司与投资者的信号传递博弈分析

互联网报告是公司对外沟通战略的一个组成部分（Ettredge et al.，2001），公司的互联网报告战略应统一于其对外沟通战略并支持其总体战略目标的实现（Héroux and Fortin，2009）。根据信号理论，公司信息披露是一种向市场传递信号的机制。高质量、业绩好的公司具有充分的向市场传递其未来前景“良好”信号的动机，展示其与竞争者不同的卓越特质，美化“透明度”声誉（Armitage and Marston，2008），从而树立良好投资形象。阿特里奇等（2002）运用信号理论得到了公司通过互联网报告向投资者传递其特殊品质信号的结论。

作为一项自愿信息披露行为，公司通过互联网报告向投资者传递信号通常具有战略目的性，具有“减少投资者疑虑，降低信息风险，从而获得资本市场更高评价（Grahama et al.，2005）”的意图。显然，信息使用者需要对公司传递的信号予以甄别，并根据信号对经营状况等作出判断或修正其先验的判断，从而制定决策。上述互联网报告及信号甄别的过程实质是公司与信息使用者间进行的一场博弈。以下，运用博弈理论展开分析。

1. 博弈模型前提假设

假设在资本市场上，只有建设网站进行信息披露的上市公司和利用公司互联网报告信息制定投资决策的投资者两类行为主体，二者均是理性经济人，双方均力图通过决策使自身期望收益最大化。

（1）公司类型 $\theta \in \Theta$，$\Theta = \{\theta_1, \theta_2\}$ 是公司类型空间，其中，θ_1 和 θ_2 分别代表经营状况良好和不良的公司，类型是公司私有信息，投资者只知道其类型的先验概率分布：$p\{\theta = \theta_1\} = \alpha, p\{\theta = \theta_2\} = 1 - \alpha$。

（2）公司互联网报告信息是向投资者发出信号 $x \in X, X = \{X_G, X_B\}$ 是信号空间，$x = X_G$ 表示互联网报告信息是反映公司良好经营状况的好消息；$x = X_B$ 时，表示反映公司经营状况不良的坏消息。

（3）公司如在其网站发布好消息，必对其投资形象产生正面影响 R_G；

发布坏消息，则将产生负面影响 R_B。显然，$R_G > 0$，$R_B < 0$。公司建设网站后，发布好消息或坏消息对其不产生成本差异，设维护网站并发布信息的成本为固定成本 C_c，由于良好投资形象 R_G 将能吸引更多投资者对公司意义重大，因此，$R_G > C_c$。

（4）投资者根据公司互联网报告发出的信号 $x = X_G$ 或 X_B 运用贝叶斯法则修正先验概率 $p(\theta)$，得到公司类型的后验概率 $\tilde{p} = \tilde{p}(\theta|x)$，做出投资或不投资决策。投资者的行动 $a \in A, A = [Y, N]$ 是行动空间，其中，Y 表示决定投资公司，N 表示不投资。

（5）投资者的资金总量为 C_i，投资于其他机会平均收益率为 K，资金如投入经营良好公司，将获得预期股利收益现值 D_G，而如投入经营不良公司，则不可能获得股利。

（6）投资后，如投资者将股票转让，其资本利得的预期现值为 $E_i(i = G, B)$。其中，$E_G > 0$，表示投资良好经营公司将获得的资本利得现值，即将获得投资收益；而 $E_B < 0$，表示投资经营不良公司所获资本利得现值为负数，即将发生亏损。

（7）$D_G + E_G > C_i K$，即投资者投资良好经营公司所预期获得的股利和资本利得现值高于投资其他机会的收益，否则投资者不会将资金投资于公司。

（8）如投资者投资，公司将获得的预期收益包括股价上升、市值增加等，显然，公司通过互联网报告传递好消息将对该收益产生放大作用，如传递坏消息该收益将受到抑制，即对公司传递信号 $x = X_G$ 或 X_B，令该收益分别为 W_G 和 W_B，$W_G > W_B$。

（9）为塑造良好投资形象，经营不良公司通常希望通过互联网报告传递好消息。鉴于我国现有投资者保护法律法规不健全，尤其针对互联网环境的投资者保护条例缺失，因此，公司虽知道其行为可能受到投资者的控告导致承担法律责任等，造成声誉、形象和经济损失（令其为 L_f），但发生的可能性（α）较低。

2. 支付函数

根据上述前提假设，可以预见，在公司经营状况良好情况下，其互联网报告的信息一定是好消息，不必考虑坏消息情况。对各种可能情况，博弈双方支付矩阵如表 2 - 1 所示。

表 2-1　　上市公司与投资者的支付矩阵

公司 \ 投资者	投资	不投资
经营良好，传递好消息	$(R_G+W_G-C_c-D_G,\ D_G+E_G)$	$(R_G-C_c,\ C_iK)$
经营不良，传递好消息	$(R_G+W_G-C_c-\alpha L_f,\ E_B)$	$(R_G-C_c-\alpha L_f,\ C_iK)$
经营不良，传递坏消息	$(R_B+W_B-C_c,\ E_B)$	$(R_B-C_c,\ C_iK)$

3. 信号传递博弈模型

显然，在公司通过互联网报告披露信息，投资者根据信息制定投资决策过程中，理性的公司能够预测到投资者将根据其所发送信号修正对其类型的判断并作出投资决策，因而总是选择披露最有利于其的信息作为信号向投资者传递。而投资者也知道公司所发送的信号是一个给定其类型和考虑信息效应情况下的最优信号，并使用贝叶斯法则修正对公司类型的判断，以做出有利于自身的决策。这是一场信号传递博弈，博弈次序如下：

（1）“自然”首先选择公司类型 $\theta\in\Theta$。

（2）公司观察到自身类型 θ，并通过互联网报告传递信号 $x\in X$，即 $x=X_G$ 或 X_B，公司知道所披露信息对投资者将产生的信号效应，因而选择披露最有利的信息，以支持自身支付最大化。

（3）投资者接收公司通过互联网报告传递的信号 x，运用贝叶斯法则对先验概率 $p(\theta)$ 进行修正，得到后验概率 $\tilde{p}(\theta|x)$，并选择行动 $a\in A$，作出投资或不投资的决策。

该信号传递博弈模型见图 2-1。

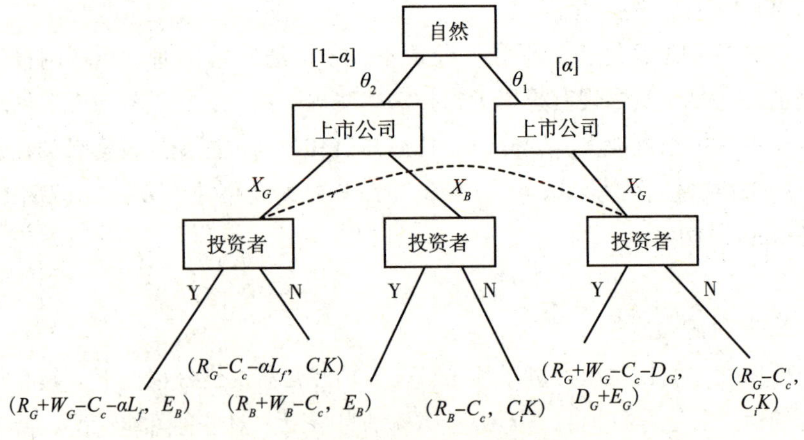

图 2-1　公司与投资者的信号传递博弈模型

4. 博弈分析

信号传递博弈的精炼贝叶斯均衡是战略组合$(x^*(\theta), a^*(x))$和后验概率$\tilde{p}(\theta|x)$的结合，它满足如下两个条件：(1) $a^*(x) \in \underset{a}{\arg\max} \sum_{\theta} \tilde{p}(\theta|x) U_2(x,a,\theta)$；(2) $x^*(\theta) \in \underset{x}{\arg\max}(U_1(x,a^*(x),\theta))$

其中，$a^*(x)$是给定后验概率$\tilde{p}(\theta|x)$，投资者对公司互联网报告所传递信号做出的最优行动；$x^*(\theta)$是预测到投资者的最优行动$a^*(x)$，公司通过互联网报告传递的最优信号。

显然，当公司经营良好类型是θ_1时，其必然披露好消息，即传递最优信号$x^*(\theta_1)=X_G$。此时，由于投资者选择投资的支付大于不投资$(D_G+E_G)>C_iK$，投资者的最优行动应是$a^*(X_G)=Y$，即投资；当公司经营不良类型是θ_2时，其互联网报告究竟披露何种消息，取决于在对投资者最优行动进行预测基础上对自身支付的比较。投资者有两类行动即投资或不投资，如投资，公司披露好消息的支付为$(R_G+W_G-C_c-\alpha L_f)$，披露坏消息的支付为$(R_B+W_B-C_c)$，披露好消息所产生的良好投资形象及股价提升效应(R_G+W_G)显然远大于(R_B+W_B)，考虑到当前投资者保护法律法规的不健全以及互联网环境下投资者保护条例的缺失，αL_f的期望值较小，这使得公司在权衡后仍会选择披露好消息；如不投资，公司披露好消息的支付为$(R_G-C_c-\alpha L_f)$，披露坏消息的支付为(R_B-C_c)，同上述理由，公司仍会选择披露好消息。即当经营不良时，无论公司预测投资者最优行动如何，由于良好投资形象和股价提升效应产生的收益大于相关损失期望值，公司通过互联网报告传递的最优信号将仍是好消息，即$x^*(\theta_2)=X_G$。对投资者而言，投资经营不良公司将导致亏损，不论公司传递何种信号，由于不投资的支付大于投资$C_iK>E_B$，投资者的最优行动应是$a^*(x)=N$。然而，这取决于投资者能否根据接收到的信号对公司类型的先验概率进行修正，并做出正确判断。

上述分析表明，公司与投资者间信号传递博弈的精炼贝叶斯均衡是混同均衡。即不论公司类型如何，均选择通过互联网报告好消息，经营不良公司不存在如实报告坏消息的动机，则公司互联网报告将主要表现为宣传正面信息、隐瞒负面信息的选择性信息披露行为，某些情况下，甚至可能出现报告虚假正面信息的行为。因此，无论何种类型公司的互联网报告均将是“一派繁荣”景象以形成强烈正面导向，引导投资者作出有利于公司的决策。

这可能导致两种后果；其一，一般投资者由于风险意识及信息甄别能力的缺憾，较易受到互联网报告繁荣表象的诱导，作出购买公司股票的投资决策，面临信息不可靠和信息误导风险的同时承担投资亏损的风险后果；其二，资深投资者在接收互联网报告信息并进行甄别过程中，发现信息有失公允，对公司不予信任，甚至寻求动用法律手段予以控告，则公司存在面临法律责任，发生声誉、形象和经济损失的风险。究其本质，上述风险形成的内在原因在于：投资者保护法律法规不健全背景下公司为追逐自身利益而采取的机会主义互联网报告行为，包括选择性信息披露和虚假信息披露行为。

2.3.2 公司之间的完美信息动态博弈分析

互联网报告是公司运用先进互联网技术进行的自愿信息披露行为。根据资本需求理论，对资本的持续需求是公司进行自愿信息披露的直接动因。资本的稀缺性使得渴求资金投入的众多公司成为资本市场上激烈竞争的对手，公司之间为争夺资本进行着彼此博弈。由于自愿信息披露有助于公司满足投资者和债权人的信息需求，降低信息不对称，使其在资本市场上更具竞争力（Healy and Palepu，2001），公司间资本争夺的博弈将转化为自愿信息披露水平的博弈。而互联网报告是新经济环境中公司创新的自愿信息披露方式，从而资本争夺的博弈也将部分转化为互联网报告水平的博弈。

根据信号理论，同行业公司可能采纳类似信息披露策略，公司总是力争与同行业其他公司保持类似的信息披露水平。因为，如某家公司的信息披露水平落后于其他公司，将可能被市场负面解读（Chatterjee and Hawkes，2008）。然而，自愿信息披露并非总能为公司带来包括树立良好声誉和投资形象、提升资本竞争优势和公司股价等正面效果。根据专有成本理论，公司外部存在一些信息使用者（如同行业竞争公司、异议股东等）可能利用自愿披露的信息发现公司弱点，采取针对性策略，使公司陷于不利境地，令股东承担专有成本。因此，公司在运用互联网进行信息披露的过程中，需要审慎制定互联网报告策略，既要避免被市场负面评价、损害其资本竞争优势的情况，又要防范被竞争者等所利用而发生专有成本损失。实践中，密切观察同行业公司尤其优秀同行业公司的互联网报告水平，据以制定互联网报告策略，成为公司互联网报告策略制定的常见方法（Héroux and Fortin，2009）。综上可见，公司互联网报告策略的制定过程实质上是公司之间尤其是同行业公司间进行的一场博弈。以下，本节运用博弈理论展开分析。

1. 博弈模型前提假设

假设在资本市场上，只有两家建设网站并进行互联网报告的同行业上市公司，其中一家是领头羊公司，另一家是一般公司，二者均是理性经济人，双方均力图通过决策使自身期望收益最大化。

（1）领头羊公司和一般公司的互联网报告策略分别为 $t_1, t_2 \in T, T = \{H, O\}$ 是报告策略空间，其中，H 代表策略为进行高质量互联网报告，信息披露范围广泛、内容丰富、更新及时，使之成为公司主要的对外信息披露平台和信息使用者了解公司的主要窗口；O 代表策略为进行一般质量互联网报告，互联网报告信息仅是公司传统纸质报告信息的复制及少量补充。

（2）公司如进行高质量互联网报告，将使互联网报告成为公司与外部利益相关方间信息沟通和关系管理的主要平台，为其树立良好声誉和投资形象 R_G。同时，高质量互联网报告尽管不能保证公司获得投资者的资金注入，但将由于良好信息沟通而有效缓解信息不对称，从而更加有望获得投资者的资本投入，即公司将可能增强其资本竞争优势，以 ΔA_c 表示资本竞争优势的提升。而公司如进行一般质量互联网报告，则不可能增强其资本竞争优势。此外，由于领头羊公司在行业中的显要地位，其进行高质量互联网报告可能增强的资本竞争优势相较一般公司将更为显著，以 $\beta \Delta A_c$ 表示，其中，β 为领头羊效应系数。

（3）公司知道其互联网报告的信息将为各方公开获得，其中包括善意投资者和与公司存在竞争关系的同行业竞争方等。因此，公司如决策进行高质量互联网报告，须对其报告系统投入更多人力和物力资源予以悉心管理，以保证所披露信息的安全性、完整性、可靠性和及时性等质量特征。以 C_H 表示公司为确保高质量互联网报告须投入的较高管理成本。而公司如决策进行一般质量互联网报告，所需付出的成本较低，令其为 C_L，显然 $C_H > C_L$。

（4）领头羊公司往往受到同行业公司的高度关注，如进行高质量互联网报告，其互联网披露的范围广泛且及时的信息存在被同行业竞争公司利用的可能性，这可能令其承担巨额专有成本 P_c，为避免发生专有成本损失，公司须设计并执行适当管理机制以在确保高质量互联网报告的同时，保证重要信息尤其机密信息不因管理上的疏忽或漏洞被同行业竞争方所观察或推测。显然，领头羊公司设计并执行的管理机制越健全，其承担专有成本的可能性越低。因此，其进行高质量互联网报告而承担的期望专有成本为 $1/\alpha \cdot P_c$，其中 α 是管理机制健全系数，即如所设计和执行的管理机制足够健全，α 值将充分大，则公司所承担的期望专有成本将足够低。

（5）如领头羊公司进行一般质量互联网报告，由于其互联网报告的信息仅是纸质报告的复制及少量补充，信息披露范围较狭窄，同行业竞争公司难以从中窥探重要信息，则不致令公司承担专有成本。

2. 支付函数

根据上述前提假设，对于各种可能情况，博弈双方支付矩阵可如表 2－2 所示。

表 2－2　　领头羊和一般公司的支付矩阵

领头羊公司＼一般公司	高质量互联网报告	一般质量互联网报告
高质量互联网报告	$(R_G+\beta\Delta A_C-1/\alpha \cdot P_C-C_H,$ $R_G+\Delta A_C+1/\alpha \cdot P_C-C_H)$	$(R_G+\beta\Delta A_C-1/\alpha \cdot P_C-C_H,$ $1/\alpha \cdot P_C-C_L)$
一般质量互联网报告	$(-C_L,\ R_G+\Delta A_C-C_H)$	$(-C_L,\ -C_L)$

3. 完美信息动态博弈模型

互联网时代，公司网站是公司在浩瀚互联网上的“形象工程”，互联网报告是公司与外部利益相关方进行信息沟通的新型窗口，是公司具备透明度的良好体现，上市公司通常会考虑建设网站并进行互联网报告。领头羊公司由于其在市场上的高能见度和行业中的显要地位，具有采纳创新技术的动机，以传递其与一般公司不同的卓越特质（AbuGhazaleh et al.，2012），其显然具有比一般公司更强烈的建设网站并进行互联网报告的欲望。因此，领头羊公司须首先制定报告策略。公司互联网报告是上市公司开放的对外信息披露平台，一般公司可观察领头羊公司的报告信息，推测其报告策略并据以制定自身策略，双方互联网报告策略的制定总是力图维护并提升自身资本竞争优势。该博弈是一个两阶段完美信息动态博弈，博弈次序如下：

（1）领头羊公司首先根据自身总体战略目标和对外沟通战略，制定与上述战略相统一的互联网报告策略，决策进行高质量或一般质量互联网报告。领头羊公司知道其报告信息将为各方所观察，其中包括同行业竞争方，因此，在决策互联网报告质量水平的同时，亦须决策投入的人力、物力资源并设计适当的管理机制。

（2）一般公司观察到领头羊公司的互联网报告信息，推测其报告策略，并试图从中窥探领头羊公司的重要信息，而后制定自身报告策略，决策进行高质量或一般质量互联网报告，同时亦须决策投入的人力、物力资源并设计相应管理机制。

该完美信息动态博弈模型如图 2－2 所示。

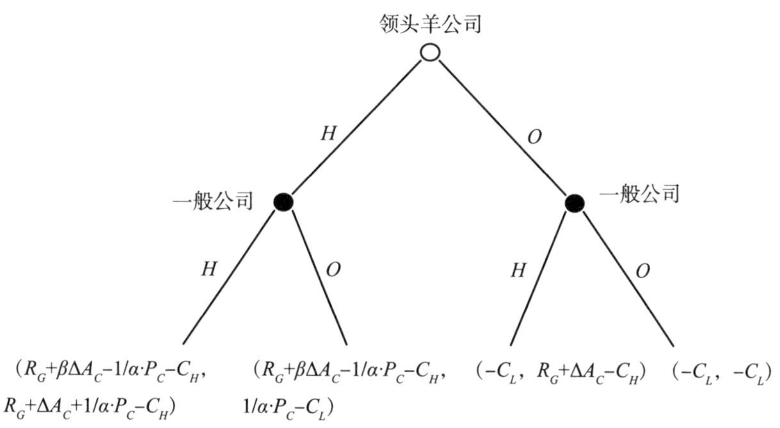

图 2－2　公司之间的完美信息动态博弈模型

4. 基于逆向归纳法的博弈分析

对于有限完美信息博弈，逆向归纳法是求解子博弈精炼纳什均衡的最简便方法。由上述博弈次序可知，博弈第一阶段，领头羊公司行动，选择其报告策略，博弈第二阶段，一般公司在观察领头羊公司的互联网报告并推测其策略后行动，选择自身策略。领头羊公司和一般公司的互联网报告策略分别为 $t_1, t_2 \in T, T = \{H, O\}$ 为报告策略空间。当博弈进入第二阶段，给定领头羊公司第一阶段的策略选择 $t_1 \in T$，一般公司的策略应能最大化自身支付，即 $\max\limits_{t_2 \in T} U_2(t_1, t_2)$，以 t_2^* 代表一般公司的最优策略选择。领头羊公司在预测一般公司博弈第二阶段的策略 t_2^* 后进行策略选择，领头羊公司的选择同样应能最大化其支付，即 $\max\limits_{t_1 \in T} U_1(t_1, t_2^*)$，以 t_1^* 代表领头羊公司的最优策略选择。

由于一般公司能够公开观察领头羊公司的互联网报告信息并推测其策略，因此，一般公司清楚地知道博弈进入的决策结。给定博弈到达一般公司的左决策结，即一般公司知道领头羊公司的 H 策略。由于一般公司进行高质量互联网报告有助于树立良好声誉和投资形象，增强资本竞争优势等，上述利益对公司而言极其宝贵。通常，二者之和远高于为建设并维护高质量互联网报告而需付出的成本 C_H，则一般公司决策进行高质量互联网报告所获支付大于一般质量互联网报告($(R_G + \Delta A_C + 1/\alpha \cdot P_C - C_H) > (1/\alpha \cdot P_C - C_L)$)，一般公司的最优策略选择将为 H，即决策进行高质量互联网报告。给定博弈到达一般公司的右决策结，即一般公司知道领头羊公司的 O 策略。由于一般公司 H 策略所获支付仍大于 O 策略$(R_G + \Delta A_C - C_H) > (-C_L)$，一般公司的最优策略选择仍将为 H，即决策进行高质量互联网报告。

领头羊公司预测到一般公司博弈第二阶段的最优策略选择是 H，领头羊公司的策略选择仍将基于对两种策略所获支付的衡量，如$(R_G + \beta\Delta A_C - 1/\alpha \cdot P_C - C_H) > (-C_L)$，领头羊公司的最优策略选择也将是 H。由于进行高质量互联网报告有助于树立良好声誉、投资形象并增强资本竞争优势，且领头羊公司的优势增强往往更为显著，上述利益之和通常远高于为建设并维护高质量互联网报告而需付出的成本 C_H，故$(R_G + \beta\Delta A_C - C_H) > (-C_L)$。然而，领头羊公司通常受到同行业竞争方的高度关注，其进行高质量互联网报告所披露的范围广泛、更新及时的信息将为同行业竞争方所观察，并从中窥探公司重要信息，尤其是机密信息等，这将可能使公司承担专有成本损失。因此，领头羊公司在进行高质量互联网报告过程中须设计并执行健全的管理机制以努力遏制专有成本的发生，令公司承担的期望专有成本 $1/\alpha \cdot P_c$ 接近于 0，则公司进行高质量互联网报告所获支付将高于一般质量互联网报告。此时，领头羊公司的最优策略选择也将是 H，即进行高质量互联网报告。

因此，该完美信息动态博弈的子博弈精炼纳什均衡为$(H, \{H, H\})$。上述博弈分析表明：领头羊公司具有保护并提升资本竞争优势的强烈欲望，并希望向市场传递其经营及财务状况高质量的信号，理应决策进行高质量互联网报告。然而，这首先取决于其能否设计并执行健全的管理机制，否则，将可能反而须承担巨额专有成本损失，得不偿失。

实践中，公司间的博弈将不仅是两个阶段，即不仅一般公司可观察领头羊公司的互联网报告信息，推测其策略从中窥探重要信息，且领头羊公司也可观察一般公司的互联网报告信息，推测其策略并从中窥探重要信息。此时，一般公司如不能设计并执行健全的管理机制，也可能须承担巨额专有成本损失。因此，尽管公司通常具有进行高质量互联网报告的动机，但在其设计并执行的管理机制不甚健全的情况下，专有成本的考虑可能令其仍选择进行一般质量互联网报告。事实上，除同行业竞争方外，公司外部还存在可能利用其披露的信息，并采取针对行动的其他信息使用者，如诉讼方律师、异议股东等，倘若公司相关管理机制不甚健全，将可能出现某些信息为上述方所掌握并采取不利于公司行动的可能性，令公司面临法律责任的同时承担声誉、形象和经济损失等风险。这可以解释当前实践中为何不少上市公司的互联网报告不尽活跃，甚至一些公司在 IPO 路演之后，基本不对其网站进行更新的现实。综上，公司进行互联网报告尽管可能的收益卓著，但诸如专有成本损失、法律责任及声誉、形象和经济损失等风险可能随时出现，上述风险形成的内在原因在于：公司所设计并执行的相关管理机制不健全。

2.3.3　公司与监管机构的不完全信息静态博弈分析

根据信号理论，由于信息不对称的普遍存在，为赢得来自资本市场的更高评价，高质量、业绩好的公司有充分的自愿信息披露动机以向市场传递未来前景良好的“信号”，这使得投资者对公司信息披露形成了合理预期，而将不进行自愿信息披露视为“坏消息”的信号，从而引发了资本市场自愿信息披露机制。互联网时代，互联网报告是公司创新的自愿信息披露方式。为从技术创新中获益，公司将选择能够最大化其收益的信息披露策略（Kel-iwon and Mohamed，2009）。如实报告能够传递公司真实的经营和财务状况信号，虽然最符合外部利益相关方的期望和利益，然而，其未必能够最大化公司自身收益。基于对外部监管制度的把握及相关惩戒后果的预期，作为“理性经济人”的公司可能相机行动，基于成本与收益的权衡，选择机会主义互联网报告策略。例如，通过互联网报告宣扬正面信息、隐瞒负面信息甚至传播虚假信息，以寻求由互联网报告获得最大收益。

监管机构肩负保护投资者的重任。对公司信息披露进行监管，监控其信息披露透明度及质量，为投资者决策创造良好信息环境，促进资本市场的有效运转是其重要职责。对于当前众多公司纷纷开展的互联网报告行为，监管机构是否介入及其介入的力度将直接影响公司互联网报告策略选择过程中的成本收益权衡。公司将根据现行监管制度及监管机构的监管力度确定采取如实报告抑或机会主义报告策略，监管机构也将根据公司互联网报告中出现的问题探索监管制度及监管力度的调整和改进。由上可见，互联网报告实践过程中，公司与监管机构之间也进行着一场博弈。以下，本节运用博弈理论展开分析。

1. 博弈模型前提假设

假设在资本市场上，存在两类行为主体：建设网站并进行互联网报告的公司和对公司信息披露负监管责任的监管机构，二者均是理性经济人，双方均力图通过决策使自身期望收益最大化。

（1）公司互联网报告策略 $\theta \in \Theta, \Theta = \{\theta_1, \theta_2\}$ 是报告策略空间，其中，θ_1 和 θ_2 分别代表采取机会主义和如实报告策略。公司互联网报告策略的选择是基于对现行监管制度和监管机构监管力度的研判做出的相机行动，公司以 α 概率选择机会主义报告，以 $1-\alpha$ 概率选择如实报告，即 $p\{\theta = \theta_1\} = \alpha$，$p\{\theta = \theta_2\} = 1-\alpha$，互联网报告策略选择的目标在于最大化自身收益。

（2）互联网报告的信息容量远超纸质报告，众多公司巨量且动态更新的信息以及灵活的信息列报方式，使监管机构不可能对报告信息实施全面监督检查，监管机构的监督检查策略是观测公司互联网报告信息，并确定以 β 概率实施监督检查，以 $1-\beta$ 概率不实施监督检查，监管机构的监督检查成本为 C_w。由于互联网报告不同于传统报告的上述特征，监管机构即便监督检查，仍不能保证必能发现机会主义报告行为，这取决于监管机构的监管能力和监管效率，令监管机构监督检查行动发现问题的概率为 ϕ。如监管机构监督检查成功，将使其受到外界赞誉获得声誉 R_s。如监管机构的监督检查不能发现公司机会主义报告行为，其监管能力将受到质疑，这将使其蒙受声誉损失 R_{l2}。

（3）公司如采取机会主义报告策略，由于“美化”了实际状况，将为其带来如实报告所不可能产生的声誉和投资形象的额外提升，令其为 R_Δ。然而，一旦被监管机构的监督检查行动发现，其将被罚款 F，且监管机构将公开谴责其机会主义报告行为，则公司将发生声誉和投资形象损失 R_{l1}。

（4）公司如采取如实报告策略，将获得与其实际经营状况相称的来自资本市场的评价，但对其声誉和投资形象不会产生额外提升效果，即不可能获得 R_Δ。

（5）建设网站后，进行如实报告或机会主义报告对公司自身不产生成本差异，设公司维护网站并进行互联网报告的成本为固定成本 C_c。

2. 不完全信息静态博弈模型

公司建设网站并进行互联网报告，显然具有美化自身声誉和投资形象的欲望，如实报告本是其理应履行的义务，然而，利益的驱使将使其相机行动，以 α 概率进行机会主义报告。监管机构是公开、公平、公正资本市场的维护者，对公司信息披露进行监管是其重要职责。问题在于，众多公司巨大的互联网报告信息量使其不可能进行全面监督检查，而只能在监管成本允许前提下，确定以 β 概率实施监督检查。创新的互联网报告特征包括动态信息更新和灵活的信息列报方式等对监管机构的监管能力提出了挑战，监管机构不能保证其监督检查行动一定能发现机会主义报告行为，以上均为公司采取机会主义报告策略提供了空间。公司知道自身类型并确定互联网报告策略，而监管机构对上述二者均不知道。公司与监管机构同在现行监管架构范围内行动，双方基于对对方行动的研判分别确定 α 和 β，以最大化自身收益，这是一场不完全信息静态博弈。根据上述前提假设，该博弈支付矩阵见表 2－3。

表 2－3　　公司和监管机构的支付矩阵

公司＼监管机构	监督检查（β）	不监督检查（$1-\beta$）
机会主义报告（α）	$((1-\phi)R_{\Delta}-\phi(F+R_{l1})-C_c,$ $\phi(F+R_s)-(1-\phi)R_{l2}-C_w)$	$(R_{\Delta}-C_c,-R_{l2})$
如实报告（$1-\alpha$）	$(-C_c,-C_w)$	$(-C_c,0)$

3. 博弈均衡解及分析

根据上述支付矩阵，可知公司和监管机构的期望效用分别为：

$$U_1=\alpha[\beta((1-\phi)R_{\Delta}-\phi(F+R_{l1})-C_c)+(1-\beta)(R_{\Delta}-C_c)]-(1-\alpha)C_c \tag{2-1}$$

$$U_2=\beta[\alpha(\phi(F+R_s)-(1-\phi)R_{l2}-C_w)+(1-\alpha)(-C_w)]+(1-\beta)[\alpha(-R_{l2})+(1-\alpha)0] \tag{2-2}$$

对上述两个期望效用函数分别求导，公司和监管机构期望效用最大化的一阶条件分别为式（2－3）和式（2－4）：

$$\frac{\partial U_1}{\partial \alpha}=[\beta((1-\phi)R_{\Delta}-\phi(F+R_{l1})-C_c)+(1-\beta)(R_{\Delta}-C_c)]+C_c=0 \tag{2-3}$$

$$\beta^*=R_{\Delta}/(\phi(R_{\Delta}+F+R_{l1}))$$

$$\frac{\partial U_2}{\partial \beta}=[\alpha(\phi(F+R_s)-(1-\phi)R_{l2}-C_w)+(1-\alpha)(-C_w)]+\alpha R_{l2}=0$$

$$\alpha^*=C_w/(\phi(F+R_s+R_{l2})) \tag{2-4}$$

从而，可得该博弈混合战略纳什均衡解为（α^*，β^*），即公司最优反应战略是以 α^* 概率选择机会主义报告策略，监管机构最优反应战略是以 β^* 概率选择对互联网报告实施监督检查。如公司进行机会主义报告的概率 $\alpha>\alpha^*$，监管机构的最优选择是监督检查，反之，如 $\alpha<\alpha^*$，监管机构的最优选择是不监督检查，如公司以概率 $\alpha=\alpha^*$ 进行机会主义报告，监管机构将随机进行监督检查或不监督检查。同时，如监管机构的监督检查概率 $\beta>\beta^*$，公司最优选择是如实报告，反之，如 $\beta<\beta^*$，公司最优选择是机会主义报告，如监管机构以 $\beta=\beta^*$ 的概率进行监督检查，公司将随机选择进行如实或机会主义报告。综上可见，双方战略选择均是基于对对方行动的揣摩和研判。

由式（2－3）可进一步考查监管机构最优反应策略 β^* 与 R_{Δ}、ϕ、F 和 R_{l1} 间的关系：（$\partial\beta^*/\partial R_{\Delta}$）>0，表明进行机会主义报告产生的声誉和投资形象提升效应越强，将促使公司选择机会主义报告策略，则监管机构最优反应策略 β^* 越大，即监管机构实施监督检查的概率加大；（$\partial\beta^*/\partial\phi$）<0，表明监管机构的监管能力和监管效率越高，发现问题的概率越大，将对公司机会主义行为形成威慑作用，则监管机构的最优反应策略 β^* 越小，即监管机构监督检查的概率减小；（$\partial\beta^*/\partial F$）<0，表明监管机构对公司机会主义报告的处罚力度越大，相关经济后果越严重，将制约其动机，则监管机构的最优反应策略 β^* 越小；（$\partial\beta^*/\partial R_{l1}$）<0，表明监管机构对公司机会主义报告行为公开谴责，令其声誉和投资形象损失越大，公司顾虑越大，则监管机构的最优反应策略 β^* 越小。

由式（2－4）进一步考查公司最优反应策略 α^* 与 C_w、ϕ、F、R_s 和 R_{l2} 间的关系：（$\partial\alpha^*/\partial C_w$）>0，表明监管机构的监督检查成本越大，将制约监

督检查行动的概率，则公司的最优反应策略 α^* 越大，即公司机会主义报告的概率加大；($\partial\alpha^*/\partial\phi$) <0，表明监管机构监管能力和监管效率越高，将对公司机会主义行为形成威慑作用，则公司最优反应策略 α^* 越小，即公司进行机会主义报告的概率减小；($\partial\alpha^*/\partial F$) <0，表明监管机构对公司机会主义行为的处罚力度越大，公司最优反应策略 α^* 越小；($\partial\alpha^*/\partial R_s$) <0，表明监管机构监督检查成功所产生的社会赞誉越大，将激励其监督检查积极性，则公司的最优反应策略 α^* 越小；($\partial\alpha^*/\partial R_{l2}$) <0，表明监管机构监督检查失败所产生的声誉损失越大，将对其形成压力，促使其勤勉工作，则公司的最优反应策略 α^* 越小。

值得注意的是，监管机构督查行动发现问题的概率 ϕ 与公司因机会主义报告行为而可能受到的惩罚 F，对监管机构和上市公司的最优反应策略均作出了解释。这表明，监管效率及惩罚力度，是监管机构对公司互联网报告实施监管过程中需要把握的关键因素，以对机会主义行为形成有力的遏制作用，督促公司如实报告，保证互联网报告的透明度。上述分析结果为监管机构对互联网报告的监管指出了方向。

然而，正如德布里森尼和拉赫曼（Debreceny and Rahman，2005）所指出的：技术层面上，在具有各自设计特色的公司网站上发布信息对监管者监控公司信息披露提出了挑战。实践中，监管机构面对的是众多公司巨量且动态更新的互联网报告信息，如何在有限监管成本的约束下保证督查行动的效果？这要求监管机构设计创新的监管机制，以有效提升监管效率。倘若仍然沿用现有对传统公司报告的监管模式，由监管机构人员对互联网报告信息进行检查以发现异常行为，监管机构将可能遭遇监管效率的瓶颈，即便以大量增加监管成本为代价提高监督检查行动的概率，仍可能无法有效应对机会主义报告行为。这可以解释为何当前世界各国监管机构仍未致力于对公司互联网报告实施监管的客观事实，缺乏创新的监管机制，监管效率和效果将无以保证，则监管机构对互联网报告这一新兴信息披露手段的监管将止步不前。公司互联网报告将处于放任自流的状态，诸如宣扬正面信息、隐瞒负面信息甚至传播虚假信息的机会主义报告行为将可能时有出现，以投资者为代表的信息使用者将持续面临各种信息风险的困扰，基本权益无法得到合理保障，监管机构也将由于监管不力受到公众质疑，面临公信力下降的风险。上述风险形成的内在原因在于：缺乏有效的对公司互联网报告实施监管的机制。

2.4 公司互联网报告风险因素的识别

风险是现代社会的伴生物，它是各种社会制度，尤其是工业制度、法律制度与技术等正常运行的共同结果（卓志，2006）。任何风险事件的发生往往是许多因素综合作用的产物，既包括物质因素也包括人为和管理制度方面的因素。风险因素是足以引起风险事件发生的潜在原因，是造成损失的内在原因或间接条件。传统风险管理理论将风险因素划分为：实质风险因素、道德风险因素和心理风险因素。实质风险因素指有形并能直接影响事物物理功能的因素，即某一标的本身所具有的足以引起或增加损失机会和加重损失程度的客观原因；道德风险因素指与人的品行修养有关的无形因素，如个人的不诚实、不正直或不轨企图等；心理风险因素指与人心理状态有关的无形因素，如人们的疏忽、过失、不关心等（刘均，2008）。

风险因素识别（risk factors identification）是在特定环境中运用各种方法和工具探索引发研究对象发生风险事件的各种潜在原因，确定风险因素并对其进行定性描述的过程。风险因素识别是风险治理的根本前提，风险因素识别应当遵循系统性和全面性原则，对引发风险事件发生的潜在原因进行辨认（刘新立，2006）。风险因素识别方法通常包括专家调查法、现场检查法、调查问卷、文献研究法以及各种图表法，如因果图、系统动力学图、影响图等。本书拟在对前期公司互联网报告相关研究文献观点进行系统梳理的基础上，根据前期研究提供的理论观点和实证证据，对公司互联网报告的风险因素展开理论识别，即采用文献研究法。

根据上节对公司互联网报告风险形成机理的博弈分析结论，可做如下总结：第一，公司在互联网报告实践中为追逐利益可能采取机会主义报告行为，这将使信息使用者面临信息风险同时承担被误导及决策失误的风险后果；第二，公司所设计并执行的互联网报告管理机制不健全，将可能导致其承担专有成本损失或面临诉讼风险；第三，缺乏有效地对公司互联网报告行为实施监管的机制，监管机构不但无法有效保护信息使用者尤其是投资者的利益，而且将由于监管不力受到公众质疑，面临公信力下降的风险。

因而，本书认为，公司机会主义互联网报告行为、不健全的互联网报告管理机制以及有效监管机制的缺失共同诱发了公司互联网报告相关风险的形成，可能导致包括信息使用者、公司及监管机构在内的公司互联网报告供应链上利益相关各方面临风险问题。同时，互联网的开放性和非管制的全球化特性使得安全问题尤为突出，穆罕默德等（2009）指出，公司互联网报告面临的最大挑战在于互联网披露信息的安全性和完整性问题。任何基于互联网的系统均面临诸如黑客入侵、病毒侵袭等技术性威胁，技术因素是任何基于互联网的系统所必须予以认真考量并严肃对待的风险因素。因此，本书将公司互联网报告的风险因素划分为四大类，即技术风险因素、机会主义风险因素、管理风险因素以及监控风险因素。以下，本书将在借鉴前期公司互联网报告相关研究成果的基础上，分别对上述四类风险因素展开探讨，力图系统、全面地提出各项具体风险因素。

2.4.1　技术风险因素

众所周知，信息技术已成为引领当今世界发展和进步的巨大引擎。随着互联网的全球普及，无数公司在互联网上建立网站，成为万维互联网空间上的一个节点，既作为公司对外发布信息的信息源，亦同时接收来自互联网其他节点的信息。互联网时代信息资源共享的便利有力推动着无数创造财富的商务活动，身处互联网时代的人们可以畅游于无边的互联网空间，豪享海量信息盛宴。然而，毋庸置疑，高度信息技术文明亦催生着难以估测的风险。作为一种创新传媒，互联网的深度扩张在为人们带来现代文明繁华表象的同时，潜伏于互联网世界的风险却也无处不在。

互联网世界的风险突出表现在：

（1）功能强大的互联网信息系统，其技术复杂性不可避免地导致系统本身存在某些安全漏洞，这为黑客攻击提供了可乘之机。黑客可能利用特制工具，收集驻留在互联网中各站点服务器的信息，探测服务器系统的安全漏洞，并伺机穿透组织防火墙，攻击组织服务器及内部互联网，从中窃取或篡改关键财务数据、用户资料等重要信息，导致组织机密外泄，甚至使组织互联网站点陷于瘫痪，造成难以估量的损失。

（2）成千上万种计算机病毒在互联网世界流传。入侵的病毒对站点系统进行破坏，破坏 CMOS 和磁盘数据，抢占系统资源和内存，修改中断地址，干扰系统运行，甚至导致系统崩溃无法正常提供服务。据统计，仅 2010 年上半年，360 安全中心截获的新增木马病毒就高达 1.01 亿个，平均每天新增 55.5 万个，其中七成以上木马病毒由不良网址导航站的推广行为造成，如浏览器首页被篡改、电脑桌面生成“删不掉”的广告图标等，木马病毒和钓鱼网站给网民、社会造成的直接和间接经济损失超过 120 亿元。

（3）信息风险。互联网上不同来源的信息以包括新闻、公告版、网帖等各种形式出现，政府监管至今尚缺乏有效手段，而互联网空间的虚拟性质，信息可以匿名发布，难以对其施加道德约束，致使信息质量良莠不齐，存在信息虚假、信息不可靠、信息误导等信息风险。面对互联网上的众多信息，信息使用者难以辨别其真伪和可靠程度，可能受到各种虚假信息的误导，导致权益受到侵犯或遭受财产损失。

除上述典型风险外，公司在互联网报告过程中对列报技术的不当应用也可能引发风险。前期公司互联网报告相关主题的研究成果为本书风险因素的识别提供了宝贵的理论观点和实证证据，以下，本节将为公司互联网报告提出技术风险因素。

互联网是一个不安全和不可靠的公共网络，安全问题至关重要（刘均，2008）。穆罕默德等（2009）指出，互联网报告面临的最大挑战是网上信息的安全性和完整性问题，除发布过程可能出现错误外，发布于网上的信息可能面临各种安全风险。例如，可能受到公司内外部各种故意或非故意的更改，基于公司网站上不准确的信息制定决策，这将是一个实质性风险，这些问题所能解决的程度决定了互联网作为公司财务信息披露媒介的长期有用性。2000 年，FASB 在其《企业报告信息电子发布》研究报告中指出如下安全问题：来自公司外部的黑客和其他恶意人员可能故意对网站实施破坏，篡改互联网上的财务报表，将存在重大误导性的信息置于网站上，而公司内部人员的疏忽或草率也可能制造安全漏洞。费希尔等（2004）也指出，互联网上的信息存在风险暴露，可能被未经授权的公司内外部用户访问和更改。史密斯和皮尔斯（Smith and Pierce，2005）认为，尽管凭直觉判断，没有人会选择在没有明显利益情况下更改电子版年度报告，但即使不是为了利益，财务报告也有可能因某些原因被篡改，如对公司怀有不满情绪的内外部人员有意为之。博伦等（Bollen et al.，2006）表达了如下忧虑：尽管互联网能增加向投资者披露信息的量和多样性，但互联网可能是相当不可靠的信息渠道，外部相关方可能无法评价公司网站信息的质量。卡恩和伊斯梅尔（2012）指出，尽管提高形象的考虑会促使公司进行互联网报告，但信息安全问题构成了公司互联网报告最大的缺陷。综上，由于互联网本身的安全隐患，公司互联网报告系统存在被黑客攻击或计算机病毒破坏的可能性，包括财务报告和审计报告等在内的相关信息在发布于互联网后存在被公司内外部人员故意或非故意篡改的可能性，信息使用者基于被篡改的信息制定决策将可能出现决策失误。因此，本书提出如下风险因素——

技术风险因素 1：互联网本身的安全隐患

超链接技术被广泛运用于互联网页面的设计中。通过超链接，人们可以随心所欲地在各种互联网资源间游走、浏览信息，按顺序或不按顺序地访问信息。据凯尔顿和杨（Kelton and Yang，2008）的调查，大约 98% 纳斯达克上市公司在其网站上以超链接作为导航工具，48% 在年报内使用超链接，47% 提供向 EDGAR 的超链接，26% 提供向第三方网站的超链接。伦马雷普等（Ramarapu et al.，1997）指出，对特定问题而言，通过超链接访问会获得比非链接信息更准确的结果。超链接使用户能根据其独特兴趣和目标，设计浏览在线信息的个人搜索策略。显然，相比传统信息列报方式，超链接为信息使用者的信息获取提供了更大的灵活性。然而，超链接在带来上述益处的同时也带来了一些隐忧。

当公司提供向第三方网站的超链接时，责任问题也随之产生（Ettredge et al.，2001）。因为，超链接模糊了不同来源信息间的界线，可能给予投资者这样的印象，即公司网站所链接的其他网站信息也具有与公司网站信息同等水平的准确性和可靠性，尤其是提供向分析师网站的链接，而不进行免责声明或免责声明存在缺陷，可能引起最大的法律风险（FASB，2000）。公司提供向分析师网站或分析师报告的超链接可能被认为是“采纳”或“认可”了分析师的观点，如所链接的分析和评论有失真实和公允，信息使用者可能认定公司进行误导性列报，使公司面临诉讼风险（Prentice et al.，1999）。阿特里奇等（2002）指出，一些公司在网站上提供向第三方网站的超链接会导致额外风险，因为它将所链接网站的信息融入公司披露的信息集中，使公司可能需要对相关信息负责，这会增加诉讼风险或负面影响公司在法律案件中胜诉的概率。2000 年，美国证券交易委员会（SEC）专门为超链接可能带来的信息混淆问题提出如下意见：可根据一些因素判断公司是否“采纳”了所超链接的信息，如“使用超链接的环境”（公司对该超链接作了何种明示或暗示），“混淆的风险”（公司对投资者可能产生混淆的超链接信息是否做了预警），以及“超链接信息的列报”（公司是否通过选择性地提供超链接引导投资者关注特定信息），如公司被认为“采纳”了外部超链接的信息，则可能需要对其负责（SEC，2000）。综上，提供向第三方网站的超链接，在第三方网站信息有失真实和公允情况下，如信息使用者因误信第三方网站信息而出现决策失误，将可能对公司提起诉讼要求承担法律责任，公司声誉和形象可能因此受损。因此，本书提出如下风险因素——

技术风险因素 2：提供向第三方网站的超链接

前期调查研究发现，存在将已审计财务报告与未审计信息相互超链接的做法，增加未审计信息表面的可信度的情况（Mariq，2007）。例如，FASB 企业报告信息电子发布工作组调查发现，一些公司将年度报告与总裁致辞相互超链接，工作组指出，使用超链接将使情况变得复杂，因为信息使用者不清楚他或她是在年度报告范围之内或之外，他们可能误以为所浏览的当前资料仍然属于已审计年度报告范围（FASB，2000）。琼斯和肖（2004）指出，在许多问题上，互联网可能是一个问题制造者，例如，广泛使用的超链接可能导致已审计和未审计信息间界线模糊、相互混淆，加剧误导性风险。霍奇（2001）提供了从已审计财务报表向未审计信息的链接会影响投资者判断的证据，他以两组投资者作为实验研究对象，首先把在线财务报表提供给第一组投资者，同时提供由财务报表向未审计管理层致股东信函的超链接，第二组投资者则仅阅读纸质财务报表，结果发现第一组投资者比第二组投资者对公司的盈利潜力作出了更高评价。霍奇认为，超链接混淆了信息的经审计状态，阅读带超链接信息的投资者更容易将未审计信息误以为是已审计信息，公司可通过将未审计信息与已审计财务报表信息相链接以影响信息使用者的感知。阿拉姆和莱姆（2003）基于对 5 个国家和地区（美国、英国、加拿大、澳大利亚和中国香港）最大的各 50 家公司开展的调查指出，从在线已审计财务信息内提供向未审计信息的超链接，是一个潜在的可能误导使用者的漏洞，可能损害年报的可靠性，如超链接在插入报表后又删除，将使情况更加复杂也更具危害性。凯尔顿（2006）指出，公司存在以未审计信息如管理层讨论与分析冲淡已审计财务报表负面影响的可能性，这对准则制定者具有启发作用。综上，将已审计信息与未审计信息相互超链接，可能使信息使用者误将未审计信息认定为已审计信息并予以信赖，如信息使用者出现决策失误，将可能对公司提起诉讼，要求公司承担法律责任，公司声誉和形象可能因此受损。因此，本书提出如下风险因素——

技术风险因素 3：将已审计信息与未审计信息相互超链接

2000 年，FASB 基于对美国财富百强公司的调查指出，将审计报告与不完整财务报告如省略附注的财务报告一同发布于互联网，将可能导致信息使用者误以为不完整财务报告即是已审计的财务报告。伊斯梅尔和索比（Ismail and Sobhy，2009）认为，将审计报告与不完整年报或未审计信息通过超链接等相关联的做法，将降低信息的可靠性，构成了互联网报告的固有风险（inherent risks）。类似地，费希尔等（2004）也指出，将审计报告与公司网站未审计信息或外部网站信息以超链接不恰当关联，存在出现误导性观点的风险。澳大利亚审计和鉴证准则委员会（Audit and Assurance Standard Board）在其发布的 AGS1050《与财务报表电子发布有关的审计问题》审计指南公告中指出，审计师应特别关注将审计报告与其他未审计信息通过超链接等相关联带来的风险问题。综上所述，将审计报告与未审计信息或不完整财务报告相互超链接，可能使信息使用者误以为未审计信息或不完整财务报告已经审计师审计，如信息使用者出现决策失误，将可能对公司提起诉讼，要求公司承担法律责任，公司声誉和形象可能因此受损。因此，本书提出如下风险因素——

技术风险因素 4：将审计报告与未审计信息或不完整财务报告相互超链接

心理学研究认为决策制定者，作为“在某些智力方面存在缺陷的人”（Intellectual Cripples），其思考能力存在局限，认知过程存在偏差。信息处理能力有限的决策制定者，在面临大量数据情况下，其能力的有限性将被放大，信息评价质量不升反降（Ghani，2008）。互联网报告的信息容量显然远超纸质报告，将使公司提供大量额外的非财务信息，从而导致信息过载问题（Green and Spaul，1997）。德布里森尼等（Debreceny et al.，2002）指出，在公司将其财务报告置于网站时，信息超载是一个需要注意的问题，一方面，公司可能希望建立一个全面的网站以使高层次信息使用者，如投资分析师可收集充分的信息，然而这又可能给只需要基本信息的一般投资者带来信息超载问题，公司应寻求通过一些技术手段如示意图、网站视图等辅助一般投资者的信息阅读。特里特斯（Trites，1999）也认为互联网信息的无限容量，可能加剧信息超载问题。琼斯和肖（2004）指出，互联网报告不仅可能带来额外问题如欺诈，而且可能加剧已有问题如信息过载。因此，本书提出如下风险因素——

技术风险因素 5：信息超载

根据行为经济学理论，信息处理能力有限的决策制定者，在决策过程中，决策的环境、情景、程序等都将与其心理产生互动，决策结果会受到呈现信息的框架方式的影响（于全辉，2006）。相比纸质报告，互联网报告的列报技术更加灵活多变，表现在：不仅可应用字体、字号、颜色、表格等传统列报技术，而且可综合应用图形、图像、声频、视频、动画等多媒体技术，赋予信息使用者更加丰富的视觉和声觉感受。克莱门茨和乌尔夫（Clements and Wolfe，1997）发现人们对多媒体年报的感知会直接影响其对公司质量的判断。奥汀格（Ottinger，1993）检验了受试者对多媒体报告和纸质印刷手册这两种列报方式的满意度水平，发现看多媒体报告的受试者获得的满意水平显著高于看印刷手册的受试者，且多媒体报告比印刷手册对受试者的态度转变产生了更直接的作用。罗斯（Rose，2001）调查了运用多媒体技术披露财务比率对决策的影响，结果表明运用多媒体技术会影响个人投资者的决策。费希尔等（2004）指出，发布于公司网站的年报和其他信息可能包含多媒体特征，如声频和视频，尽管这些特征提供给公司加强与信息使用者沟通的机会，但不当使用这些技术可能使信息扭曲并潜在误导网站浏览者。凯尔顿（Kelton，2006）通过实验研究发现，信息列报方式会影响投资者的决策制定，认为有必要对互联网报告环境实施管制。上述研究结论暗示，互联网报告灵活的信息列报技术如多媒体技术，固然有利于创造一个卓越的信息阅读环境，但由于其对信息使用者将产生更大的影响，如其被不当应用于正面信息的宣扬，将可能对信息使用者形成误导，公司可能被提起诉讼要求承担法律责任，公司声誉和形象可能因此受损。因此，本书提出如下风险因素——

技术风险因素6：不当应用多媒体技术

不少学者认为互联网是“最优秀的双向对称沟通模式”和“成功的危机沟通方式”（Fjeld and Molesworth，2006）。聊天室、在线论坛等在线互动技术有助于增进公司与利益相关方的有效沟通，在线互动为公司对外关系管理工作提供了崭新的技术手段。然而，一些学者对在线互动技术表示了忧虑：在线互动提供给利益相关者争论、发泄愤慨和痛苦的机会（Macleod，2000）。怀有不满情绪的员工可能通过聊天室以匿名方式轻易发布对公司不利的信息，将使公司股票价格下挫（FASB，2000）。通过在线互动，利益相关者不仅与公司在线沟通，而且也与其他利益相关者在线沟通，其结果可能是，公司难于对在线沟通实施控制（De Bussy et al.，2000）。肯特等（Kent et al.，2003）对公司建立在线论坛表示了忧虑，认为在线虚拟性质可能使在线参与者变得更具攻击性且更加鲁莽，可能对公司声誉造成损害。此外，在线虚拟性质也可能使在线互动技术的参与者轻易发布无事实依据的信息甚至谣言，聊天室、在线论坛等可能成为互联网上不可靠的信息源，增加噪音信息，而一般投资者往往存在认知偏差，其信息处理能力较低，可能受到噪音信息的干扰（Chan et al.，2005）。综上可见，应用在线互动技术要求公司予以悉心管理，及时对论坛中出现的谣言等予以澄清，对在线参与者提出的疑问或批评等予以回复或解释，倘若对在线互动技术管理不善，对聊天室、在线论坛内出现的谣言、批评等未能及时处理，将使上述言论在短时间内广泛传播，不仅可能对信息使用者造成误导，而且可能对公司声誉和形象造成负面影响。因此，本书提出如下风险因素——

技术风险因素 7：对在线互动技术管理不善

2.4.2　机会主义风险因素

古典和新古典经济学均假设人是完全理性的“经济人”。完全理性经济人，具备一系列“理性”特征，包括具备对所处环境的完备认知、有序稳定的偏好体系并具备从多个备选方案中计算出何种最优的能力。然而，这一完全理性经济人假设与现实世界经济主体的理性状况并不相符。行为经济学先驱赫伯特·西蒙（Herbert Simon）在对“理性经济人”假设进行批判的基础上建立了“有限理性”理论，西蒙在《现代决策理论的基石》一书中，对决策的理性做了精辟论述，他指出：现实决策者由于信息的不完备、认知的局限性以及决策情境的不确定性和复杂性等，将在很大程度上偏离“理性原则”。西蒙的研究为行为经济学的创立奠定了基础，人类行为的“有限理性”是行为经济学的核心思想。

行为经济学认为，人类行为并不能达到绝对理性，由于受到环境因素和个体认知水平的制约，人们掌握的信息及对信息的处理能力均有限，尽管人们试图按照理性去行动，但由于理性本身的有限性，人们只能在有限理性范围内行动。即人们只能在所掌握有限信息的基础上，运用自己的有限理性对外界事物进行分析和决策，决策过程受到知觉、信念和情感等因素的影响，难以做到绝对理性地计算所有备选方案并应用贝叶斯法则等系列规则从中筛选最优方案获得最佳效用。相反，有限理性的人们可能采用某些捷径或启发式方法进行判断，如代表性启发决策、易得性启发决策等，但这往往导致系统性偏误。

人类行为具有机会主义倾向是制度经济学的一个基本假定。机会主义倾向指人具有随机应变、投机取巧、追求利益内在、成本外化、为自身谋求最大利益的行为倾向。新制度经济学家威廉姆森认为：机会主义指信息不完整或者受到歪曲地透露，尤其指旨在造成信息的误导、歪曲、掩盖、搅乱或混淆的蓄意行为。经济人的自利动机，构成了机会主义行为的主观或内在因素，人类的有限理性为机会主义行为提供了活动空间，而信息不对称，是诱发机会主义行为的客观或外在因素。在公司互联网报告领域，两权分离导致的信息不对称为具有信息优势的管理层实施机会主义行为提供了客观条件，而先进的互联网报告平台，为管理层利用人类的有限理性实施机会主义行为提供了崭新途径。

以下，本书将在引述前期相关研究发现的基础上，为公司互联网报告提出机会主义风险因素。

公司进行互联网报告通常意在向市场报告有利于公司的信息，互联网报告提供给公司更大的进行机会主义披露的空间（Trabelsi et al.，2004）。基于对美国、英国、加拿大、澳大利亚和中国香港五个国家及地区最大规模的50家公司的调查数据，阿拉姆和莱姆（2003）发现：互联网报告使公司可以管理其信息披露，强调正面信息并对潜在负面信息进行解释，以淡化负面信息的影响，提升公司形象。FASB（2000）的调查发现，公司常在其网站提供向分析师报告的链接，所链接的分析师报告观点均有利于公司。阿尔瓦雷斯等（2008）指出，互联网媒介使公司能够控制数据发布的环境，强调正面信息并对潜在负面信息予以解释。阿特里奇等（2001）也不无忧虑地指出，公司在其网站披露会计信息目标之一是吸引投资者，使其对公司股票产生兴趣，然而，这与财务报告的客观性要求相矛盾。多伦多证券交易所（Toronto Stock Exchange，2005）颁布的《公司手册》之423节第11条警告：公司不应在其网站仅披露正面信息而隐瞒负面信息。

此外，纸质报告的封皮圈定了报告信息的边界，纸质报告环境下，财务报表、附注以及审计报告一同装订成册向投资者提供，而互联网报告却可能不具备同等的完整性质量。例如，一些公司在网站发布财务报表，却遗漏了有助于理解、把握的细节信息和解释性附注（FASB，2000）。阿特里奇等（1999）选择100家审计报告述及持续经营问题的公司为样本，并根据配对特征选择了100家无保留意见审计报告公司为配对样本，发现尽管两类公司均提供了广泛的信息，但持续经营存在问题的公司更少将审计报告置于公司网站。赫西和加利福德（Hussey and Gulliford，1998）发现，省略特定财务信息的情况比较普遍，大约 25% 的样本公司专门为网站披露而对已审计年报进行信息剪辑，省略年报的重要内容，如附注、保留意见审计报告、会计政策等，隐瞒表外负债，进行选择性列报，这可能对信息使用者的感知造成重大影响。他们指出，尽管专业信息使用者可能对这类省略有更高的警惕性，但非专业投资者则可能轻易被误导。阿特里奇等（2001）指出，将年报的某些部分排除在互联网报告之外构成了最大的问题，省略附注可能隐瞒表外负债，如审计报告中反映的是有关公司未来前景和持续经营的不确定性信息，省略审计报告将使这些重要信息模糊化。

综上所述，不论是强调正面信息、解释负面信息，或省略表外负债、非标意见审计报告等负面信息的前期研究发现，均表明公司互联网报告过程中具有机会主义行为倾向，对信息披露内容存在选择性。传统信息披露研究领域的印象管理理论有助于对上述发现作出解释。印象管理指“有意识或无意识地意在控制社会关系中真实或想象人员的印象的行为”（Schlenker，1980），印象管理行为的目标在于通过管理或控制他人对自身的印象以增进自身利益。在公司信息披露领域，当公司管理层选择披露信息的内容，并将信息以可以影响信息使用者对公司业绩的感知的方式披露时，即认为出现了印象管理行为（Neu et al.，1998）。根据印象管理理论可以推知，上述行为目标在于令公司互联网报告内容形成强烈的正面主题偏向，以引导信息使用者对公司产生良好印象并深化印象。然而，强调正面信息，隐瞒或淡化负面信息的选择性信息披露行为，将可能制造一个潜在误导性的信息阅读环境，对有限理性的信息使用者尤其是一般投资者形成误导作用，并可能被定性为误导性陈述，为公司招致诉讼风险，公司声誉和形象将因此受损。因此，本书提出如下风险因素——

机会主义风险因素 1：选择性信息披露

充分、真实、完整的信息披露是公开、公正、公平资本市场有效运转的基础。长期以来，虚假信息披露问题成为各国资本市场监管的重中之重。以我国为例，数据显示，2007 ~ 2010 年监管机构查处的证券市场违法行为包括以虚假陈述为代表的信息披露类违法、机构违规经营或交易、市场操纵、内幕交易和非法证券经营活动等，其中，信息披露类违法行为约占全部证券违法案件的 50%。虚假信息披露行为之所以屡禁不止，洪剑峭等做了如下分析：（1）利益驱动是其根本原因，为符合上市、配股政策及躲避特别处理或退市等，巨大的经济利益驱使公司进行虚假信息披露；（2）公司治理不完善是其关键原因，不合理的股权结构导致的内部人控制和经营者激励约束机制的失衡为虚假信息披露创造了机会；（3）外部监督不力也为虚假信息披露带来了可乘之机（洪剑峭等，2003）。2000 年，法国证券监督委员会（COB）发布了一份在线报告原则（Online Reporting Rules）的公告，对“通过网站或其他电子手段发布虚假信息”表示关注，并指出，“审计职业界对这些问题的应对表现迟缓”（Lymer and Debreceny，2003）。互联网的兴起虽然为公司对外信息披露提供了先进的技术手段和广阔平台，然而，诸如委托代理、信息不对称和公司治理缺陷等导致虚假信息披露的本源问题不可能因新兴技术的崛起而削减。同时，截至目前各国监管机构对公司互联网报告行为监管滞后乃至缺失的现实监管环境则可能为虚假信息的互联网披露留下更大操作空间，而互联网传播的高速度及其广泛可及性可能令虚假信息对信息使用者产生更加严重的误导后果，公司可能被提起诉讼，并因此对公司声誉和形象造成严重损害。因此，本书提出如下风险因素——

机会主义风险因素 2：虚假信息披露

2.4.3 管理风险因素

公司网站是公司在互联网这个无边界多维空间中面向外部世界的“脸”，是公司在浩瀚互联网上的“形象工程”。公司建设网站进行互联网报告本质上是运用网站，以信息披露为核心，面向广大利益相关者尤其是投资者进行的对外沟通和关系管理行为。高质量互联网报告在向外界传送信息的同时，也传达了公司自身高质量的信号。通过树立良好声誉和形象、提高外部利益相关者对公司的认同度和忠诚度，从而提升价值是公司进行互联网报告的根本目标。因此，互联网报告对互联网时代的公司具有重要战略意义。

公司互联网报告以开放的互联网为其载体，先进的互联网技术为其内容和列报方式创新提供了强大的技术支持。然而，自互联网诞生之日起，风险问题即与其如影随形，片刻未离。在浩瀚互联网节点之上，既存在希望与公司进行信息交流并基于信息作出分配资源决策的善意投资者，又潜伏着觊觎公司及投资者利益的人员。公司通过互联网报告平台发布的信息存在被敌意方如竞争方或诉讼方利用，进而采取针对性行动，使公司陷于劣势的可能性，也存在由于公司自身对互联网报告实践的决策及管理不当，报告行为出现疏漏，报告内容出现瑕疵、歧义、严重错误甚至侵犯其他方利益，为公司招致不必要麻烦乃至诉讼风险的可能性。

博伦等（Bollen et al.，2008）指出，在高度动态的互联网背景下，管理问题对网站质量将产生重要影响，包括向投资者群体提供的信息、向资本市场发布信息的时机以及对所发布信息质量的鉴证等，均要求卓越的计划、程序和工具以维护高质量的网站。史密斯和皮尔斯（2005）基于对欧洲前 100 强公司互联网报告完整性的调查指出，由于监管机构尚未全面应对互联网报告技术带来的各种挑战，在公司内部实施充分的治理程序相当重要。互联网报告显然需要公司予以审慎和有效的管理，管理目的在于最大化其可能收益，包括提升公司声誉和形象、获得利益相关各方的认同和支持等，同时最小化其风险，包括诉讼风险、声誉损失风险等。公司网站是公司管理质量的重要指针（Abdelsalam et al.，2007），根据管理学理论，为持续保证互联网报告的质量，下列要素不可或缺：明确的战略目标、恰当设置的组织结构、配备合理的人力资源、充分投入的物力资源以及设计适当、执行有效的管理机制。因为，战略是公司一切行动的指南、组织结构是公司实现战略的组织支撑、人力资源是公司实现战略的原动力、物力资源是公司实现战略的基本保证，而设计适当、执行有效的管理机制是公司行动的标准和规范。

以下，本书将在借鉴前期相关研究成果的基础上，对公司互联网报告与战略、组织结构、人力资源、物力资源、管理机制等有关的风险因素展开探讨，并将上述风险因素统称为管理风险因素。

公司披露对于公司至关重要，它是公司与其利益相关者保持良好互动关系的重要渠道。披露活动与公司其他活动如投资、生产和营销活动并无本质区别，披露同样会发生成本，力图获得收益。因此，应当审慎计划，制定最大化潜在收益和最小化成本的战略，信息披露战略对确保公司达到预期目标极为重要（FASB，2000）。互联网报告在列报内容和技术上具有更大的灵活性，公司可以披露远比传统手段更多的信息，为从技术创新中受益，公司应当重新考虑其披露战略（Keliwon and Mohamed，2009）。博伦等（2008）应用五个标准对 50 家荷兰公司的投资者关系管理网站进行评价，筛选出 4 家建有高质量投资者关系管理网站的公司和两家低质量公司，他们对参与网站管理的公司管理层开展的半结构化访谈发现，大多数建有高质量投资者关系管理网站的公司制定了网站发展战略，其中定义了网站的短期和长期目标、目标群体、预期访问者人数等内容，并经由内部网向广大员工宣传网站发展战略，以在公司内部形成对互联网投资者关系管理活动的广泛理解和支持。赫洛克斯和福丁（Héroux and Fortin，2009）认为，网站战略规划是一个通过了解预期利益相关者的信息需求，精心规划网站长期愿景的过程，互联网披露战略应当与公司对外沟通战略相协调，而对外沟通战略必须与公司总体战略保持一致。互联网时代，网站是公司在互联网上的“形象工程”，维护公司网站涉及“声誉风险”。综上，倘若缺乏互联网报告战略的指引，将可能影响公司对互联网报告的有效规划，难以保证互联网报告的质量及其长期良性发展，这可能使信息使用者产生期望差距（Turel，2010），并可能由于信息使用者的信息需求未得到有效满足而对公司声誉和形象造成负面影响。因此，本书提出如下风险因素——

管理风险因素 1：缺乏互联网报告战略的指引

一个主体的组织结构提供了计划、执行、控制和监督其活动的框架。艾伯特等（Albert et al.，2004）指出，有关互联网环境设计和维护的组织和过程管理有助于提高网站质量。赫洛克斯和福丁（2009）的案例研究发现：存在一个基本组织结构，用以制定与网站内容相关的决策，且公司执行官、IT 管理层和运营管理层共同协作支持网站的管理，他们认为成熟的 IT 治理组织结构（如设立董事会 IT 战略委员会及委任首席信息官）将对网站内容实施更严密的战略规划和监控，从而对公司网站的维护和提高形成强大支持和保证。博伦等（2008）的研究表明如要解释投资者关系网站质量的差异，不能忽视支持网站的管理结构。网站以高度动态为特征，管理能力和组织结构将对网站质量产生重要影响。他们对四家建有高质量投资者关系网站的公司进行案例研究，发现这些公司均设立了专门的负责互联网投资者关系管理的机构或委员会，并在其下成立了互联网团队，团队内部设置任务组，组内成员高度专职化且专业化，而他们对两家建有低质量网站公司的调查表明，两家公司均未设立如上专门机构或委员会。赫洛克斯（2006）对 180 家加拿大公司网站管理人员的问卷调查结果显示，公司规模和所处行业以及网站管理的组织结构对网站内容产生了显著影响，并发现上述公司与网站内容管理有关的组织结构设置不尽完善。综上可见，倘若支持互联网报告管理的组织结构设置不当，将使公司互联网报告失去完善设置的组织结构的支撑，难以保证互联网报告的质量，这可能使信息使用者产生期望差距（Turel，2010），并可能由于信息使用者的信息需求未得到有效满足而对公司声誉和形象造成负面影响。因此，本书提出如下风险因素——

管理风险因素 2：支持互联网报告管理的组织结构设置不当

根据上阶层理论（upper echelons theory），公司高级管理层的世界观和思想观念，包括价值观和信仰，决定了他们的行为和决策。相比公司其他人员，高级管理层具有更大的影响公司决策的能力，高级管理层更多地了解和控制了公司信息，公司披露决策取决于他们关于特定信息发布的决定和战略意图（Keliwon and Mohamed，2009）。阿布格扎拉等（2012）通过半结构化访谈探索影响约旦上市公司是否建立网站及是否将网站用于投资者关系活动的因素，结果表明，公司是否建设网站以建立一个在线形象的决策源自公司强化自身形象和声誉的愿望，高级管理层的态度和信念是影响公司是否建设网站的关键因素，高级管理层的支持对于公司如何运用网站及如何将之用于投资者关系活动至关重要。然而，由于互联网报告尚未受到监管机构的强制要求和监管，可能导致公司高级管理层不够重视网站的运作和管理（Keliwon and Mohamed，2009）。赫洛克斯（2006）对加拿大公司网站管理人员开展的问卷调查结果显示，高级管理层并不对网站的维护和提高给予充分支持，对确保网站的完整性也未持积极的态度，对于网站披露内容确定过程的参与程度不足。史密斯和皮尔斯（2005）对欧洲前 100 强公司互联网报告完整性的问卷调查研究也发现，互联网报告的管理并未受到高级管理层的充分重视。高级管理层对维护和提高网站质量的支持程度表现在指派负责网站管理的高级经理，提出网站使命，支持资源分配，动员组织全体成员致力于维护和提高网站质量（Héroux，2006）。综上所述，倘若高级管理层对互联网报告的支持不足，将影响公司员工参与网站管理的积极性和对互联网报告重要性的一致认识和共同信念，难以保证互联网报告的质量，这可能使信息使用者产生期望差距（Turel，2010），并可能由于信息使用者的信息需求未得到有效满足而对公司声誉和形象造成负面影响。因此，本书提出如下风险因素——

管理风险因素 3：高级管理层的支持不足

人力资源是现代公司的第一资源。缺乏高素质的人力资源配备，公司战略目标的实现将失去原动力。赫洛克斯和福丁（2009）指出，公司应当考虑聘用具有高级 IT 技能和经验的员工进行网站内容的维护和改进。博伦等（2008）对四家建有高质量投资者关系网站的公司和两家低质量公司开展的调查发现，低质量公司负责网站管理的互联网团队仅由两名公司对外沟通部门的人员构成，且均是兼职，互联网投资者关系管理是他们除其他日常工作之外的职责，这些人员仅花费5%~10%的工作时间在网站相关活动上，而高质量公司的互联网团队员工则是高度专职化且专业化，全职进行网站管理工作，团队经理通常具有沟通背景或互联网相关技术知识，经理们为互联网投资者关系管理活动投入了大量时间，他们指出，互联网团队人力资源的配置，可能对公司网站质量产生影响，未来对网站质量的研究应当检验与互联网团队人员配置有关的变量。赖安（Ryan，2010）基于对一家大型加拿大上市公司的案例研究指出，网站管理人员缺乏正式教育背景和实践经验将严重限制网站的进一步发展，他强调为网站投资者关系管理功能引进高级管理层的必要性，且公司应提供一个适当环境以使管理层有充分的自由度进行创新并为在线投资者关系功能的发挥探索最佳实践。综上可见，不充分的人力资源配备，可能使公司网站的管理和维护工作不到位，难以保证互联网报告的质量，这可能使信息使用者产生期望差距（Turel，2010），并可能由于信息使用者的信息需求未得到有效满足而对公司声誉和形象造成负面影响。因此，本书提出如下风险因素——

管理风险因素4：人力资源配备不充分

物力资源包括财务资源（资金）和物资资源（设备或材料），充分的物力资源投入，可用于置备网站管理所需的各种硬件设施和软件资源，支持公司网站的持续维护和提高。赫洛克斯（2006）的问卷调查发现，70%受调查公司网站具有超过5年的历史，而分配给网站管理的财务资源却很有限（年度预算少于30万美元），他认为有限的物力资源无法支持公司披露更多信息并阻碍公司互联网信息披露水平的提高。显然，不充分的物力资源投入，可能使公司网站的管理工作力不从心，难以保证互联网报告的质量，这可能使信息使用者产生期望差距（Turel，2010），并可能由于信息使用者的信息需求未得到有效满足而对公司声誉和形象造成负面影响。因此，本书提出如下风险因素——

管理风险因素5：物力资源投入不充分

1999年，国际会计准则委员会（IASC）在其名为《互联网上的企业报告》中指出，互联网报告信息的可靠性，取决于恰当安全措施的实施。2000年，FASB基于对当时美国财富百强公司互联网报告现状的调查指出：互联网技术创造了不同于纸质报告的新报告范式，尽管许多可行的技术（如动态、互动的互联网列报技术）尚未得到广泛应用，但仍然需要额外治理程序以确保所披露信息的完整性，组织内部对于网页信息的编辑应有恰当授权，并应恰当防止组织内部或外部人员在未经授权情况下访问信息。这表明，为保障互联网报告的安全性、可靠性、及时性和完整性等质量特征，应当对互联网报告的管理过程引入内部控制机制。

内容是一家网站最有价值的部分，公司网站内容为王。伯切格和威金霍夫（Pirchegger and Wagenhofer，1999）指出：在信息使用者心目中，网站内容和更新是比网站技术和对用户的支持更为重要的元素。公司网站面向多元化利益相关者，一个“良好绩效”的网站应当披露更多信息。网站内容的管理是公司互联网沟通战略的关键点，是公司管理系统的一部分。赫洛克斯（2006）的问卷调查发现，大型公司对网站的内容管理设计了正式机制，且在网站上披露了更多信息。博伦等（2008）将公司网站的内容管理划分为内容创建（content creation）、内容批准（content approval）、内容发布（content publishing）和内容评价（content evaluation）四个阶段。显然，为保证互联网报告内容的质量，应当对内容管理的各个阶段设计适当的控制机制，包括：

（1）设计并执行有效的内容创建机制。例如，由专门部门如投资者关系部负责互联网报告内容的创建工作，同时要求包括财务、生产、销售等在内的各部门的信息支持，并设计适当控制机制，如责任人负责制、内容创建后的审核机制等，防止所创建内容出现不准确情况，保证互联网报告内容的可靠性。FASB（2000）的调查发现，几乎所有受访的美国财富百强将互联网报告的内容和列报责任分配给投资者关系部，该部门通常要求公司其他部门的支持。

（2）设计并执行有效的内容批准机制。博伦等（2008）对四家建有高质量投资者关系管理网站的公司和两家低质量公司的调查表明：所有受调查公司均规定，内容发布于网站之前须得到批准，他们发现，内容批准过程的权力集中程度在两类公司间存在显著差异，高质量公司显著具有更高的集权水平。互联网报告具有经济后果，既存在因管理上的疏忽不当列报公司重要信息甚至机密信息被竞争方及其他敌意方所窥探令公司承担专有成本损失、面临竞争劣势风险的可能性，又存在因报告内容不公允、不严谨出现瑕疵、歧义、夸大、误导后果，甚至不当列报侵犯其他方利益的信息等，而招致诉讼风险及至赔偿损失的可能性。因此，内容批准机制设计的目标在于保护公司重要信息并防范诉讼风险，其由内容层级批准机制和诉讼风险防范机制两个子机制构成。

第一，内容层级批准机制设计的关键在于确定内容批准的权力部署，即应当根据所披露内容的重要性确定内容批准人员的层次，重要性越高，负责批准的人员层次越高。例如，对可能透露公司当前战略发展方向、技术革新的信息以及重大决策、突发事件信息等，应当由负责互联网报告内容管理的最高层次人员负责批准，而对于一般信息，则由公司投资者关系部部门领导批准即可。据报道，包括 Google 在内的技术性公司都曾经历过因疏忽而将机密信息发布于网站上的窘境，这将导致暴露公司脆弱点、被敌意方如竞争方所利用，并进而采取不利于公司的行动。

第二，诉讼风险防范机制指在内容批准过程中对信息内容的公允性及是否可能引起误导进行审核，重点排除列报可能为公司引致诉讼风险或负面影响公司在诉讼中地位的信息。例如，避免对公司业绩、股票投资价值等的夸大宣传，加强对敏感性信息如盈利预测等前瞻性信息、重要的未审计信息如营运数据的审核并要求适当应用警示性语言或免责声明，以降低公司卷入诉讼的可能性。FASB（2000）对美国财富百强公司的调查发现，为确保安全性和规避诉讼风险，所有受访公司的法律部门参与了互联网报告计划和决策的制定过程，以对披露内容、免责声明和信息在网上发布的时机等问题提出决策参考。

（3）设计并执行有效的内容发布机制。内容发布应当由具备技术胜任能力的人员担任，确保仅由获得发布授权的人员发布已经过适当批准程序批准的内容，对发布内容做适当的技术处理、格式转换和版面编排等，确保所发布内容正确无误、编排美观并便于信息使用者阅读和分析。

（4）设计并执行有效的内容评价机制。多伦多证券交易所颁布的《公司手册》之 423 节强调，公司内部对于电子沟通应当制定书面政策，公司的电子沟通行为应当指定内部人员进行监督（Toronto Stock Exchange, 2005）。内容评价机制实质上是对互联网报告的监督、反馈和改进机制，指通过设立互联网报告监控组，持续跟踪互联网报告并定期开展审计，评价报告信息的可靠性、公允性、完整性及内容和技术应用（如多媒体、超链接技术）的适当性等问题，测试内容创建机制、内容批准机制、内容发布机制等相关机制设计及运行的有效性，确保互联网报告的内容和技术应用符合公司互联网报告战略目标及对外沟通战略目标。FASB（2000）的调查发现，许多受访公司建立了定期审核网站的程序。

（5）设计并执行有效的内容更新机制。及时性是会计信息的灵魂。自20世纪90年代末公司互联网报告实践诞生以来，不断有学者和研究机构认为互联网报告的出现将有助于大大提高公司对外报告的及时性。例如，FASB（2000）指出，互联网将使企业报告由年度、季度和月度向实时报告转变。琼斯和肖（2004）基于对20名会计及互联网界专家的调查，指出互联网报告被认为是对传统通用财务报告一些公认问题（如缺乏及时性和无法按需定制信息）的潜在解决办法，互联网将推进信息供给的增加，互联网技术将支持更高频率的报告，甚至达到实时报告。然而，阿特里奇等（2001）基于对美国17个行业计490家公司网站的调查数据指出：网站数据管理存在潜在问题，网站上未能及时更新的陈旧信息可能引致法律行为，一些公司最新的财务报表已是超过一年的旧报表，公司应当制定保持信息更新并将过时信息存档的政策；卡恩（2007）对四种类型（多元化经营、酒店、在纽约证券交易所上市和在伦敦证券交易所上市）177家公司网站的调查发现，一些公司从财务年度末至将财务报告披露于其网站间存在一至两年的延迟。显然，为保证互联网报告信息的及时性，除上述四个阶段的机制设计之外，公司还应为互联网报告的内容管理设计有效的内容更新机制。

内容更新机制设计的关键在于确定内容更新的责任承担主体以及各栏目内容的更新周期或更新触发点，目标在于确保互联网报告信息在符合现行信息披露监管法规对信息披露时机要求的前提下①具备及时性质量特征，由公司自身对公司重大事件、重要财务信息等及时作出报道，确保公司网站成为利益相关各方了解公司的主要窗口。

上述内容管理的各项控制机制设计和运行失当，将引致一系列风险。

内容创建机制设计和运行失当，可能导致互联网报告信息出现错误，不能保证报告内容的可靠性。例如，内容创建人员根据财务部门或生产部门传来的数据进行稿件撰写或数据综合过程中引入错误而未能通过适当的审核机制予以发现和纠正。多年来，互联网报告信息的可靠性问题受到了广泛关

① 即互联网报告信息披露的时机应首先符合现行信息披露监管法规对披露时机的要求，不在监管禁止进行相关信息披露的时期如静默期进行网上信息披露活动。依照中国证监会2012年5月18日颁布的《关于修改〈证券发行与承销管理办法〉的决定》的规定，所谓“静默期”指，首次公开发行股票的公司，在申请文件受理后至发行人发行申请经证监会核准、依法刊登招股意向书前，发行人及与本次发行有关的当事人不得采取任何公开方式或变相公开方式从事与股票发行相关的推介活动，也不得通过其他利益关联方或委托他人等方式从事相关活动。

注，由于年度报告的重要性，一些研究指出了年度报告信息互联网发布可能存在的问题。赫西和加利福德（1998）指出，尽管许多公司是将年度报告纸质版的扫描件置于互联网，但有一些公司是从年度报告中抽取信息或将年度报告数据重新录入后发布于其网站，这个过程可能引入错误，这将影响互联网报告信息的可靠性和完整性（Mohamed et al.，2009）。琼斯和肖（2004）认为，互联网报告的出现使得纸质版和电子版财务报告同时存在，将会出现两个版本信息不一致的潜在问题。阿卜杜勒萨拉姆等（Abdelsalam et al.，2007）基于对英国上市公司互联网报告全面性的研究指出，尽管英国和欧洲的新监管环境致力于提升财务报告的可靠性，但英国公司互联网报告信息的可靠性尚有很大提升空间。显然，倘若内容创建机制设计和运行失当，可能导致公司互联网报告信息的可靠性存在问题，如信息使用者据以制定决策出现决策失误，将可能对公司提起诉讼，要求公司承担法律责任，公司声誉和形象也可能因此受损。因此，本书提出如下风险因素——

管理风险因素6：内容创建机制设计和运行失当

内容批准机制设计和运行失当包括两个方面，即内容层级批准机制设计和运行失当以及诉讼风险防范机制设计和运行失当。

科米尔等（Cormier et al.，2009）指出，对公司而言，发布有关其行为和活动的信息会使资本市场参与者如投资者减少信息的搜索成本，更好地评价公司前景，然而，同样信息如为公司竞争者所利用，竞争者可能由此发现公司弱点，并重新定位其市场战略，则公司竞争优势及经济利益又将受损。有关公司交易和活动的信息、有关技术革新、战略、计划和策略的信息都可能使公司陷于竞争劣势（Elliot and Jacobson，1994）。德布里森尼和拉赫曼（2005）认为，无论是自愿或遵从监管要求披露公司信息对于公司生存都将是潜在的威胁，因为竞争者可能利用这些信息，损害公司竞争优势，从而，公司将承担高昂的信息披露专有成本。互联网报告具有广泛的可及性和易于获取的天然优势，这一优势在使信息迅速送达投资者的同时，也使信息更加便捷地为竞争方所获取和利用，如内容层级批准机制设计和运行失当，互联网报告的技术优势可能反而增大对公司竞争优势地位的损害程度。因此，本书提出如下风险因素——

管理风险因素7：内容层级批准机制设计和运行失当

理查森和斯科尔茨（Richardson and Scholz，2000）对美国上市公司投资者关系董事开展的访谈发现，潜在法律责任是公司进行增量信息披露最大的障碍，公司在决定网站内容时法律风险是主要的考量因素。一些前期研究指出了可能引致法律风险的互联网报告行为，例如，普伦蒂斯等（Prentice et al.，1999）基于对 490 家美国公司网站的调查，发现一些公司在其网站宣传或吹捧本公司股票的价值，他们指出，如果未来事件导致前期业绩不能维持或预期业绩无法达到，这种性质的股票宣传会增加公司的诉讼风险。贝尔（Bell，1998）认为，吸引投资者便捷获取信息的优势同样使得公司网站对原告律师充满了吸引力，某些披露可能在事后被认定为具有误导性。例如，公司基于客观发布的盈利预测信息可能在日后被发现过于乐观，从而被认定为具误导性虚假披露，此外，除前瞻性信息容易引致诉讼风险外，即使是一般性质的信息也可能被原告作为管理层误导性陈述的证据。阿特里奇等（2001）警告，如果提供分析师报告，公司必须确定其应是全面的，即既包含了正面报告也包含了负面报告，且公司应当声明其并未认可这些报告，在公司仅选择性地提供部分分析师清单的情况下，将加剧公司的"采纳"责任风险，令公司在诉讼中陷于不利地位。特拉贝尔西和拉贝尔（Trabelsi and Labelle，2006）指出，互联网报告可能加大公司的诉讼风险。综上可见，进行互联网报告要求公司强化法律风险防范意识，如诉讼风险防范机制设计和运行失当，公司互联网列报的信息将可能由于各种原因被其他方如原告律师等所收集并进而采取针对公司的法律行为，加大公司卷入诉讼的可能性，公司声誉和形象可能因此受损，信息使用者也可能因使用公司互联网列报的不公允信息或因使用敏感性信息，如未审计的营运数据、前瞻性的盈利预测信息等，却未得到必要风险警示而受到误导。因此，本书提出如下风险因素——

管理风险因素 8：诉讼风险防范机制设计和运行失当

内容发布机制设计和运行失当，可能出现未获发布授权的人员擅自在公司网站发布信息，将错误信息、存在重大误导性的信息乃至机密信息置于公司网站上的情况。据统计，由于内部员工行为所导致的泄密事故占互联网总泄密事故的 70% 以上，泄露机密的可能性已经成为公司运用互联网技术的最大顾虑（Netbai，2010）。倘若内容发布机制设计和运行失当，公司内部某些员工可能伺机利用公司控制上的漏洞，通过网站擅自发布误导性信息使信息使用者遭受误导，甚至泄露机密信息令公司竞争优势地位受损。因此，本书提出如下风险因素——

管理风险因素 9：内容发布机制设计和运行失当

内容评价机制设计和运行失当，将导致对互联网报告管理的监控、反馈和改进机制失效，不能通过对互联网报告内容的可靠性、公允性、完整性、及时性等的持续有效评价，发现内容创建机制、内容批准机制、内容发布机制等相关机制设计和运行缺陷及改进方向，可能导致某些风险因素持续存在而无法通过适当评价机制得以及时识别和消除，并最终酿成相关风险的发生，这将影响公司互联网报告的持续改进和质量提高。因此，本书提出如下风险因素——

管理风险因素10：内容评价机制设计和运行失当

内容更新机制设计和运行失当，将导致未能及时更新互联网报告各栏目内容，出现互联网报告内容陈旧的情况。FASB（2000）指出，如公司未能定期审查网站，履行更新网站的责任，过时的信息能引致风险。互联网时代，公司网站是公司管理质量的重要指针（Abdelsalam et al.，2007），是公司在互联网上的“形象工程”，一旦公司进行了互联网报告实践，则信息使用者将合理预期公司将持续维护和更新互联网报告信息，怠于更新的网站将不但使信息使用者产生期望差距（Turel，2010），不能有效满足其信息需求，而且可能向信息使用者暗示公司管理质量不佳，使公司声誉和形象受损。尤其在公司发生重大事件的情况下，如公司网站不能及时对事件作出适当报道或解释，使信息使用者转而寻求由其他渠道获取信息，将可能对公司声誉和形象造成更大的损害。因此，本书提出如下风险因素——

管理风险因素11：内容更新机制设计和运行失当

2.4.4 监控风险因素

1998年，英格兰和威尔士注册会计师协会（Institute of Chartered Accountants in England and Wales，ICAEW）发表了名为《21世纪的年度报告》的研究报告，报告指出：一直以来，公司报告实践处于监管拉动（regulation-led）的状态，其创新主要源自会计准则及相关法律的变更，当前，在会计发展过程中出现了根本性的变革，技术和全球化等因素正推动着会计财务报告领域的创新。然而，技术在有助于保证会计信息产品相关性的同时，监管机构却难以跟上会计变革的速度。1999年，多伦多证券交易所（Toronto Stock Exchange）在其发布的《电子沟通披露指南》引言中述及：互联网在提供信息方面是一个巨大进步，它即时地将相关信息置于投资者的指尖，但互联网也提出了监管挑战，在当今信息更易于获得的时代，信息的准确、及时和最新比以往任何时候更加重要。

证券委员会国际组织（The International Organization of Securities Commissions，IOSCO）在其分别于1998年、2001年、2003年发布的网上证券行为报告中强调，在制定适用于互联网的证券监管框架时，首先必须明确，制定证券法规的基本原则不因传播媒体的变化而变化，新监管法规的制定不应背离制定证券法规的3个基本原则：保护投资者，保证证券市场公平、有效、透明，减少系统风险。

截至目前，对于公司互联网报告行为，各国监管机构的普遍反映是：一方面，认同互联网报告能够提供更完整和更及时的信息，从而在内容和列报形式上超越纸质报告；另一方面，也认识到互联网报告在针对不可靠信息进行投资者保护方面提出了更大的监管挑战（Trabelsi，2007）。世界各国监管机构对于公司互联网报告行为主要采用了“类推监管”[①] 的方法。例如，1995年，美国证券交易委员会（SEC）在其《电子报送一般规则》中规定，通过电子方式进行的信息披露应当符合联邦证券法（包括1933年证券法和1934年证券交易法）对信息披露的要求；美国《证券法》第33－7233条指出，互联网仅是发布信息的另一种媒介，联邦证券法的责任条款同时适用于互联网和纸质媒体；英国金融服务管理局（Financial Services Authority）规定，1986年的金融服务法仍适用于互联网媒体，就像该法适用于信件、传真和电话一样；加拿大多伦多证券交易所（Toronto Stock Exchange）在其于2005年编制的《公司手册》中指出，鼓励新技术的发展，但这些技术并不能取代向使用者提供信息的传统技术，传统技术如纸质报告和向媒体发布信息等应当继续保持，同时，适用于纸质报告的监管规则和规定也适用于互联网报告；澳大利亚证券投资委员会（Australian Securities Investment Commission）也强调，现有法律的所有规定均适用于电子说明书；欧盟（European Union）态度则更为保守，认为互联网仅是投资者获取信息的一种方式，投资者随时具有获取纸质文本的权利，同时，欧盟不建议在网上信息披露文件中使用超链接；中国证监会在其颁布的《上市公司信息披露管理办法》的第6条中规定，上市公司及其他信息披露义务人依法披露信息，应当将公告

---

① 类推监管指对互联网报告比照现行证券监管规则处理，即要求通过互联网进行信息披露的主体遵循现行证券信息披露监管法规的要求。

文稿和相关备查文件报送证券交易所登记，并在中国证监会指定媒体发布，信息披露义务人在公司网站及其他媒体发布信息的时间不得先于指定媒体，不得以新闻发布或者答记者问等任何形式代替应当履行的报告、公告义务，不得以定期报告形式代替应当履行的临时报告义务。由上可见，中国证监会仅将上市公司互联网信息披露视为现有纸质披露的补充形式。显然，我国监管机构对信息披露的监管也仍停留于纸质报告时代的监管模式。以下，本书将在借鉴前期相关研究结论的基础上，提出监控风险因素。

早在1998年，赫西和加利福德就指出，互联网为财务信息的迅速、便捷和广泛发布提供了机会，但也带来了监管架构是否充分的问题，当前的监管架构①将不足以应对财务报告由传统形式向互联网发布形式的转换。利坦和威尔逊（Litan and Wilson，2000）认为，由纸质报告转变为互联网列报财务信息，要求对监管框架实施较大的变革。肖等（Xiao et al.，2002）、莱姆和德布里森尼（2003）、马斯顿和保雷（2004）通过对公司互联网报告实践的调查和访谈也得出了类似的结论：公司互联网报告现实应用中存在的缺陷，其首要原因在于尚未明确制定的监管架构。

然而，对公司互联网报告实施监管的困难是显见的。包括：互联网报告中大量出现定性的软信息（Jones and Xiao，2004）；公司可以报告的财务和非财务信息似乎有无限种可能（FASB，2000）；信息更新的频率可以无限制提高，实现动态更新、信息的列报技术更加灵活（Kelton，2006）；不同公司网站的设计和质量往往存在巨大差异（Debreceny and Rahman，2005）等。例如，卡恩（2007）发现，公司互联网列报信息的性质和内容很不统一，报告信息缺乏可比性和一致性。这不仅将导致信息使用者的信息资源发现过程出现非效率状况，也将导致监管机构和准则制定者难以比较、评估、跟踪和监控公司的互联网报告实践。德布里森尼等（2002）、德布里森尼和拉赫曼（2005）也不无忧虑地指出，在具有各自设计特色的公司网站上发布信息对监管者监控公司信息披露提出了挑战，使得监管规则的有效制定变得困难，而倘若缺乏监督控制系统，又可能导致信息的草率披露。

---

① 我国当前监管架构是由政府监管、自律监管和社会监督三位一体构成。其中，政府监管指政府证券监督管理机构包括证监会及其派出机构依法对证券市场活动实施监督管理；自律监管指证券业协会及证券交易所等自律性监管机构依照所制定的制度公约、章程及规则等对证券市场活动进行监管；社会监督指由注册会计师及其所在会计师事务所接受委托对委托单位的经济活动、财务报告等信息披露进行的审计及鉴证的监督制度。

实践中，运用网站进行信息披露的公司数量稳定增加，互联网报告已经成为全球大多数公司的标准实践（Trabelsi，2007）。面对众多上市公司纷纷开展的互联网报告实践及其巨量且动态更新的信息，现有监管力量明显相形见绌，各国监管机构普遍采用的“类推监管”方法显然难以有效应对诸如虚假信息、误导性陈述等随着互联网报告实践的发展而更显复杂的情况。互联网报告的兴起要求监管机构对现有监管架构予以改良并设计有效的监管机制予以积极应对，否则，将不但无法保护信息使用者免受不可靠及误导性信息的困扰，实现保护投资者的监管目标，甚至可能招致公众对监管机构监管能力的尖锐质疑。因此，本书提出如下风险因素——

监控风险因素 1：缺乏有效的监管机制

审计一向被誉为资本市场监管的第一道防线，是对公司信息披露实施社会监督的重要举措。公司互联网报告信息具有动态性、列报形式灵活性等特征，赫西和加利福德（1998）提出了对互联网报告审计工作的忧虑：报告信息经常更新，任何审计仅能提供暂时性保证，审计难以应对由互联网动态性质而产生的问题。显然，互联网报告的审计工作存在固有难度，这是各国审计准则制定机构迟迟未对互联网报告审计制定准则规范，甚至以美国注册会计师协会（AICPA）为代表的相关机构公开表态不承担相关审计责任的客观原因。

近年来，陆续有学者力图将审计师的审计责任由传统财务报告延伸至公司互联网报告领域，并在其研究文献中对相关问题进行了探讨。例如，莱姆和德布里森尼（2003）指出，纸质报告环境下，审计师负有对包含已审计财务报表的文件中其他信息予以必要关注的义务，公司网站通常既包括财务报表，又包括一整套有关公司的新闻和其他信息，所有这些信息都可能与财务报表有关，应当如何界定审计师的责任边界，是将整个网站的全部内容作为“其他信息”看待，还是仅将董事会报告或经营分析之类的信息界定为“其他信息”？费希尔等（2004）提出，公司网站往往同时列报已审计和未审计信息，未审计信息常被列报于已审计的财务报告数据之侧，这不仅容易使互联网浏览者对二者的经审计性质产生混淆，而且将难以确定审计师的责任范围；德布里森尼和格雷（1999）指出，列报于互联网上的审计报告可能受到来自公司内部或外部人员（如黑客）未经授权的篡改，尤其是审计报告被列报于公司网站，将使得审计师难以对审计报告的安全性、完整性实施控制；伊斯梅尔和索比（Ismail and Sobhy，2009）认为可能出现如下情况：审计师对公司的某份财务报告出具了带强调事项段的无保留意见，而公司可能会在互联网披露审计报告时对强调事项段进行更改或删除，或公司有意在网站上将审计报告与不完整的年度报告相关联的情况，或将包含审计师签名的真实审计报告附于未经审计的财务报表之后，这些均可能拖累审计师声誉。然而，上述文献的共同特点是：均试图对将已审计的财务数据、财务报告以及相关审计报告置于公司网站后可能出现的问题展开讨论，而并未对互联网报告本身的鉴证机制设计展开探索。观察目前的互联网报告实践，可以发现，公司互联网报告所披露信息的范围已远远不只是已审计的财务报告及相关审计报告，上述文献均未就如何对互联网报告本身实施鉴证并对其信息质量提供合理保证作出正面回答。

缺乏超然独立的第三方对互联网报告质量的鉴证，互联网报告信息的真实性和可信度将存在问题（Debreceny and Gray，1996）。一些研究对互联网报告信息的质量表示了关注，例如，FASB（2000）在其《企业报告信息电子发布》研究报告中指出，互联网披露的信息可能不具备应该有的完整性特征，互联网报告在提高及时性的同时，可靠性却可能降低，风险管理是公司的重要工作，以成功地在及时提供有意义信息和可靠信息之间平衡；哈达罗（Khadaroo，2005）的调查显示，越来越多公司在网上提供信息，且信息类型多样化，既有财务信息也有非财务信息，然而，网上信息的质量和可靠性几乎未有提高；AICPA 鉴证业务执行委员会（AICPA Assurance Services Executive Committee，2008）建议使用互联网报告信息的单位和个人应对未经独立鉴证信息的真实性和完整性持合理怀疑态度。在互联网日益成为公司对外信息披露主流平台的背景下，倘若审计执业界仍不能为其设计有效的第三方鉴证机制，相关鉴证业务仍迟迟无法开展，则不仅信息使用者在使用互联网报告信息的过程中无法得到有关信息质量的合理保证，审计执业界也将可能遭遇公众对其应对互联网时代新审计问题能力的尖锐质疑。

监控风险因素 2：缺乏有效的第三方鉴证机制

2.4.5 公司互联网报告风险的基本构成要素解析

至此，本书基于风险形成机理的博弈分析结论，从技术、机会主义、管理和监控四个维度根据前期相关研究文献提供的理论观点和实证证据对公司互联网报告的风险因素进行了系统、全面的识别。然而，风险因素是风险形成的前提，其仅是风险的基本构成要素之一。风险本质上是由风险因素、风险事件和风险后果三者构成的统一体，三者串联构成了风险形成的全过程（刘新立，2006），三者共同作用，决定了风险的存在、发生和发展。因此，有必要在风险因素识别的基础之上，对风险因素可能引发的风险事件及由此可能造成的风险后果进行推测和描述，以达到对公司互联网报告风险的全面解析和系统把握。

表 2－4 是依据上述对公司互联网报告风险因素的识别结论，进一步对相关风险事件及风险后果予以解析的结果。为简要地表示各风险因素，本书将技术风险因素以 Tf 编码，管理风险因素以 Mf 编码，机会主义风险因素以 Of 编码，监控风险因素以 Rf 编码，则技术风险因素 1 编码为 Tf_1，机会主义风险因素 2 编码为 Of_2，管理风险因素 3 编码为 Mf_3，依此类推。

表 2－4　　　　公司互联网报告风险基本构成要素解析

代码	风险因素	风险事件	风险后果	风险描述
Tf	**技术风险因素**			
Tf_1	互联网本身的安全隐患	互联网报告系统被黑客攻击或计算机病毒破坏，互联网报告信息被篡改	信息使用者基于被篡改后的信息制定决策出现决策失误，公司互联网报告系统受损甚至瘫痪	信息使用者： 信息安全风险 公司： 互联网安全风险
Tf_2	提供向第三方网站的超链接	第三方网站信息有失真实和公允，信息使用者误信第三方网站信息	信息使用者出现决策失误，公司被提起诉讼且声誉和形象受损	信息使用者： 信息误导风险 公司： 诉讼风险 声誉损失风险 形象受损风险
Tf_3	将已审计信息与未审计信息或不完整的财务报告相互超链接	信息使用者误将未审计信息认定为已审计信息	信息使用者出现决策失误，公司被提起诉讼且声誉和形象受损	信息使用者： 信息误导风险 公司： 诉讼风险 声誉损失风险 形象受损风险
Tf_4	将审计报告与未审计信息或不完整的财务报告相互超链接	信息使用者误以为未审计信息或不完整的财务报告已经审计师审计并出具审计报告	信息使用者出现决策失误，公司被提起诉讼且声誉和形象受损	信息使用者： 信息误导风险 公司： 诉讼风险 声誉损失风险 形象受损风险

续表

代码	风险因素	风险事件	风险后果	风险描述
Tf_5	信息超载	信息使用者阅读大量互联网报告信息	由于信息处理能力有限，信息使用者信息评价的质量反而下降	信息使用者： 信息超载风险
Tf_6	不当应用多媒体技术	应用多媒体技术进行正面信息的宣扬，信息使用者受到误导	信息使用者出现决策失误，公司被提起诉讼且声誉和形象受损	信息使用者： 信息误导风险 公司： 诉讼风险 声誉损失风险 形象受损风险
Tf_7	对在线互动技术管理不善	聊天室、在线论坛等出现谣言、对公司的质疑甚至批评，信息使用者受到谣言等的误导	信息使用者出现决策失误，公司声誉和形象受损	信息使用者： 信息误导风险 公司： 声誉损失风险 形象受损风险
Of	**机会主义风险因素**			
Of_1	选择性信息披露	公司互联网报告强调正面信息、隐瞒或淡化负面信息，形成强烈的正面主题偏向	信息使用者被误导出现决策失误，公司被提起诉讼且声誉和形象受损	信息使用者： 信息误导风险 公司： 诉讼风险 声誉损失风险 形象受损风险
Of_2	虚假信息披露	公司互联网报告无事实依据的虚假信息	信息使用者被误导出现决策失误，公司被提起诉讼且声誉和形象受损	信息使用者： 信息误导风险 公司： 诉讼风险 声誉损失风险 形象受损风险
Mf	**管理风险因素**			
Mf_1	缺乏互联网报告战略的指引	公司的互联网报告实践缺乏有效规划，难以保证互联网报告的质量及其长期良性发展	信息使用者产生期望差距，信息需求未得到有效满足，公司声誉和形象受到负面影响	信息使用者： 信息不足风险 公司： 声誉损失风险 形象受损风险
Mf_2	支持互联网报告管理的组织结构设置不当	公司互联网报告的管理未能受到完善设置的组织结构的支撑，难以保证互联网报告的质量	信息使用者产生期望差距，信息需求未得到有效满足，公司声誉和形象受到负面影响	信息使用者： 信息不足风险 公司： 声誉损失风险 形象受损风险

续表

代码	风险因素	风险事件	风险后果	风险描述
Mf_3	高级管理层的支持不足	公司员工参与网站管理的积极性和对互联网报告重要性的认识不足，难以保证互联网报告的质量	信息使用者产生期望差距，信息需求未得到有效满足，公司声誉和形象受到负面影响	信息使用者： 信息不足风险 公司： 声誉损失风险 形象受损风险
Mf_4	人力资源配备不充分	公司网站疏于管理和维护，难以保证互联网报告的质量	信息使用者产生期望差距，信息需求未能得到有效满足，公司声誉和形象受到负面影响	信息使用者： 信息不足风险 公司： 声誉损失风险 形象受损风险
Mf_5	物力资源投入不充分	公司网站的管理工作力不从心，难以保证互联网报告的质量	信息使用者产生期望差距，信息需求未能得到有效满足，公司声誉和形象受到负面影响	信息使用者： 信息不足风险 公司： 声誉损失风险 形象受损风险
Mf_6	内容创建机制设计和运行失当	公司互联网报告的信息出现错误，报告信息的质量尤其是可靠性存在问题	信息使用者基于不可靠信息制定决策出现决策失误，公司被提起诉讼且声誉和形象受损	信息使用者： 信息不可靠风险 公司： 诉讼风险 声誉损失风险 形象受损风险
Mf_7	内容层级批准机制设计和运行失当	公司重要信息包括战略发展方向、重大决策等信息为竞争方所窥探	公司竞争优势地位受损	公司： 竞争劣势风险
Mf_8	诉讼风险防范机制设计和运行失当	信息使用者使用公司互联网列报的不公允信息或使用敏感性信息，如未审计的营运数据、前瞻性的盈利预测信息等但未受到必要的风险警示，公司互联网列报的信息如前瞻性信息等被其他方如原告律师所收集并进而采取针对公司的法律行为	信息使用者受到误导，公司被卷入诉讼且声誉和形象受损	信息使用者： 信息误导风险 公司： 诉讼风险 声誉损失风险 形象受损风险

续表

代码	风险因素	风险事件	风险后果	风险描述
Mf_9	内容发布机制设计和运行失当	未获发布授权的人员擅自在公司网站发布错误信息、误导性信息甚至机密信息	信息使用者受到误导，公司被提起诉讼、声誉形象受损或机密信息泄露，竞争优势地位受损	信息使用者： 信息不可靠风险 信息误导风险 公司： 诉讼风险 声誉损失风险 形象受损风险 竞争劣势风险
Mf_{10}	内容评价机制设计和运行失当	公司对互联网报告管理的监控、反馈及改进机制失效	某些风险因素持续存在而无法通过适当的评价机制得以及时识别和消除，并影响公司互联网报告的持续改进和质量提高	信息使用者： 信息不可靠风险 信息误导风险 公司： 诉讼风险 声誉损失风险 形象受损风险 竞争劣势风险
Mf_{11}	内容更新机制设计和运行失当	互联网报告各栏目内容未能及时更新，甚至出现内容陈旧的情况	信息使用者产生期望差距，信息需求不能得到有效满足，公司被认为管理质量不佳，公司声誉和形象受损	信息使用者： 信息不足风险 公司： 声誉损失风险 形象受损风险
Rf	**监控风险因素**			
Rf_1	缺乏有效的监管机制	监管机构难以对公司互联网报告实施有效的监管	信息使用者在使用互联网报告信息过程中无法获得应有的保护，监管机构的监管能力受到质疑	信息使用者： 信息误导风险 信息不可靠风险 监管机构： 受质疑风险
Rf_2	缺乏有效的第三方鉴证机制	审计执业界无法对公司互联网报告开展鉴证业务	信息使用者在使用互联网报告信息过程中无法得到合理保证，审计执业界的执业能力受到质疑	信息使用者： 信息误导风险 信息不可靠风险 审计执业界： 受质疑风险

2.5　本章小结

本章主要工作包括：对公司互联网报告的风险进行了概念界定；对公司互联网报告行为的理论动因进行了解释；运用博弈分析工具对公司互联网报告风险形成的机理进行博弈分析，揭示了导致公司互联网报告风险形成的三大主要因素，即机会主义互联网报告行为、管理机制不健全和缺乏有效的监管机制，从而为后续的风险因素识别奠定了理论分析基础；基于博弈分析结论，从技术、机会主义、管理和监控四个维度出发，主要根据前期相关研究文献提供的理论观点和实证证据，为公司互联网报告提出了包括 7 项技术风险因素、2 项机会主义风险因素、11 项管理风险因素和 2 项监控风险因素在内的 22 项风险因素，并运用解析表对公司互联网报告风险的基本构成要素进行了全面的解析。

第 3 章

公司互联网报告风险因素的实证证据

上一章本书基于公司互联网报告风险形成机理的博弈分析结论，主要根据前期相关研究文献提供的理论观点和实证证据，从技术、机会主义、管理和监控四个维度出发，为公司互联网报告识别了 22 项风险因素。然而，前期文献的研究工作开展于若干年前，这些文献所揭示的实证证据及由其归纳出的理论观点反映了学者们对当时互联网报告实践可能产生风险的忧虑，有些观点是学者们根据自身对互联网报告发展趋势的判断而对未来可能风险进行的推测。经过多年的发展，这些风险因素是否存在于当前公司互联网报告实践之中，是否有可能出现在未来的互联网报告实践中？前期学者们的忧虑和推测的现实意义如何？本章目标在于获取各风险因素存在性的实证证据，为下一章的风险评价提供实证佐证，以力争减少风险评价的主观性，提高风险评价结果的可靠性。

本章获取实证证据的基本原则是：运用网站观察和问卷调查的方法尽可能对所有风险因素展开调查，凡能够通过对公司网站观察获得实证证据的风险因素均采用观察方法，仅对无法运用观察手段的风险因素如公司内部管理机制类风险因素方考虑采用问卷调查法，以减少通过问卷调查邀请公司内部人员进行评价而可能产生的主观性偏差，力争保证实证证据的客观性。由于互联网本身的安全隐患已经成为各方基本共识，不需要本书专门为其获得实证证据。同时，截至目前，各国监管机构对公司互联网报告普遍采用类推监管方法而缺乏相应有效的监管机制，各国审计师尚未涉足对公司互联网报告信息质量的鉴证业务，公司互联网报告的鉴证尚缺乏相应审计准则规范及第三方鉴证机制设计，这两项监控风险因素是当前各国监管环境中客观存在的现状，也不需要本书为其专门搜寻实证证据。即除上述三项风险因素之外，其余风险因素存在性的实证证据均将在本章采集。此外，由于选择性信息披露等机会主义信息披露行为是各国监管机构对上市公司监管的重点所在，机会主义风险因素存在性的实证证据具有重大的监管启示意义，本章将在 3. 2 节为其展开专门的探讨。

3. 1　技术和管理风险因素的实证证据

大量公司互联网报告行为及其质量影响因素的前期研究一致地得出了公司规模与公司互联网报告水平显著正相关的研究结论（Ashbaugh et al. , 1999；Marston and Polei，2004；Debreceny et al. , 2002；Ettredge et al. , 2002）。根据本书第 2 章对公司互联网报告行为理论动因的解释，大规模公司为了向市场传递自身高质量的信号，规避政治成本，符合社会对其合法性的期望，获得利益相关方对其的广泛认可和支持，具有自愿通过互联网进行对外信息披露的更强大动力。因此，本书选择美国《财富》（中文版）评选的 2012 年中国上市公司 100 强公司为研究样本（以下简称“中国百强”）。中国百强是中国最大规模和最具影响力的上市公司，根据前期研究结论，可以合理推测其互联网报告水平能够代表中国上市公司的领先水平。本书于 2012 年 9 ~ 10 月间，通过百度或谷歌搜索实现对中国百强网站的访问，观察百强公司的互联网报告实践，采集各风险因素的实证证据。以下，本书逐一对各风险因素的调查数据进行总结，以期为后续的风险评价提供参考数据。

3. 1. 1　技术风险因素的实证证据

1. 技术风险因素 2

该风险因素指出，提供向第三方网站的超链接，在第三方网站信息有失真实和公允情况下，如信息使用者因误信第三方网站信息而出现决策失误，将可能对公司提起诉讼，要求公司承担法律责任，公司声誉和形象也可能因此受损。

本书的调查数据显示，中国百强中有74家提供了向其他公司或政府部门的超链接，10家提供向本公司的母公司、子公司或分支机构的超链接，16家不提供向第三方的超链接。由此可见，在公司网站提供向第三方网站的超链接是普遍现象。FASB（2000）指出：如果公司没有通过警告方式提醒浏览者将要离开网站，公司可能会被要求对所链接的其他网站上的信息承担责任……尤其是提供向分析师网站的链接，而不进行免责声明或免责声明存在缺陷，可能引起最大的法律风险。本书调查显示，无一家百强公司在浏览者通过超链接进入第三方网站之前提供类似“您正离开本公司网站”的警示。

鉴于免责声明具有缓解相关法律责任的作用，本书继续观察百强网站法律声明栏对第三方链接的免责声明情况。26家中国百强未设立法律声明栏，6家虽提供了法律声明链接但无法进入，剩余的68家中有48家在其法律声明中进行了类似如下的免责声明：“本公司可能提供互联网上其他由第三方所有或运行的网站的链接。当您通过这些链接进入上述第三方网站时，请先阅读并接受该网站的使用规则后方可使用。您还应同意，本公司对上述第三方网站的内容没有控制，因而不对这些网站制作或发布的内容承担任何责任。此外，提供第三方链接并不默示本公司认可该第三方网站或该网站提及的产品或服务。”当公司提供向第三方网站的链接时，责任问题也随之产生（Ettredge et al.，2001）。然而，约43%（1－48/84）提供第三方超链接的中国百强网站并未对第三方超链接可能引入的责任问题进行免责声明，显然这些公司对第三方超链接的相关责任和风险问题未予重视。FASB（2000）指出，随意提供向其他方网站的超链接是网站建设过程中轻率的表现。

2. 技术风险因素3

该风险因素指出，将已审计信息与未审计信息相互超链接，可能使信息使用者误将未审计信息认定为已审计信息并予以信赖，如信息使用者出现决策失误，将可能对公司提起诉讼，要求公司承担法律责任，公司声誉和形象也可能因此受损。

本书以2011年度报告为观测对象，对中国百强网站是否存在将已审计的财务报告信息与其他未审计信息相互超链接的情况展开了调查。调查发现，87家中国百强提供了完整的2011年度报告（83家以PDF格式整份提供，4 家以 Word 文档的格式整份提供），其中，8 家百强不但以 PDF 格式整份提供年度报告，而且在网页中将各年报目录制作成超链接，可点击进入年报各部分查看内容，所进入的各部分内容也均以 PDF 格式提供并展示。由于上述百强均是以 PDF 或 Word 文档的形式整份或分项提供 2011 年度报告，已审计信息被圈定于公司年度报告文档之内，本书未观察到将已审计年度报告内的信息与公司网站或其他网站的未审计信息相互超链接的做法，也未观察到在年度报告内将财务报表内的信息与表外信息相互超链接的做法。前期研究发现已审计信息与未审计信息相互超链接的情况与当时普遍将年度报告内容分拆并以 HTML 格式分别列报有关，由于年度报告内的已审计信息散落于各网页，容易出现已审计信息与未审计信息相互混淆甚至不当运用超链接的情况。

与史密斯和皮尔斯（2005）的调查发现一致，本书同样发现，使用 PDF 格式完整提供整份年度报告的做法在当前实践中得到了广泛应用。莱姆和德布里森尼（2003）认为以 PDF 格式列报会计信息具有以下优势：以打包的方式列报信息；与打印版直接可比；可以清晰地划分年度报告与其他信息的边界；内容固定，不易变更。纳尔（Nel，2004）基于对南非 50 家最大市值上市公司的调查及前期调查研究的发现指出，无论在南非、美国、英国、加拿大、澳大利亚还是中国香港，PDF 格式是公司互联网列报财务报告最常使用的格式。费希尔等（2004）指出，为已审计信息使用不同的文件格式可能是唯一的区分已审计信息和未审计信息的方法。运用 PDF 等文件格式独立列报财务报告使得已审计的财务报告信息显著区别于公司网站的其他信息，有助于避免已审计信息与未审计信息相互混淆的情况，是较为可取的方法。

3. 技术风险因素 4

该风险因素指出，将审计报告与未审计信息或不完整的财务报告相互超链接，可能使信息使用者误以为未审计信息或不完整的财务报告已经审计师审计并出具审计报告，如信息使用者出现决策失误，将可能对公司提起诉讼，要求公司承担法律责任，公司的声誉和形象也可能因此受损。

如技术风险因素 3 所述，由于提供 2011 年度报告的 87 家中国百强是以 PDF 或 Word 格式整份提供年度报告（虽然其中有 8 家对年度报告按各部分内容进行拆分，但各部分仍通过带超链接的目录形式以 PDF 格式单独提供并展示)，互联网列报的年度报告是纸质年度报告的等同版，审计报告列报于年度报告之内，属于完整年度报告的一部分，本书未观察到将审计报告与公司网站上的未审计信息或不完整的财务报告相互超链接的情况。

4. 技术风险因素 5

该风险因素指出，互联网报告的信息容量远超纸质报告，可能加剧信息超载问题，由于信息处理能力有限，信息使用者信息评价的质量可能反而下降。

理论上，互联网报告具有海量信息容量，陆续有学者指出互联网报告可能带来或加剧信息超载问题（Trites，1999；Jones and Xiao，2004）。本书以中国百强网站投资者关系专栏为调查对象，统计该专栏披露的信息量，调查数据显示，中国百强投资者关系专栏共计披露了以下 56 项信息：上市资料、公司概述、投资价值、主席致辞、新闻、股票信息、股本结构、营运数据、公司公告、业绩公告、定期报告、推介材料、财务信息、财务概要、财务补充、投资者日志、公司治理、公司组织结构、公司社会责任、分红配股、IRM 动态、定向增发、发行筹资、董监事会/管理层、主要股东、流通股东、招股说明书、董秘信息、股东大会资料、董事会会议、重大事项、规章制度、分析员联络资料、电话会议、产品及服务、互联网及技术、广告视频、照片库、人力资源发展、常见问题、信用评级、公司荣誉、债券及权证信息、投资者论坛、投资者留言、投资者简报、研究报告、投资者关系政策、投资者来访、月报表、股权分置、委托代表资格、内幕交易防控、监管专栏、投资者服务、词汇表。中国移动是披露项目最多的公司，披露了其中 23 项信息；长城科技、本钢板材、莱芜钢铁、内蒙古包钢钢联、攀枝花新钢钒均仅披露了其中的 1 项信息，是披露项目最少的公司。统计结果表明，中国百强各公司披露项目数均值为 7.99，中位数 8.000，标准差 3.886。由上述数据可见，虽然中国百强投资者关系专栏共计披露的信息项目涵盖范围广泛，但平均而言，各家百强公司均仅披露了其中的小部分信息（约合总项目数的 14.3%），披露项目数等于或低于 10 项的 82 家，而等于或低于 5 项的达 30 家。

因此，尽管理论上公司互联网报告具有远超纸质报告的海量信息容量。但本书调查表明，目前，中国百强互联网报告的信息量并没有远超纸质报告，其信息量尚不至于达到令信息使用者感到超载的情况。博伦等

（Bollen et al.，2006）对澳大利亚、比利时、法国、荷兰、南非和英国 6 个国家 270 家上市公司的调查发现，公司运用互联网向利益相关方发布财务信息的水平有限，尚不能与传统财务披露渠道相抗衡。卡恩等（2008）对孟加拉国公司网站的调查也发现，互联网报告的内容比纸质版年度报告的内容更少，互联网报告信息对于投资者的作用有限。本书的调查发现表明，信息超载问题尽管理论上可能出现，但目前为止公司互联网报告尚未出现信息超载的情况。

5. 技术风险因素 6

该风险因素指出，互联网报告灵活的信息列报技术如多媒体技术，固然有利于创造一个卓越的信息阅读环境，但由于其对信息使用者将产生更大的影响效果，如其被不当应用于正面信息的宣扬，将可能对信息使用者形成误导作用，导致其出现决策失误，公司可能被要求承担法律责任并被提起诉讼，公司声誉和形象也可能因此受损。

多媒体技术是集文字、声音、图像、视频、通信等多项技术于一体，运用计算机进行数字记录、处理和传播的技术。互联网报告环境中，不但可以充分运用包括字体、表格、颜色、图片等纸质报告常用的列报技术，而且可以运用多媒体技术对公司业绩及形象等进行生动的宣传，给信息使用者留下更加深刻的印象，多媒体技术是互联网报告相比纸质报告列报技术的一大创新和飞跃。

本书对中国百强互联网报告是否运用多媒体技术及其应用领域展开了调查。调查数据表明，45 家中国百强应用了多媒体技术并可以在线播放，应用领域包括公司业绩推介、新闻报道、形象宣传、产品介绍以及愿景阐释 5 个方面。其中，28 家提供了公司业绩推介视频资料，3 家提供了新闻媒体如中央电视台、地方地视台等对公司事迹的报道视频，6 家用于报道本公司重要新闻，7 家用于宣传公司形象，另有 1 家阐释了公司愿景。上述多媒体报告的内容均积极正面，无一负面信息。

此外，本书同时统计中国百强 2011 年度业绩较上年增长的“好消息”公司运用多媒体技术进行业绩宣传的情况。统计表明，中国百强上述“好消息”公司达 88 家，其中仅有 28 家在其网站上以多媒体技术播放业绩推介视频。由以上数据，可以得到与史密斯和皮尔斯（2005）类似的结论，即尽管诸如多媒体等互联网列报技术实质上具有改变传统报告范式的潜力，但事实情况是，创新技术在互联网报告中的应用仍然是保守的。

6. 技术风险因素7

该风险因素指出，应用在线互动技术要求公司予以悉心管理，及时对论坛中出现的谣言等予以澄清，对在线互动参与者提出的疑问或批评等予以回复或解释，倘若公司对在线互动技术管理不善，对聊天室、在线论坛内出现的谣言、批评等未能及时处理，将使上述言论或批评在短时间内广泛传播，不仅可能对信息使用者造成误导，而且可能对公司声誉和形象造成负面影响。

包括聊天室、在线论坛在内的在线互动技术有助于增进公司同外部利益相关方的有效及时沟通，在线互动为公司对外关系管理工作提供了崭新的平台。本书调查表明，91 家中国百强未在其网站开设在线论坛，仅有 9 家开设，其中 6 家是公司自行开发的在线互动平台，以投资者在线提问、公司投资者关系管理员如董秘在线回复为主要形式，3 家是由深圳证券信息公司开发的标准化的“上市公司投资者关系互动平台”。然而，这 9 家的在线论坛中有 7 家出现了对公司的批评言论而公司论坛管理员迟迟未予回复的情况。

以 A 公司为例。有投资者于 2012 年 8 月 26 日在论坛中提出质疑：汽车销量增加，利润下降，A 公司道德何在？汽车销售好的时候，不见利润，销售不好时，又不见利润，利润跑哪了？……相比其他汽车类上市公司 2008 ~ 2010 年情况，A 公司不怕丢丑，几年减值提多少，产销量多少，营业利润、利润多少，投资股票炒多少，亏多少。别人公司赚钱，A 公司赚销量，钱跑哪去了。有其他投资者进行了类似如下的跟帖：汽车销量增加，利润下降，大股东罪不可赦。

2012 年 8 月 31 日又有投资者发帖：“邀请新闻媒体和监管机构进行监督与调查，停止代工等严重侵权行为。这是对中小股民的严重侵权，是广大股民一再忍让造成这样的结局。大股东肆意践踏法理的行径必须付出代价，股份公司投钱做新工厂给大股东代工产品，到如今得寸进尺拿走整个企业，我们应该邀请新闻媒体和监管机构进行监督与调查。确保企业及股民利益，不要等生米煮成熟饭再来后悔，这些管理者到时候不过就受点处分而已，可留给大家的是衰败的企业。”有其他投资者跟帖，言辞更为激烈。

上述言论表明，麦克劳德（Macleod，2000）、德布西等（De Bussy et al.，2000）和肯特等（Kent et al.，2003）对在线论坛表示的疑虑不无道理，怀有不满情绪的在线参与者由于其匿名和虚拟性质的确表现得更具攻击性、更加鲁莽。然而，直至本书调查日 2012 年 9 月 14 日，上述尖锐的质疑除受到其他投资者的跟帖之外，未见到论坛管理员的任何回复，论坛中长时间挂此类批评帖，其他投资者跟帖，可能使得投资者对公司的不满情绪迅速放大和蔓延。作为“最优秀的双向对称沟通模式”（Fjeld and Molesworth，2006）的互联网在线论坛，要求论坛创设者对其实施有效的管理，对不解的质疑及负面的言论、批评及时予以澄清、解释，以更好地维护公司与外部利益相关方的关系。然而，A 虽然建立了在线投资者论坛，管理上却严重疏忽，对投资者的疑问未予及时答复，对投资者的不解和批评未予及时回应和澄清，论坛中出现的大量对公司大股东及高管的抨击，可能对公司声誉造成严重负面影响，开设在线论坛可能得到适得其反的结果。

3.1.2　管理风险因素的实证证据

管理风险因素涉及战略、组织结构设置、高管的支持态度、人力资源、物力资源以及管理机制设计等多个方面。其中，部分风险因素如内容创建机制、内容更新机制等仍然可以通过对中国百强网站的观察获得实证证据，但多数风险因素如战略制定、组织结构设置、人力资源及物力资源投入等属于不对外公开的公司内部管理数据，仅能通过问卷调查获得实证证据。

2007 年 1 月 30 日，中国证监会颁布的《上市公司信息披露管理办法》中规定：董事会秘书负责组织和协调公司信息披露事务，汇集上市公司应披露的信息，持续关注传媒对公司的报道并主动求证报道的真实情况。2008 年 9 月，第六次修订的《上海证券交易所股票上市规则》对董事会秘书的职责作了如下规定：负责公司信息对外公布，协调公司信息披露事务，组织制定信息披露事务管理制度；负责投资者关系管理，协调公司与证券监管机构、投资者、证券服务机构、媒体等之间的信息沟通。公司互联网报告实质是公司通过在互联网上披露信息实现对外沟通和关系管理的行为，负责信息披露事务的董事会秘书可能是上市公司内部对互联网报告相关管理情况最为了解的人士。因此，本书以中国百强董事会秘书为问卷调查对象设计调查问卷（问卷具体内容见附录1）。问卷由两个部分构成：第一部分简要阐述研究背景，主要提及互联网报告的性质、意义及调查目标等；第二部分是与管理风险因素有关的题项。为便于答题，以尽可能提高回收率，问卷设计上尽可能考虑题项的易答性。问卷由填空题和运用五点李克特量表形式设计的封闭式单选题构成，共8个题项，单选题主要用于评估董事会秘书对公司互联网报告各项管理机制设计充分性的判断，由“非常不充分”“不充分”“一般”“很充分”“非常充分”五个选项择一作答。一些题项同时要求填空和选择，以期达到相互印证、提高回复可靠性的目的。

2012年10月，本书通过中国百强上年年度报告获得董秘姓名及其电子邮箱，而后以电子邮件方式向百强董秘发放问卷，电子邮件中特别进行了“回复内容仅用于研究不用于对外公开”的承诺，累计发放问卷100份，一些问卷很快得以回收，对其余未收到的部分于两周之后再次发送了提醒函及问卷，最后累计收回问卷计23份，回收率23%。回复问卷的23家中国百强，属于制造业的15家，交通运输仓储业3家，采掘业1家，信息技术业3家，金融保险业1家。回收率较低主要是由于人们潜在具有不回复的倾向（Debreceny et al.，2002），然而，在社会科学调查研究中，问卷回收率达到20%，通常认为可以接受（吕一博和苏敬勤，2009）。

大量公司互联网报告行为及其质量影响因素的前期研究一致地得出了公司规模与公司互联网报告水平显著正相关的研究结论。本书以截至2011年12月31日的中国百强市值代表公司规模，由于百强市值及回复问卷的23家百强市值均不符合正态分布，本书以独立样本非参数（Mann-Whitney）检验方法检验回复问卷的百强市值分布与百强总体市值分布及未回复问卷的百强市值分布之间是否存在显著差异，检验结果显示（见表3-1和表3-2），两者间均不存在显著差异，这表明回复问卷的百强具有代表性。同时，运用Cronbach's α系数对问卷进行信度检验，α值为0.803，表明问卷具有较高的内在信度，且由于问卷题项取自本书基于对大量前期相关研究文献的总结而提出的管理风险因素，因此，可以认为问卷具有较好的内容效度。以下，本书结合问卷调查数据及对中国百强网站的观察数据，逐一总结各风险因素的实证证据，以期为专家对管理风险因素的风险评价提供参考数据。

表 3－1　回复问卷百强与百强总体市值分布的 Mann-Whitney 检验结果

	百强市值
Mann-Whitney U	1 080. 000
Wilcoxon W	6 030. 000
Z	－0. 383
Asymp. Sig. (2-tailed)	0. 702

表 3－2　回复问卷百强与未回复问卷百强市值分布的 Mann-Whitney 检验结果

	百强市值
Mann-Whitney U	815. 500
Wilcoxon W	3. 742E3
Z	－0. 485
Asymp. Sig. (2-tailed)	0. 628

1. 管理风险因素 1

该风险因素指出，倘若缺乏互联网报告战略的指引，将可能影响公司对互联网报告的有效规划，难以保证互联网报告的质量及其长期良性发展，这可能使信息使用者产生期望差距，并可能由于信息使用者的信息需求未得到有效满足而对公司声誉和形象造成负面影响。

战略是组织一切行动的指南。理想情况下，公司互联网报告战略应当与公司对外沟通战略相协调，而对外沟通战略必须与公司总体战略保持一致（Héroux and Fortin，2009），即互联网报告战略与对外沟通战略共同服务于公司总体战略目标的实现。本书回收问卷的统计数据显示，23 家回复问卷的中国百强中，就题项“为引导公司互联网报告实践的长期良性发展，达到预期的对外沟通和关系管理目标，避免可能的风险，贵公司是否制定了互联网报告战略，使其与公司对外沟通战略相协调，并服务于公司总体战略目标的实现?”回答“是”的 8 家，“否”的 15 家，约 2/3 的受访百强并未制定互联网报告战略，显示多数公司并未认识到互联网报告的战略意义，而可能仅是由于追随其他公司如同行业优秀公司的做法而开展互联网报告实践。

2. 管理风险因素 2

该风险因素指出，倘若支持互联网报告管理的组织结构设置不当，将使公司的互联网报告失去完善设置的组织结构的支撑，难以保证互联网报告的质量，这可能使信息使用者产生期望差距，并可能由于信息使用者的信息需求未得到有效满足而对公司声誉和形象造成负面影响。

诺贝尔经济学奖获得者赫伯特·西蒙（Herbert Simon）指出，有效开发社会资源的第一个条件是有效的组织结构，组织结构是服务于战略目标实现的工具。回收问卷的统计数据表明，23 家中国百强中，就“请填写贵公司负责互联网报告工作并制定与互联网信息披露相关决策的部门、机构或委员会名称”题项，回答董事会办公室或董事会秘书处单独负责的 8 家、证券部单独负责的 7 家、投资发展部单独负责的 1 家、董事会办公室与运营支持中心共同负责的 1 家、董事会办公室与宣传部共同负责的 1 家、董事会办公室与证券部共同负责的 1 家、董事会秘书处与总经理办公室共同负责的 1 家、董事会办公室与投资者关系处共同负责的 1 家、董事会秘书处与信息中心共同负责的 1 家，另有 1 家是由 4 个部门联合负责，包括董事会秘书处、IT 部、公司办公室、宣传与推广部。可见，组织结构设置上均是沿用原有部门，为原有部门增加互联网报告相关的决策和管理职责。值得注意的是，7 家百强出现了多部门负责、多头管理互联网报告的情况。同时，就“贵公司是否在上述部门、机构或委员会之下设立了互联网报告团队，由其进行互联网报告的日常内容及技术管理工作”问题，回复“是”的仅 5 家。

3. 管理风险因素 3

该风险因素指出，倘若高级管理层对互联网报告的支持不足，将影响公司员工参与网站管理的积极性和对互联网报告重要性的一致认识和共同信念，难以保证互联网报告的质量，这可能使信息使用者产生期望差距，并可能由于信息使用者的信息需求未得到有效满足而对公司声誉和形象造成负面影响。

赫洛克斯（Héroux，2006）指出，高级管理层对维护和提高网站质量的支持程度表现在指派负责网站管理的高级经理，提出网站的使命，支持资源分配，动员组织全体成员致力于维护和提高网站质量。考虑到如若直接在问卷中要求百强董秘评价本公司高级管理层的支持态度，由于董秘与高级管理层间较密切的合作关系，恐难获得董秘对高管支持态度的客观评价。因此，问卷不设计对本风险因素的调查题项，高管的支持程度如何可以根据公司对网站的资源分配包括人力资源及物力资源的投入数据予以间接判断。

4. 管理风险因素 4

该风险因素指出，不充分的人力资源配备，可能使公司网站的管理和维护工作不到位，难以保证互联网报告的质量，这可能使信息使用者产生期望差距，并可能由于信息使用者的信息需求未得到有效满足而对公司声誉和形象造成负面影响。

本书回收问卷统计数据表明，23 家中国百强中，就“请填写贵公司参与互联网报告日常内容及技术管理的人员总数（　）人，其中，专职（　）人，兼职（　）人”题项，回答参与互联网报告日常管理的人员总数 1 人的 1 家，2 人的 6 家，3 人的 8 家，4 人的 5 家，5 人的 2 家，6 人的 1 家。其中，专职人员数 1 人的 9 家，2 人的 8 家，3 人的 3 家，0 人的 3 家；兼职人员数 1 人的 11 家，2 人的 7 家，3 人的 1 家，4 人的 1 家，5 人的 1 家，0 人的 2 家。由以上数据可以算得，参与互联网报告日常管理的平均总人员数 3.17 人，平均专职人员数 1.48 人。从中可见，中国百强对公司互联网报告的人力资源配备较为薄弱。

5. 管理风险因素 5

该风险因素指出，不充分的物力资源投入，可能使公司网站的管理工作力不从心，难以保证互联网报告的质量，这可能使信息使用者产生期望差距，并可能由于信息使用者的信息需求未得到有效满足而对公司声誉和形象造成负面影响。

考虑到要求填写公司对网站建设和维护的资金投入金额具有一定敏感性，本书问卷设计除“请填写贵公司每年用于公司网站建设和维护的经费投入约为人民币（ ）万元”之外，还应用五点李克特量表的形式提出题项“您认为贵公司是否为互联网报告的管理工作投入了充分的物力资源（如资金）?”回收问卷的统计数据表明，23 家中国百强中，回复物力资源投入“非常充分”的 3 家，“很充分”的 9 家，“一般”的 11 家。其中，仅有 7 家公司填写了资金投入金额，填写 1.1 万元的 1 家，5 万元的 2 家，10 万元的 1 家，10 万 ~15 万元的 1 家，20 万元的 2 家，平均投入金额 10.5 万元，其余 16 家百强以“不便统计”为由没有填写金额。由上述资金投入金额可得到与赫洛克斯（Héroux，2006）类似的结论，即百强分配给网站管理的财务资源仍是有限的。

6. 管理风险因素6

该风险因素指出，倘若内容创建机制设计和运行失当，可能导致公司互联网报告的信息质量尤其是可靠性存在问题，如信息使用者据以制定决策出现决策失误，将可能对公司提起诉讼，要求公司承担法律责任，公司声誉和形象也可能因此受损。

内容创建机制设计的目标在于防范并纠正内容创建过程中可能引入的错误，确保互联网报告内容的可靠性。多年来，互联网报告的可靠性问题受到了学者们的广泛关注。博伦等（2006）指出，尽管互联网能够增加向投资者提供信息的量和多样性，但互联网可能是相当不可靠的信息渠道，后续研究可以关注公司网站信息相比安全信息渠道如已审计财务报告的准确性和可靠性。这为验证公司互联网报告信息的可靠性，从而判断公司内容创建机制设计和运行的适当性提供了思路。因此，本书不对该风险因素在问卷中设计题项，而是采用了对中国百强网站进行观察的方法，以期获得更为客观的判断。

年度主要财务指标是反映公司年度财务状况和经营业绩的重要指针，通过对年度主要财务指标进行分析，可大致掌握公司年度经营及财务状况，评价公司的优势及劣势。因此，年度主要财务指标备受关注。本书以2011年度主要财务指标为观测点，对中国百强是否在其网站披露2011年度主要财务指标，以及上述指标与百强2011年度财务报告的一致性展开调查。由于年度财务报告已经审计，可认为其可靠性具备合理的保证，可以将其作为验证互联网报告信息可靠性的基准。如特定百强互联网报告的主要财务指标与年度财务报告不相一致，则认为其互联网报告不具备应有的可靠性。调查数据表明：40家中国百强在其网站披露了2011年度主要财务指标，其中，29家披露的主要财务指标与已审计的2011年度财务报告一致，但有11家出现了互联网披露的包括净利润、营业收入、净资产收益率、总资产报酬率、成本对收入比及每股净资产等主要财务指标与年度财务报告不相一致的情况。例如，招商银行网站投资者关系专栏所列的2011年度公司财务及业务摘要数据：营业总收入7 169 200万元，其他净收入293 300万元，成本收入比39.69%，而公司2011年度报告披露：营业收入7 137 700万元，其他净收入297 100万元，成本收入比39.9%；东方电气网站信息披露公告栏中所列的财务摘要数据：净利润为26.76亿元，而公司年度报告数据为257 697.48

万元。以上可能是在根据年度报告录入主要财务指标用于互联网发布的过程中引入错误且缺乏应有的审核机制造成的。可以认为，部分（27.5%）中国百强互联网报告的内容创建机制的设计和运行存在问题。

7. 管理风险因素 7

该风险因素指出，互联网报告具有广泛的可及性和易于获取的天然优势，这一优势在使信息迅速送达投资者的同时，也使信息更加便捷地为竞争方所获取和利用，如内容层级批准机制设计和运行失当，互联网报告的技术优势可能反而增大对公司竞争优势地位的损害程度。

由于中国百强分布于多个行业，各百强的主营产品、业务以及面临的经营环境等均存在巨大的差异，外部人对各家百强的重要信息甚至机密信息难以判断，采用对中国百强网站进行观察的方法获取本风险因素的实证证据存在很大的难度。因此，本书应用五点李克特量表形式在问卷中提出题项，“贵公司负责互联网报告内容批准的最高层次人员是________，您认为贵公司是否为互联网信息披露的内容设计了充分的内容批准机制，即根据内容的重要性程度确定负责批准人员的层次，以防止不当披露重要信息甚至有损公司竞争优势的信息的情况?”回收问卷的统计数据表明，23 家中国百强中，回复负责互联网报告内容批准的最高层次人员是董事会秘书的 12 家，证券部主任 8 家，宣传部主任 1 家，投资发展部部长 1 家，投资者关系处处长 1 家。同时，对于保护重要信息的内容批准机制的充分性，回答“非常充分”的 12 家，“很充分”的 11 家。

8. 管理风险因素 8

该风险因素指出，进行互联网报告要求公司强化法律风险防范意识，如诉讼风险防范机制设计和运行失当，公司互联网列报的信息将可能由于各种原因被其他方如原告律师等所收集并进而采取针对公司的法律行为，加大公司卷入诉讼的可能性，公司声誉和形象可能因此受损，信息使用者也可能因使用公司互联网列报的不公允信息或因使用敏感性信息，如未审计的营运数据、前瞻性的盈利预测信息等却未受到必要风险警示而受到误导。

由于未经审计师审计，未审计信息的可靠性往往存在疑虑。营运数据能够反映公司一段时期（通常为月度）的经营情况，相对定期报告更具有及时性特征，容易受到信息使用者的关注并用以支持决策，其决策意义较大且通常未经审计，是重要的未审计信息。互联网披露营运数据无疑将增加公司运营的透明度并增加互联网报告信息的决策有用性，然而，关键问题是，公司在互联网披露营运数据的同时，是否进行了必要的风险警示，以提醒信息使用者谨慎使用避免过度信赖，也同时减轻公司承担的信息披露责任。

因此，本书以营运数据为观测点，对中国百强网站是否披露营运数据以及在披露时是否附有诸如“数据未经审计”的风险警示展开了调查，以此验证公司诉讼风险防范机制设计和运行的适当性。调查结果表明，81 家中国百强不在其网站披露营运数据，19 家披露了营运数据，其中，7 家百强在列报营运数据的页面下方附有类似于如下的风险警示：“重要提示：本公司提示并请投资者注意，上表所列的生产经营数据反映公司目前的统计结果，尚未经过审计。本公司将在年度报告中披露经审计的数据，如与以上数据存在差异，以年度报告披露为准”。其余 12 家则未进行任何警示。

此外，跟踪本公司的分析师对公司经营业绩的分析、未来业绩及财务状况的预测以及作出的投资评级等属于典型的第三方观点，且由于涉及对公司投资价值的评价而深具敏感性，公司如在其网站列报分析师信息，应当进行适当风险警示，以警示分析师观点不代表本公司观点，从而不但提醒信息使用者谨慎使用相关信息避免过度信赖，也同时减轻公司承担的责任。本书对中国百强互联网列报分析师信息的调查表明，71 家百强未列报任何分析师信息，29 家在其网站列示了分析师联络资料或分析师报告，其中，7 家在列报分析师联络资料的页面下方进行了类似如下的风险警示：“以上为跟踪本公司表现之分析员名单。名单不一定全，亦会因证券机构开始或停止分析本公司表现而改变。另请注意：上述分析师就本公司表现作出之任何意见、预期或预测，只属分析师本人之意见，并不代表本公司或本公司管理层之任何意见、预期或预测。本公司在引用上述名单时，并不代表本公司同意有关资料、结论或推荐意见”，然而，另有 17 家虽列报了分析师联络资料但未进行类似警示，5 家列报了各大证券机构分析师对本公司出具的分析报告但亦未进行任何警示。

9. 管理风险因素 9

该风险因素指出，倘若内容发布机制设计和运行失当，公司内部某些员工可能伺机利用公司控制上的漏洞，通过网站擅自发布误导性信息使信息使用者遭受误导，甚至泄露机密信息令公司竞争优势地位受损。

该风险因素难以通过对中国百强网站的观察获得实证证据。因此，本书应用五点李克特量表形式在问卷中提出了题项，“贵公司是否为互联网报告设计了充分的内容发布机制，以防止未获发布授权人员擅自发布信息的情况，保证公司网站仅发布已经过授权批准程序批准的信息?”回收问卷的统计数据表明，23家中国百强中，回答“非常充分”的13家，“很充分”的10家。

10. 管理风险因素10

该风险因素指出，内容评价机制设计和运行失当，将导致对互联网报告管理的监控、反馈和改进机制失效，不能通过对互联网报告内容的可靠性、公允性、完整性等的持续有效评价，发现内容创建机制、内容批准机制及内容发布机制等相关机制设计和运行缺陷及改进方向，可能导致某些风险因素持续存在而无法通过适当评价机制得以及时识别和消除，并最终酿成相关风险的发生，这将影响公司互联网报告的持续改进和质量提高。

对于该风险因素，本书首先应用五点李克特量表形式在问卷中提出题项，“贵公司是否为公司互联网报告设计了充分的评价机制，以通过对互联网报告内容的可靠性、完整性及内容和技术应用适当性的持续评价，发现存在的问题，提出改进意见，促进公司互联网报告质量的持续改进和提高?”回收问卷统计数据表明，23家中国百强中，回答“非常充分”的4家，“很充分”的8家，“一般”的10家，“不充分”的1家。显然，相对于内容批准机制和内容发布机制的回答，百强董秘对于本题项的回答显得底气不足。同时，在问卷“请填写贵公司负责评价互联网报告内容的部门名称”填空题项中，14家百强做了回答，其中回复“内审部”的2家、“证券部”的5家、“董事会秘书处”的3家、“董事会”的1家、“总经理办公室”的2家、“总裁办”的1家。值得注意的是，问卷中回复的负责评价互联网报告的部门正是负责互联网报告工作部门的占9家，这构成了自我评价，而自我评价显著违反了内部控制基本原则，可能导致无法发现存在的问题。

11. 管理风险因素11

该风险因素指出，一旦公司进行了互联网报告实践，则信息使用者将合理预期公司将持续维护和更新互联网报告信息，怠于更新的网站将不但使信息使用者产生期望差距，不能有效满足其信息需求，而且可能向信息使用者暗示公司管理质量不佳，使公司声誉和形象受损。

内容更新机制设计和运行适当与否可以通过对中国百强网站各页面记载的各项信息的最新更新日期开展调查予以判断。调查数据表明，百强网站信息的最新更新日距离调查日的时间间隔最长为132天，最短为0天。最新更新日距离调查日的时间间隔为0天的32家，超过3天的46家，超过5天的34家，超过10天的19家，超过20天的10家，超过30天的6家。可见，更新情况不理想的公司并不少见，比较极端的情况包括，超过1个月未有信息更新的6家，其中有1家百强长达4个多月未曾对网页信息进行过任何更新。

3.2 公司互联网报告存在机会主义风险因素吗——一项印象管理行为研究

本书第2章基于上市公司与信息使用者间的信号传递博弈分析和前期相关研究揭示的系列实证证据提出了公司互联网报告可能存在选择性信息披露和虚假信息披露这两项机会主义风险因素。其中，虚假信息披露是指主观故意通过互联网平台散布无事实依据的虚假信息的行为，这需要通过查验相关原始凭证等予以侦查，单纯通过观察公司网站信息难以予以直观判断。而以强调正面信息，隐瞒或淡化负面信息为特征的选择性信息披露则属于印象管理行为研究范畴。截至目前，国内外学术界对年度报告等传统信息披露手段印象管理行为的实证研究成果已颇为丰硕，但对于公司互联网报告是否存在印象管理行为仍尚未开展实证研究。究竟公司互联网报告是否存在选择性信息披露印象管理行为？本书第2章提出的机会主义风险因素的现实存在性如何？这构成了本节的研究任务。

3.2.1 印象管理的七种技术

印象管理的前期研究主要以年度报告为研究对象。除少数对年报中的图形应用进行印象管理分析外，大量文献对其中的陈述性披露展开研究，主要识别了7种印象管理技术，包括：语法操纵（syntactic manipulation）、修辞操纵（rhetorical manipulation）、业绩归因（performance attribution）、主题操纵（thematic manipulation）、业绩数字选择（selection of performance number）、视觉/列报操纵（visual/presentation manipulation）以及业绩比较（performance comparisons）。

语法操纵研究假设管理层通过令披露的信息难以阅读操纵外部方对公司业绩的感知。该类研究运用多种方法计量文字的阅读难度，包括语法复杂度、语句长度等。史密斯和托夫勒（Smith and Taffler，1992）发现，年报中的陈述性披露难以阅读，认为即使专业阅读者完全理解财务陈述也存在困难；修辞操纵研究假设管理层通过使用修辞手段，达到劝导或影响他人的目的。托马斯（Thomas，1997）发现公司管理层在盈利年和亏损年向股东发布的致辞不同，获得负面经营成果的公司通过运用修辞工具淡化负面成果夸大正面业绩；巴克迈耶等（Barkemeyer et al.，2014）检验了可持续发展报告中的CEO陈述，同样发现运用修辞手段模糊负面经营情况夸大正面业绩的行为；业绩归因研究假设管理层对业绩的解释倾向于“摘取成功的荣誉，拒担失败的责任”。克拉沃西和琼斯（Clatworthy and Jones，2003）发现管理层具有自我强化倾向，通过将良好业绩归功于公司内部管理因素，而将负面成果归因于外部环境因素进行自我保护；主题操纵研究假设管理层总是最佳地描述公司业绩，文字表述上通常是通篇大量正面文字。克拉沃西和琼斯（2006）通过计算正面及负面关键词和陈述句的频率推断披露文档的主题，得出了文档存在主题操纵行为的结论；业绩数字选择研究假设管理层为最佳地描绘公司业绩，从一组盈利数字中选择最有利的一个用于信息披露。吉利亚蒙—绍林（Guillamon-Saorin，2006）发现公司选择披露最高的盈利数字；视觉/列报操纵研究假设披露文档的视觉效果、结构安排等会对特定信息起强调作用。柯蒂斯（Courtis，2004）发现，公司通过运用特别的颜色令特定信息更为显眼，吉利亚蒙—绍林（2006）发现，信息披露的位置及先后顺序安排可吸引或转移阅读者的注意力；业绩比较指通过选择基准数字突出业绩正面发展趋势。斯克伦和沃尔特（Schrand and Walther，2000）发现管理层倾向于选择最低前期可比业绩数字作为基准，以报告最高的年度盈利、逐年增长百分比。

3.2.2　理论分析和研究假设

根据社会心理学理论，印象管理分为两个阶段：印象动机（impression motivation）和印象构建（impression construction）（Leary and Kowalski，1990）。

1. 印象动机

印象动机指促使人们进行印象管理的环境。社会心理学认为印象管理是"试图控制他人对其印象的行为"，具有典型的社会属性。公司对外信息披露既内嵌于又依赖于社会关系，管理层的报告决策受到"实际、想象或暗示存在"的信息使用者的影响（Leary and Kowalski，1990）。即管理层总是试图预期上述人员的行动，由于预期到股东和其他阅读信息的利益相关者可能以不利于他们的方式行动，如发布包含不利言论的分析师报告、新闻报道或不佳的债券评级等，为减轻甚至消除潜在不利后果，管理层具有印象管理的动机。

代理理论为解释印象动机提供了坚实的理论基础。根据代理理论，公司股东是委托人，负责管理及控制公司资源的管理层是代理人，二者均是理性经济人且行为目标并不一致。股东期望管理层基于股东最大利益行动，而管理层却有其经济利益和心理需求，希望追逐自身各方面效用的最大化，包括报酬最大化和在职消费最大化等。这种潜在利益冲突，可能诱使管理层做出损害股东利益的行为。在两权分离导致公司股东和管理层间事实上存在信息不对称的背景之下，管理层的努力程度具有不可观察性，股东须至少基于管理层所编制的财务报告对其业绩进行评价，这使得管理层具有通过操纵财务报告或其他对外沟通方式控制股东对其业绩的感知或强化对其业绩印象的动机。尤其当管理层需要向股东报告负面经营成果时，由于存在对管理层声誉、报酬及日后受聘机会的潜在威胁，双方利益冲突更为明显，管理层印象管理动机更加突出。

2. 印象构建

印象构建指"选择要建立的印象类型"，并采取"达到目的的手段"（Leary and Kowalski，1990）。印象构建分为两类：主动印象构建和被动印象构建。主动印象构建用于宣传和强化某种印象，行为方以各种可能方式表现出符合该印象的特征，以获得他人对该印象的认同。被动印象构建指当一种已经建立的印象陷入困境受到面临颠覆的威胁时，需要通过否认、找借口、强辩等来规避责任，维护已有印象（孙蔓莉，2004）。在信息披露领域，主动印象构建发生在公司经营状况良好的情况下。此时，管理层强调有利信息，以强化信息使用者对其经营成果的正面印象。被动印象构建发生在公司经营不良情况下，此时，管理层希望隐瞒或弱化负面信息，维护已经建立的正面印象。

公司信息披露的主题通常是正面的，无论经营成果如何，管理层总是最佳地描绘其业绩，通常以通篇大量正面文字表述，这一现象被称为“盲目乐观原则”（pollyanna principle）（Merkl-Davies and Brennan，2007）。根据印象构建理论，可以推测，在公司经营良好情况下，其互联网报告信息将表现为积极的内容，强调正面信息，形成强烈的正面主题偏向，引导信息使用者对其良好经营成果产生深刻印象。而在公司经营不良情况下，其互联网报告将可能出现隐瞒负面信息的情况，或即便提及亦通过正面语言解释以淡化不利影响。从而，公司互联网报告的信息仍将主要表现为正面信息。

前期一些互联网报告的研究发现一定程度上印证了上述印象构建理论。阿特里奇等（1999）以 100 家审计报告中述及持续经营问题的公司为样本，并根据配对特征选择了另外 100 家获标准无保留审计意见公司作为配对样本，发现持续经营存在问题公司更少将审计报告置于公司网站上。阿特里奇等（2001）指出，将年度报告的某些部分（如附注、保留意见审计报告）排除在互联网披露之外构成了最大的问题，省略附注可能隐瞒表外负债，如审计报告中反映的是有关公司未来前景和持续经营的不确定性信息，省略审计报告将使这些重要信息模糊化。基于对美国、英国、加拿大、澳大利亚和中国香港五个国家及地区最大规模的各 50 家公司的调查数据，阿拉姆和莱姆（2003）指出，互联网媒介使得公司能够更好地管理其信息披露，强调正面信息，并对潜在负面信息作出解释。特拉贝尔西等（Trabelsi et al.，2004）发现，互联网为公司进行机会主义信息披露提供了更大空间。综上所述，本书提出假设 1 和假设 2——

H1：公司互联网报告存在选择性列报行为，诸如负面新闻事件、不良经营业绩等负面信息可能不在其网站披露。

H2：公司互联网报告通常表现为积极的内容，即无论经营成果如何，总是更多地披露和强调正面信息，以形成强烈的正面主题偏向。

3.2.3　研究设计

为检验假设 1，本书将进行选择性列报分析，即分析公司互联网报告是否存在隐瞒负面信息的选择性列报行为。为检验假设 2，本书将进行主题分析，即分析公司互联网报告信息的主题偏向及偏向程度。倘若假设 1 和假设 2 均得到验证，则可以认为公司互联网报告存在以强调正面信息，隐瞒或淡化负面信息为特征的选择性信息披露机会主义风险因素。

1. 选择性列报分析

本书以《大众证券报》、大众证券网联合组织评选的“2013 年十大黑榜上市公司”（光大证券、万福生科、华锐风电、＊ST 远洋、中国石化、中国石油、紫光古汉、昌九生化、＊ST 贤成和北大荒）为样本，对上述公司网站展开调查，重点关注其互联网信息披露是否存在隐瞒导致列入黑榜的负面信息的情况。

2. 主题分析

（1）研究样本及研究对象。公司网站所披露的信息量庞大，难以对所有信息进行主题分析，只能采用以点代面的方法，对其中有代表性的信息展开分析。经观察，上市公司通常在其网站向全体股东发布董事长报告书或称董事长致辞，回顾分析年度业绩并展望未来前景，内容常为投资者所关切且文字表述较通俗易懂，容易成为投资者关注的对象。阿特里奇等（2002）、马斯顿和保雷（2004）均发现公司规模与互联网信息披露水平显著正相关。因此，本书以美国《财富》（中文版）评选的 2012 年中国 500 强排行榜中前 100 强公司为样本（以下简称“中国百强”），以其网站发布的董事长报告书/致辞为研究对象，在查无上述两者的情况下，以网站发布的上年业绩新闻稿替代。

（2）研究方法。本书运用内容分析法进行主题分析。内容分析法包括两类：机械性方法和解释性方法。机械性方法是“形式导向的”，通过统计关键词出现的频率、字数或句子数等，获得可传达文本内容的代表数字。解释性方法是“意义导向的”，关注文字表述的内涵和定性特征，通过分析陈述性语句的内容捕捉文字间蕴含的意义（Beck et al.，2010）。

多数前期研究采用机械性方法。近年来涌现了一些运用电脑程序自动计算关键词频率的文献。然而，文字陈述本身微妙且复杂，同一关键词在不同上下文语境中既可能表达正面含义，也可能表达负面含义，电脑自动计算不能解决语境不同关键词含义出现差异的情况，且电脑统计要求事先列出关键词清单，而陈述性披露的词汇运用灵活多变，事先列出完整清单难以做到。因此，本书采用人工进行机械性内容分析的方法。同时，为保证分析的可靠性，也运用解释性方法分析陈述性语句的内在含义。若两种方法能够得出一致结论，则可认为分析结果具有稳健性。

3.2.4　研究程序及研究结果

1. 选择性列报分析

（1）研究程序。本书通过沪深证券交易所网站获得黑榜公司 2013 年度报告，通过年报公司基本情况栏提供的网址进入公司网站，如该栏未提供网址，则通过百度或谷歌搜索，如仍搜索不到，则认为公司未建设网站。

2014 年 8 月①，本书通过上述方法实现对黑榜公司网站的访问。重点关注网站公司新闻/动态或公司公告栏是否披露导致公司列入黑榜的负面事件，若未如实披露相关事件，则认为存在选择性列报的嫌疑。

（2）研究结果。调查结果表明，10 家黑榜公司中，9 家建有网站并可顺利登录，1 家无网站（＊ST 贤成）。9 家建有网站的公司，无一家在其公司新闻/动态栏披露导致列入黑榜的负面新闻事件（如光大证券“8.16 乌龙指事件”、万福生科造假上市、中国石化青岛输油管道爆炸等）。与此形成巨大反差的是，在负面事件发生的 2013 年，各公司普遍于上述栏目披露了所获的荣誉和奖项信息，如光大证券获“最具投顾实力券商”大奖；华锐风电获“全球新能源世界 500 强”称号；中国石化则恰在管道爆炸当日披露荣获“2013 绿色中国——杰出企业社会责任奖”并被评为“最具责任感企业”。

由于上述事件均为重大事件，上市公司负有在证监会指定媒体临时公告的义务，但观察网站公司公告栏发现仅有 4 家披露了相关临时公告。且值得注意的是，这 4 家公司普遍存在时间延迟现象。如 2013 年 3 月 2 日，万福生科即依监管要求公布了自查公告，3 月 15 日公布致歉公告，但直至 3 月 25 日才在其网站公司公告栏披露致歉公告；紫光古汉于 2013 年 3 月 8 日收到证监会《行政处罚决定书》，被警告和处 50 万元罚款，但其网站公司公

① 由于 2013 年发生了万福生科造假、光大证券乌龙指、中国石化青岛输油管道爆炸等系列受到社会广泛关注的重大负面事件，本书于 2014 年 8 月再次进行了选择性列报分析的调查。

告栏直至当年6月25日才披露该公告；华锐风电涉嫌虚增收入、虚转成本、虚增利润等违法违规行为，其于2013年5月29日在证监会指定媒体公布《关于被中国证券监督管理委员会立案调查的公告》，但网站公司公告栏直至当年7月18日才披露该公告。

综上所述，黑榜公司普遍存在网站公司新闻/动态栏报喜不报忧、不披露重大负面新闻事件，公司公告栏不公告重大负面事件临时公告或时间上延迟公告的情况。因此，可以认为公司互联网报告出现了隐瞒负面信息的选择性列报行为，即假设3.1得到验证。

2. 主题分析

本书拟分别应用机械性方法和解释性方法进行基于关键词的主题分析和基于陈述的主题分析，并运用统计检验判断二者结果的相关性，以保证结论的稳健性。布伦南等（2009）的研究表明，不仅关键词的类型及出现频率有助于形成信息披露的主题，而且关键词出现的视觉效果及列报技术对形成主题也具有不可忽视的影响。因此，在基于关键词的主题分析中，本书将同时对主题操纵和视觉/列报操纵这两种印象管理技术进行研究。

（1）研究程序。

第一，收集分析文档。2012年9～10月间，本书通过中国百强年报提供的公司网址，或通过百度及谷歌搜索，登录百强网站，查找董事长报告书/致辞或上年业绩新闻稿。23家百强网站不披露如上信息，累计下载文档77份，其中董事长报告书/致辞53份，上年业绩新闻稿24份（为表述方便，以下统称“报告书”）。

第二，基于关键词的主题分析。

① 采集正面及负面关键词。关键词可分为正面和负面两类。一个关键词被认定为正面或负面基于以下两个条件：其一，该词在所在句子中指出了公司正面或负面经营结果；其二，该词在所在句子中指出了正面或负面影响公司经营的环境。如“主营收入大幅增长”中的“增长”一词，“国家加大‘调结构、转方式’等政策实施力度的良好外部环境，为公司长期发展注入了动力”中的“良好”一词等。本书正面及负面关键词的采集来自以下两个途径：其一，参考前期陈述性披露印象管理研究所使用的关键词；其二，在对报告书进行内容分析过程中，逐渐增加能够指明公司经营成果或经营环

境的关键词。最终采集的正面关键词计 209 个，负面关键词计 55 个[①]。

② 主题操纵分析及编码。根据所采集的正面及负面关键词清单，对报告书进行关键词编码。编码过程须结合考虑上下文语境，对于表达了公司正面经营成果或经营环境的关键词，以“正面关键词 + 序号”的形式编码；反之，则以“负面关键词 + 序号”编码。最后标注的序号，即为文档中出现的正面及负面关键词的频数。

③ 视觉/列报操纵分析及编码。受到更多强调的信息通常会受到信息使用者的更多关注，一般信息使用者可能因某项信息受到强调而高估其重要性。根据布伦南等（Brennan et al.，2009）的研究，以下三种视觉/列报操纵方式可达到对信息的强调目的：其一，视觉强调。指通过运用视觉效果如特别字体或颜色等使特定信息更加引人注目。其二，加强强调。当一个关键词被加强词修饰时，即认为出现了加强强调。如“主营收入大幅增长”中的“大幅”是加强词，可以加强关键词语言表达的分量。其三，位置强调。信息放置的位置及先后顺序会影响阅读者对其的感知，通过将正面信息置于显著位置如标题或全文开端，将使其迅速吸引阅读者的关注，达到强调目的。

针对视觉强调，本书观察特定关键词是否以特别字体或颜色列报，或以表格、图形形式对关键词所表达信息作进一步诠释，对受到上述视觉强调的正（负）面关键词，加以“正（负）面特别字体 + 序号”“正（负）面特别颜色 + 序号”等形式的编码。针对加强强调，观察关键词是否受到加强词的语气加强，如一个正（负）面关键词受到加强词的加强，则对该加强词加以“正（负）面加强 + 序号”的编码。针对位置强调，基于处在显要位置如标题、全文开头或较早部分的信息容易受到更多关注的假设，将报告书划分为三个强调区：其一，最受强调区，指最易受到关注的位置，如标题、摘要区、第一段落；其二，次受强调区，该区信息相比文档一般信息更易受到关注，通常位于最受强调区之后，文档中间位置靠前；其三，最不受强调区，该区信息通常不易受到关注，时间不充裕的阅读者易将其忽略，通常位于文档中间位置之后部分。由于报告书并无标准格式，或冗长或简约，需要研究者把握原则判断如上区间。而后，计算分别出现于最受强调区和次受强调区中的正面及负面关键词的频数。

---

① 由于报告书较少出现负面关键词，故所采集的负面关键词个数远低于正面关键词个数。

第三，基于陈述的主题分析。奥斯马和吉利亚蒙—绍林（Osma and Guillamon-Saorin，2011）等认为当一个句子述及多个问题时，对每个问题的表述均是独立的陈述（statement），应逐个分析各陈述含义的正面性或负面性。因此，本书运用解释性方法分析报告书的所有陈述，根据其所表达的正面或负面含义，划分为正面或负面陈述，并以“正（负）面陈述 + 序号”的形式编码，中立含义的陈述不予编码。最后编码的序号，为文档中出现的正面及负面含义陈述的频数。

第四，预测试。人工内容分析不可避免存在主观性，为保证编码一致性，提高分析结果的可靠性，根据克里彭多夫（Krippendorff，1980）的建议，本书选择20份报告书作为预测试样本，由两名研究者根据预定编码规则分别编码，而后比较编码结果并计算编码一致性比率[①]，结果显示该比率仅达82.8%，一致性效果并不理想。于是，两名研究者逐个查找编码差异，改进编码规则，并另抽取20份报告书分别编码。再次计算的编码一致性比率达到91.1%，可以认为编码规则已较为完善，具有满意的一致性。最后，为保证分析结果的可靠性，仅由其中一名研究者根据改进后编码规则完成对所有报告书的编码。

（2）研究结果。

第一，计算总正面分及总负面分。

① 基于关键词分析的总正面分及总负面分。各报告书的主要编码结果，包括正（负）面关键词、正（负）面加强及正（负）面陈述频数的描述性统计见表3－3。对陈述性披露是否存在印象管理行为应当进行全方位的评价，为与前期研究成果可比，本书参考布伦南等（Brennan et al.，2009）的方法，综合考虑正（负）面关键词，以及视觉、加强和位置强调对形成报告书主题的影响，采用赋权加总的方法计算各报告书的总正面分及总负面分。每个关键词赋以1分权重，如其受到视觉强调或加强强调，权重加0.5，如其处于最受强调区，权重加1，处于次受强调区，权重加0.5。因此，一个关键词最高可能得分＝1＋0.5＋0.5＋1＝3（如其同时受到视觉强调、加强强调并处于最受强调区），最低可能得分＝1（如仅出现该关键词，并未受到三种强调）。加总计算各正（负）面关键词的得分，可得到各报告

① 一致性比率指两名编码者编码一致的个数占编码总数的比率，现有文献推荐的一致性比率在80%~90%之间。

书的总正（负）面分（描述性统计见表 3-4）。

表 3-3　　主要编码结果描述性统计

	均值	中位数	最大值	最小值	标准差
正面关键词	61.7013	53	241	9	44.27993
正面加强	8.168831	5	39	1	8.127929
正面陈述	27.85714	22	97	5	18.97
负面关键词	4.103896	2	25	0	5.17734
负面加强	0.597403	0	6	0	1.138556
负面陈述	1.441558	1	15	0	2.40883

表 3-4　　基于关键词分析的总正面分及总负面分描述性统计

	均值	中位数	最大值	最小值	标准差
总正面分	85.18182	71.50	366	12.5	60.62356
总负面分	5.753247	3.5	39	0	7.171592

② 基于陈述分析的总正面分及总负面分。在基于关键词的主题分析中，本书通过对关键词和视觉、加强及位置强调赋权加总的方法计算各报告书的总正（负）面分。然而，权重设定过程不可避免地存在主观性，这可能减损对报告书主题判断的稳健性。因此，在基于陈述分析计算报告书的总正（负）面分时，仅考虑文档中出现的正面及负面含义陈述而不考虑三种类型的强调，对每一陈述赋以 1 分的权重，文档中正（负）面含义陈述的频数即为文档的总正（负）面分（描述性统计见表 3-5）。

表 3-5　　基于陈述分析的总正面分及总负面分描述性统计

	均值	中位数	最大值	最小值	标准差
总正面分	27.85714	22	97	5	18.97
总负面分	1.441558	1	15	0	2.40883

第二，主题偏向分析。对基于关键词分析和基于陈述分析计算得到的各报告书的总正面分和总负面分，运用公式（3-1）计算主题偏向分，以计量各报告书的主题偏向程度。

$$主题偏向分 = (总正面分 - 总负面分)/(总正面分 + 总负面分) \quad (3-1)$$

如主题偏向分接近+1，表明报告书存在极强烈的正面主题偏向，基本不出现负面关键词或陈述；如接近0，表明主题偏向中立，正负面关键词或陈述出现的频率及其受强调性基本相当；如接近-1，表明主题偏向极为负面；而如接近0.5，则表明正面关键词的频率及其受强调性或正面陈述的频率达到了负面关键词或负面陈述的3倍。因此，可以认为当主题偏向分>0.5时，报告书存在较强烈的正面主题偏向。布伦南等（2009）在对英国公司年度业绩公告进行基于关键词的主题分析研究中，依据上述公式计算得到的主题偏向分为0.57，得出了业绩公告具有强烈正面印象管理偏差的结论。

为考察不同经营成果情况下报告书的主题偏向程度，本书将77份报告书按照所报告年度业绩较前一年度增长或下降划分为增长组和下降组，其中，增长组68份，下降组9份。应用公式（3-1）计算得到的各报告书基于关键词分析和基于陈述分析的主题偏向分描述性统计见表3-6。统计结果表明，增长组及下降组基于关键词分析的主题偏向分均值分别为0.878和0.776，远高于布伦南等（2009）计算的0.57，即平均而言，两组报告书中出现的正面关键词频率及其受强调性分别约达负面关键词的15倍和8倍；同时，增长组及下降组基于陈述分析的主题偏向分均值分别为0.936和0.85，即平均而言，两组报告书中出现的正面含义陈述的频率分别约达负面含义陈述的30倍和12倍。这表明，在公司业绩良好情况下，其报告书相当强调正面信息，几乎不谈及负面信息，形成了极强烈的正面主题偏向，即便在业绩不良情况下，也仅是稍微点及负面信息，仍大量进行正面语言的阐述，正面主题偏向仍然强烈。

表3-6　　主题偏向分描述性统计

		均值	中位数	最大值	最小值	标准差
基于关键词的主题分析	增长组	0.878	0.924	1.00	0.481	0.133
	下降组	0.776	0.808	1.00	0.328	0.203
基于陈述的主题分析	增长组	0.936	1.00	1.00	0.474	0.115
	下降组	0.850	0.926	1.00	0.535	0.172

由于基于关键词分析的主题偏向分和基于陈述分析的主题偏向分均不服从正态分布，本书应用斯皮尔曼（Spearman）相关分析评价二者的相关性，结果（见表3-7）显示，二者间Spearman秩相关系数达0.732，且在1%显

著性水平上显著正相关，这说明基于关键词和基于陈述的主题分析对报告书主题偏向的判断结果呈现了显著的一致性。上述结果一致地表明，无论经营成果如何，中国百强互联网报告披露的董事长报告书及业绩新闻稿存在强烈的正面主题偏向性。从而，假设 3.2 得到验证。

表 3-7　斯皮尔曼（Spearman）相关分析结果

		基于关键词分析的主题偏向分	基于陈述句分析的主题偏向分
基于关键词分析的主题偏向分	相关系数	1.000	0.732 ***
	显著性概率（双尾）		0.000
基于陈述分析的主题偏向分	相关系数	0.732 ***	1.000
	显著性概率（双尾）	0.000	

注：*** 指在 1% 显著性水平上显著相关。

3.3　本章小结

本章主要工作包括：首先，运用观察及问卷调查方法获取了各项技术和管理风险因素的实证证据；其次，以十大黑榜上市公司为样本进行的选择性列报分析结果表明，公司互联网报告存在隐瞒负面信息的选择性列报行为。同时，以中国百强为样本，对百强网站披露的董事长报告书及业绩新闻稿进行的基于关键词和基于陈述的主题分析结果一致地表明，公司互联网报告存在强烈的正面主题偏向性。选择性列报分析和主题分析结果共同支持如下结论：公司互联网报告存在以选择性列报和强烈的正面主题偏向为特征的印象管理行为。从而为本书第 2 章提出的各项风险因素提供了实证证据，本章目标在于为下一章公司互联网报告的风险评价提供证据支持，为专家判断提供参考数据，以力争减少专家评价的主观性，提高风险评价结果的可靠性。

第4章

公司互联网报告的模糊风险评价

本书第2章基于风险形成机理的博弈分析结论和对前期公司互联网报告相关研究文献的系统回顾，识别了技术、机会主义、管理和监控四个维度共22项风险因素。上述风险因素是潜在的，其可能引发相关风险事件并可能对公司互联网报告供应链上利益相关各方的有形经济利益或无形声誉构成威胁。然而，所识别的风险因素数量众多，其中何者是各利益相关方应当予以重点关注并优先应对的关键风险因素？各方在公司互联网报告实践过程中面临何种主要风险？本章将运用基于语言变量的模糊风险评价技术计算各风险因素的风险强度以进行风险评价，从而为下一章风险治理机制的研究奠定基础。

4.1 基于语言变量的模糊风险评价模型

4.1.1 风险评价的定义

风险评价（risk assessment）是对所识别的风险因素从其引发的风险事件所导致风险后果发生的可能性及严重性两个维度进行综合度量，计算风险强度（risk intensity），并依据风险强度值评价其影响，从而确定应当予以着重应对的关键风险因素和主要风险的过程。其中，发生可能性用以衡量特定风险后果发生的概率，严重性用以衡量风险后果的发生对利益相关各方造成的有形或无形利益损害的严重程度；风险强度是衡量风险水平的指标，风险强度值越大，意味着未来情况的不确定性越大，其后果的严重程度或损失越大。

风险评价技术通常分为两大类：定性评价技术和定量评价技术，评价技术的选择取决于数据资料的可获得性。定量评价技术要求充分的数据支持并高度依赖统计技术，包括蒙特卡洛模拟（monte carlo simulation）、故障和事件树分析（fault and event tree analysis）、敏感性分析（sensitivity analysis）和年度预期损失（annual loss expectancy）等。定性评价技术应用于数据资料不充分或不确切情况下，其更多依赖判断而非统计技术，主要采用专家调查法，倚赖于专家的知识、经验和判断对风险进行定性的评价，并通常在专家调查结果的基础上结合采用层次分析法、模糊综合评判法等方法完成风险评价。

公司互联网报告风险问题的研究是一个全新的风险研究领域，该领域不但缺乏系统的风险管理理论，有关风险发生的可能性及其造成损失的数据资料更是无从获得，数据条件的制约决定了本书应当选择定性评价技术，即专家调查法。恩盖和沃特（Ngai and Wat，2005）指出，利用专家评价风险的益处包括：一是可以整合不同专家的知识和技能；二是交流并共享有关风险的观点和意见。由于决策情境的复杂性，通过专家间的交流和讨论有助于达成广泛共识，使评价结果更具稳健性。

然而，定性评价技术倚赖于专家的主观判断，由于专家的知识、经验等不可避免地具有不充分性和不确定性，专家判断实质上是在模糊环境中做出的，其判断结果具有模糊性，难以要求专家对有关风险后果的发生可能性及严重性作出准确的数值判断，其通常只能给出模糊的自然语言判断，如发生可能性低、严重性高或风险高等。此时，如果运用经典数学方法提取专家判断数据，可能会造成信息丢失，导致评估结果的可信度和合理性大大降低（杨莉和李南，2010）。贝尔和巴迪鲁（Bell and Badiru，1996）指出，模糊集理论（fuzzy set theory）是一个对风险属性及风险水平进行衡量的合理且有效率的方法，在具不确定性的决策环境中，模糊集理论比概率统计分析更具适用性。由于模糊集理论可用于灵活处理由于信息缺乏带来的不准确或模糊信息，近年来，大量研究运用该理论处理具不确定性和主观性的问题。因此，本书运用模糊集理论处理专家给出的自然语言判断。

4.1.2 模糊集的基本概念和算法

1965 年，查德（Zadeh）提出模糊集概念，用隶属函数刻画元素对集合属于程度的连续过渡性，从而将经典集合的二值逻辑推广到区间内的连续性逻辑，实现了对模糊性对象的定量刻画。模糊集理论适合处理由于信息缺乏带来的不确定性和模糊性问题，被广泛运用于包括决策在内的多个领域。以下，本书介绍模糊集、隶属函数、凸集、正态集、α 截集和模糊数等基本概念及其算法，以为后续模糊风险评价模型的提出奠定理论基础。

定义 1：设 X 为一论域，该论域中的模糊集 A 可由一个隶属函数 $\mu_A(x)$ 定义，该隶属函数将论域 X 中每一个 x 映射向 $[0,1]$ 区间内的一个实数。

隶属函数 $\mu_A(x)$ 的函数值表示论域中的元素 x 对模糊集 A 的隶属度，$\mu_A(x)$ 的值越接近于 1，表明 x 隶属于 A 的程度越高，$\mu_A(x)$ 的值越接近于 0，表明 x 隶属于 A 的程度越低。

定义 2：论域 X 中的模糊集 A 是凸集当且仅当对于所有 X 中的元素 x_1 和 x_2 总存在：

$\mu_A[\lambda x_1+(1-\lambda)x_2]\geqslant\min[\mu_A(x_1),\mu_A(x_2)]$（这里，$\mu_A(x)$ 是模糊集 A 的隶属函数且 $\lambda\in[0,1]$）

定义 3：论域 X 中的模糊集 A 是正态集，如存在一个 $x_i\in X$ 满足 $\mu_A(x_i)=1$。

定义 4：设 $A\in F(X)$（$F(X)$ 表示论域 X 上的所有模糊集），$\alpha\in[0,1]$，称 $A_\alpha=\{x\in X\mid\mu_A(x)\geqslant\alpha\}$ 为 A 的一个 α 截集，$A_\alpha=\{x\in X\mid\mu_A(x)>\alpha\}$ 为 A 的 α 强截集。

定义 5：模糊数是正态凸模糊集的特例。一个模糊数是一个以特定实数区间为特征的凸模糊集，每一实数的隶属度均在 [0，1] 之间，模糊数的隶属函数分段连续并满足下列条件：

(1) $\mu_A(x)=0$，对所有 $x\notin[a,d]$；

(2) $\mu_A(x)$ 在 $[a,b]$ 区间非降（单调递增），在 $[c,d]$ 区间非增（单调递减）；

(3) $\mu_A(x)=1$，对 $x\in[b,c]$。

这里，$a\leqslant b\leqslant c\leqslant d$ 且均是实数。

三角模糊数和梯形模糊数是最常使用的模糊数，三角模糊数是梯形模糊数的特例，二者通常分别以 (a,b,d) 和 (a,b,c,d) 表示，二者隶属函数分别如下：

$$\mu_{A_1}(x)=\begin{cases}(x-a)/(b-a), & a\leqslant x\leqslant b\\(d-x)/(d-b), & b\leqslant x\leqslant d\\0, & \text{其他}\end{cases}$$

$$\mu_{A_2}(x)=\begin{cases}(x-a)/(b-a), & a\leqslant x\leqslant b\\1, & b\leqslant x\leqslant c\\(d-x)/(d-c), & c\leqslant x\leqslant d\\0, & \text{其他}\end{cases}$$

令 $\tilde{A}=(a_1,a_2,a_3)$，$\tilde{B}=(b_1,b_2,b_3)$ 是两个三角模糊数，基本模糊运算算法如下：

（1）加：$\tilde{A}+\tilde{B}=(a_1+b_1,a_2+b_2,a_3+b_3)$；

（2）减：$\tilde{A}-\tilde{B}=(a_1-b_3,a_2-b_2,a_3-b_1)$；

（3）乘：$\tilde{A}\times\tilde{B}\approx(a_1b_1,a_2b_2,a_3b_3)$；

（4）除：$\tilde{A}\div\tilde{B}\approx\left(\frac{a_1}{b_3},\frac{a_2}{b_2},\frac{a_3}{b_1}\right)(b_1\neq0,b_2\neq0,b_3\neq0)$。

4.1.3　模糊风险评价模型

由于决策者判断的主观性，精确的决策模式不适合处理实际决策问题，以语言变量处理各决策者的模糊评价并予以整合的方法较为适合（Chen，2000）。近年来，涌现出了一些基于语言变量的模糊风险评价方法。例如，王和艾尔哈格（Wang and Elhag，2007）运用语言变量表示专家对桥梁风险造成损失的发生可能性及其严重程度的判断，提出了两种用于集结多名专家评价结果的算法，并在此基础上进行风险的综合评价。曾等（Zeng et al.，2007）运用语言变量表示三个基本风险参量：可能性、严重性和风险因素权重，而后基于修正的层次分析法和模糊推断技术对风险因素进行排序。参考上述文献，本书基于语言变量的模糊风险评价模型由如下步骤构成。

1. 定义语言评价尺度及其三角模糊数

对于风险后果发生可能性和严重性的评价要求专家根据相关领域的知识

和经验予以判断，信息的不完备性和不确定性使得专家通常只能给出自然语言评价而非精确数值。本书采用五粒度语言短语集：$S=\{S_0,S_1,S_2,S_3,S_4\}=$ {非常低,低,中等,高,非常高}作为发生可能性及严重性的语言评价尺度。

为便于计算，须首先依据适当规则将语言短语转化为模糊数。模糊数的计算强烈依赖于其隶属函数的形状，不规则隶属函数将会导致复杂的计算过程，具有简单形状隶属函数的模糊数通常更加直观并更易于解释。因此，三角模糊数在实践中得到了广泛应用。本书按公式（4－1）将上述 S 中的语言短语转化成三角模糊数。

$$\tilde{S}_n=(\alpha_n,\beta_n,\gamma_n)=\left(\max\left\{\frac{n-1}{N},0\right\},\frac{n}{N},\min\left\{\frac{n+1}{N},1\right\}\right) \qquad (4-1)$$

其中，$\tilde{S}_n$ 为 S 中第 n 个语言短语 S_n 转化后的三角模糊数，$n=0$，1，2，…，N，$N=$语言短语集的粒度－1，α_n、β_n、γ_n 为三角模糊数 $\tilde{S}_n$ 的下限、最可能值和上限。

根据公式（4－1），可计算得到上述语言短语集 S 中的语言短语“高”的三角模糊数为（0.5，0.75，1.0）。表 4－1 和表 4－2 列出了发生可能性和严重性的语言评价尺度及其三角模糊数，图 4－1 是二者的隶属函数。

表 4－1　　发生可能性语言评价尺度及其对应三角模糊数

语言短语	描述	三角模糊数
非常低（Very Low）	发生可能性非常低	$VL=$（0，0，0.25）
低（Low）	发生可能性低	$L=$（0，0.25，0.5）
中等（Medium）	可能发生	$M=$（0.25，0.5，0.75）
高（High）	发生可能性高	$H=$（0.5，0.75，1.0）
非常高（Very High）	发生可能性非常高	$VH=$（0.75，1.0，1.0）

表 4－2　　严重性语言评价尺度及其对应三角模糊数

语言短语	描述	三角模糊数
非常低（Very Low）	一旦发生将造成的有形或无形利益损害程度非常低，几乎可以忽略	$VL=$（0，0，0.25）
低（Low）	一旦发生将造成的有形或无形利益损害程度低，通过较简单的措施能够弥补	$L=$（0，0.25，0.5）

续表

语言短语	描述	三角模糊数
中等 (Medium)	一旦发生将造成的有形或无形利益损害程度中等，通过一定手段能够解决	$M=(0.25, 0.5, 0.75)$
高 (High)	一旦发生将造成较严重的有形或无形利益损害，需动用较大力量弥补	$H=(0.5, 0.75, 1.0)$
非常高 (Very High)	一旦发生将造成非常严重的有形或无形利益损害，如经济利益严重受损、声誉被严重破坏等，且难以弥补	$VH=(0.75, 1.0, 1.0)$

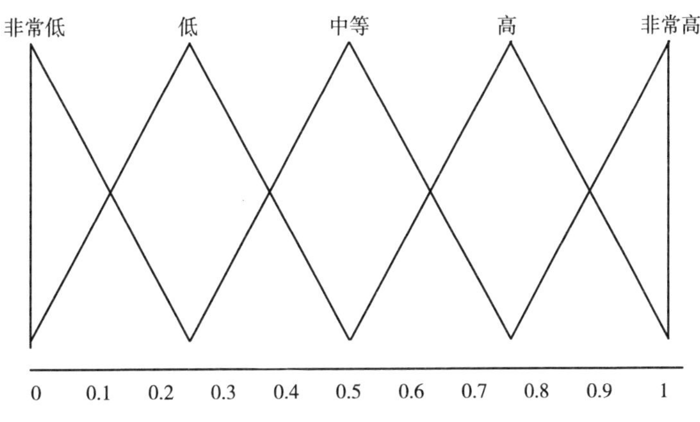

图4-1　发生可能性及严重性的隶属函数

2. 确定风险强度的算法

风险评价的传统方法是通过综合计算风险暴露、风险后果发生的可能性及其严重程度以计算风险强度（Karwowski and Mital，1986）。由于发生可能性已包括了风险暴露，一些风险专家提出了简便算法，即仅将风险后果发生的可能性与其严重性相乘。例如，博希姆（Boehm，1989）将不满意后果出现的可能性和受影响的各方发生损失的严重性相乘以计算风险的影响，现有国内文献也多数采用这种方法。然而，该方法缺点在于将低概率高损失的风险与高概率低损失的风险等同起来（杨莉和李南，2010），可能导致忽视一些造成损失大而发生概率很小的重要风险。此外，如发生可能性和严重性均以0~1之间的数值表达，二者相乘将会使乘积较小。例如，发生可能性和严重性均为“高”，设均取值0.7，显然，相应的风险等级也应评价为“高”，而通过相乘计算得到的风险强度值仅为0.49，风险强度仅属于“中等”风险，这不符合实际情况，会导致对风险水平的低估（胡勇等，2008）。因此，本书不采用乘积算法。

对于发生可能性和严重性应当区别对待，一些造成风险后果发生的可能性虽然低，但严重性很高的风险因素，如巨灾事件等，应被视为“高”风险，并予以有效防范。显然，相比发生可能性，严重性应当获得更高的关注度。本书借鉴胡勇等（2008）、吕俊杰和董红（2010）的方法，采用对发生可能性和严重性加权平均的算法计算风险强度。发生可能性和严重性的权重将在邀请专家对二者相对重要性进行评判的基础上运用层次分析法计算获得，分别以 W_{RP} 和 W_{RC} 表示，则各风险因素的风险强度计算公式如下：

$$RI_{ij} = W_{RP} \times RP_{ij} + W_{RC} \times RC_{ij} \quad (4-2)$$

其中，$i=T,O,M,R$ 分别代表技术、机会主义、管理和监控维度，$j=1$，2，…，n 代表各维度中风险因素的序号，RI_{ij} 表示 i 维度第 j 个风险因素的风险强度；RP_{ij} 表示 i 维度第 j 个风险因素引发的风险事件所导致风险后果发生的可能性；RC_{ij} 表示 i 维度第 j 个风险因素引发的风险事件所导致风险后果的严重性。

3. 邀请专家进行语言评价

邀请多名相关领域的专家组成风险评价专家组，由各专家从语言短语集 S 中择一短语对各风险因素引发的风险事件所导致风险后果发生的可能性及其严重性进行评价。本书多数风险因素会对多个利益相关方产生风险后果，例如，机会主义风险因素 1 引发的风险事件既可能使信息使用者被误导，又可能使公司面临诉讼威胁。此时，由各专家对该风险因素引发的风险事件分别为信息使用者及公司带来风险后果发生的可能性及其严重性进行语言评价，再将其根据表 4－1 和表 4－2 转换成相应三角模糊数。

以 $i=T,O,M,R$ 分别代表技术、机会主义、管理和监控维度，以 $j=1$，2，…，n 代表各维度中风险因素的序号，以 $k=1,2,\cdots$，n 代表风险评价专家组成员代号，分别以 RP_{ij}^{ku}（RP_{ij}^{kc}）和 RC_{ij}^{ku}（RC_{ij}^{kc}）表示第 k 位专家对 i 维度第 j 个风险因素引发的风险事件对信息使用者（公司）造成风险后果发生的可能性及其严重性语言评价对应的三角模糊数，并分别以 RP_{ij}^{kr}（RP_{ij}^{ka}）和 RC_{ij}^{kr}（RC_{ij}^{ka}）表示第 k 位专家对 i 维度第 j 个风险因素引发的风险事件对监管机构（审计执业界）造成风险后果发生的可能性及其严重性语言评价对应的三角模糊数。且 $RP_{ij}^{ku}=(RP_{ijl}^{ku},RP_{ijm}^{ku},RP_{iju}^{ku})$，其中，$RP_{ijl}^{ku}$、$RP_{ijm}^{ku}$、$RP_{iju}^{ku}$分别代表三角模糊数的下限、最可能值和上限，依此类推。

4. 模糊评价集结

由多位专家参与风险评价，有望获得更加客观和无偏的评价结果（Ngai and Wat，2005）。由于风险评价专家组成员来自不同研究领域，对各自领域内的问题往往有更深刻的见解。因此，可根据风险因素所属维度对各专家设定不同的权重，如对于技术维度风险因素技术专家应更有发言权，其评价应获得更大的权重，以充分发挥各专家强项知识对风险评价总体有效性的贡献，减少风险评价的误差（姚宇和侯建明，2005）。本书以 W_{ik} 代表第 k 位专家对 i 维度风险因素的权重，运用如下三角模糊数加权平均算法集结各位专家的模糊评价：

$$RP_{ij}^{u}=\sum_{k=1}^{n}W_{ik}\times RP_{ij}^{ku}=\left(\sum_{k=1}^{n}W_{ik}\times RP_{ijl}^{ku},\sum_{k=1}^{n}W_{ik}\times RP_{ijm}^{ku},\sum_{k=1}^{n}W_{ik}\times RP_{iju}^{ku}\right)=(RP_{ijl}^{u},RP_{ijm}^{u},RP_{iju}^{u}) \tag{4-3}$$

$$RC_{ij}^{u}=\sum_{k=1}^{n}W_{ik}\times RC_{ij}^{ku}=\left(\sum_{k=1}^{n}W_{ik}\times RC_{ijl}^{ku},\sum_{k=1}^{n}W_{ik}\times RC_{ijm}^{ku},\sum_{k=1}^{n}W_{ik}\times RC_{iju}^{ku}\right)=(RC_{ijl}^{u},RC_{ijm}^{u},RC_{iju}^{u}) \tag{4-4}$$

其中，RP_{ij}^{u}和 RC_{ij}^{u}分别代表模糊评价集结 n 位专家对 i 维度第 j 个风险因素引发的风险事件对信息使用者造成风险后果发生的可能性及其严重性的评价得到的群体评价结果三角模糊数。类似地，本书以 RP_{ij}^{c}、RP_{ij}^{r}、RP_{ij}^{a}和 RC_{ij}^{c}、RC_{ij}^{r}和 RC_{ij}^{a}分别代表模糊评价集结 n 位专家对 i 维度第 j 个风险因素引发的风险事件对公司、监管机构和审计执业界造成风险后果发生的可能性及其严重性的评价得到的群体评价结果三角模糊数，计算方法相同，不再列出公式。

5. 计算风险强度

在模糊评价集结各位专家的评价意见之后，依据公式（4-2）计算各风险因素对各利益相关方的风险强度，具体计算公式如下：

$$\begin{aligned}RI_{ij}^{u}&=W_{RP}\times RP_{ij}^{u}+W_{RC}\times RC_{ij}^{u}\\&=(W_{RP}\times RP_{ijl}^{u}+W_{RC}\times RC_{ijl}^{u},W_{RP}\times RP_{ijm}^{u}+W_{RC}\times RC_{ijm}^{u},W_{RP}\times RP_{iju}^{u}+W_{RC}\times RC_{iju}^{u})\\&=(RI_{ijl}^{u},RI_{ijm}^{u},RI_{iju}^{u})\end{aligned} \tag{4-5}$$

式（4－5）中，RI_{ij}^{u}代表 i 维度第 j 个风险因素对信息使用者的风险强度，显然，其是一个三角模糊数。类似地，本书以 RI_{ij}^{c}、RI_{ij}^{r}和 RI_{ij}^{a}分别代表 i 维度第 j 个风险因素对公司、监管机构和审计执业界的风险强度，计算方法相同，不再列出公式。

6. 去模糊化

去模糊化的目标在于将风险强度三角模糊数转化成一个能够代表其的数值，从而可根据该值对风险因素进行排序，以便筛选出关键风险因素。去模糊化方法有多种，本书采用利乌和王（Lious and Wang，1992）提出的双系数法，该方法通过两个系数模拟决策者所处的决策环境及心态，并在此基础上对三角模糊数进行去模糊化处理。

设 RI_{ij}^{u}为 i 维度第 j 个风险因素对信息使用者的风险强度三角模糊数，本书以 $RI_{ij}^{u\alpha\lambda}$表示运用双系数法对 RI_{ij}^{u}去模糊化后的数值，去模糊化公式如下：

$$RI_{ij}^{u\alpha\lambda}=[\lambda\times RI_{ijl}^{u\alpha}+(1-\lambda)\times RI_{iju}^{u\alpha}],\quad 0\leqslant\lambda\leqslant1,0\leqslant\alpha\leqslant1 \qquad (4-6)$$

其中，$RI_{ijl}^{u\alpha}=(RI_{ijm}^{u}-RI_{ijl}^{u})\times\alpha+RI_{ijl}^{u}$，$RI_{ijl}^{u\alpha}$表示 $RI_{ij}^{u}\alpha$ 截集的左端值；$RI_{iju}^{u\alpha}=RI_{iju}^{u}-(RI_{iju}^{u}-RI_{ijm}^{u})\times\alpha$，$RI_{iju}^{u\alpha}$表示 $RI_{ij}^{u}\alpha$ 截集的右端值。

α 可取［0，1］之间的 0.1、0.2、0.3、0.4、0.5、0.6、0.7、0.8、0.9 和 1 这 10 个数值之一，用以模拟决策者所处决策环境的不确定性程度，决策环境的确定性主要指决策者所掌握信息的充分性。决策环境越确定，α 值可越高；反之，如决策制定的支持信息越缺乏，α 取值越低。当 α 取值为 1，表明决策环境是确定的，此时，取三角模糊数的最可能值用于去模糊化；如 α 取值 0，表明决策环境极度不确定，则取三角模糊数的下限和上限用于去模糊化。λ 可取 0.1、0.2、0.5、0.7 和 0.9 这 5 个数值之一，用以模拟决策者决策时的心境，λ 越接近 0，决策者越乐观，去模糊化后的数值将取越大；λ 越接近 1，决策者越悲观，去模糊化后的数值将取越小。

类似地，本书以 $RI_{ij}^{c\alpha\lambda}$、$RI_{ij}^{r\alpha\lambda}$和 $RI_{ij}^{a\alpha\lambda}$分别代表第 i 维度第 j 个风险因素对公司、监管机构和审计执业界的风险强度三角模糊数运用双系数法去模糊化后的数值，计算方法相同，不再列出公式。根据去模糊化后的风险强度值，即可将各风险因素依风险强度值由高到低排序，确定关键风险因素，从而为风险的治理提供依据。

4.2　基于语言变量的公司互联网报告模糊风险评价

4.2.1　成立风险评价专家组

风险评价专家组成员的选择相当关键，他们的知识结构、经验和能力决定了风险评价结果的有效性，所选择的专家应当具备高层次的相关领域知识并具有类似研究或实践经验。公司互联网报告是互联网技术在公司对外信息披露领域的应用，互联网报告实践的成功要求公司适当应用先进的互联网技术，实施有效的内部控制和内部管理活动。因此，对公司互联网报告的风险评价要求专家组成员应当具备高层次的互联网技术知识、内部控制和管理知识以及信息披露和财务报告知识背景。本书根据上述三个研究方向选择风险评价专家组成员，最终确定的专家组成员共 7 位，其中，1 位互联网技术专家，2 位内部控制专家，4 位长期从事公司互联网报告课题研究的课题组研究成员。

4.2.2　设计风险分析问卷

为获得专家对公司互联网报告风险因素的相关评价，须首先设计风险分析问卷（risk analysis questionnaire）。风险分析问卷是一种依据调查问卷的设计原理，将所研究的风险及其构成等转化为问卷的问题和选项，通过邀请专家对问卷进行填答，据以进行风险评价和分析的工具。本书风险分析问卷由以下三个部分构成（见附录 2）：一是研究背景说明性文字；二是发生可能性和严重性相对重要性的评价，该部分根据 1 - 9 标度法（见表 4 - 3）的原理设计；三是发生可能性和严重性的评价。该部分包括各风险因素、其引发的风险事件及对各利益相关方造成风险后果的定性描述，选项设计运用了五点李克特量表的原理，对风险因素引发的风险事件所导致风险后果发生的可能性及其严重性给出包括“非常低”“低”“中等”“高”和“非常高”在内的五个选项，即五个语言短语，邀请专家从中择一作答。对于一些引发的风险事件可能给多个利益相关方造成风险后果的风险因素，则为每一个利益相关方给出风险后果发生的可能性及其严重性选项。

表 4－3　　1－9 标度法

标度	定义	含义
1	同等重要	两指标同样重要
3	稍微重要	一指标比另一指标稍微重要
5	明显重要	一指标比另一指标明显重要
7	强烈重要	一指标比另一指标强烈重要
9	极端重要	一指标比另一指标极端重要
2，4，6，8	相邻标度中值	上述相邻判断的中值，折中时采用

4.2.3 召开风险评价会

为使专家意见得到充分的交流，增加专家评价的一致性，专门召开了风险评价会。会上，向风险评价专家组逐一介绍各项风险因素的性质以及其可能引发的风险事件和可能造成的风险后果，并提供前期相关研究文献提出的理论观点、实证证据以及本书调查发现的新证据，使专家在评价过程中获得较充分的理论支撑和实证佐证，力争减少专家评价的主观性。同时，在介绍本次调查中新发现的实证证据的过程中，注重罗列证据，而不给出研究者对证据的判断和观点，以有利于专家基于自身专业知识及经验形成判断和观点，并鼓励专家相互讨论，在专家意见存在较大分歧情况下，引导专家进行充分的讨论，以在形成较一致意见的基础上，完成风险分析问卷，增强问卷回复数据的一致性。

7 位专家组成员对问卷选项的选择构成了专家的语言评价，本书根据表 4－1 和表 4－2，将各专家对发生可能性及严重性的语言评价转换成相应三角模糊数。

根据表 2－2 可知，可能对信息使用者造成风险后果的风险因素包括：技术风险因素 1、2、3、4、5、6、7，机会主义风险因素 1、2，管理风险因素 1、2、3、4、5、6、8、9、10、11，以及监控风险因素 1、2；可能对公司造成风险后果的风险因素包括：技术风险因素 1、2、3、4、6、7，机会主义风险因素 1、2，管理风险因素 1、2、3、4、5、6、7、8、9、10、11；可能对监管机构造成风险后果的风险因素是：监控风险因素 1；可能对审计执业界造成风险后果的风险因素是：监控风险因素 2。

本书以 RP_T^{ku}、RP_O^{ku}、RP_M^{ku}、RP_R^{ku} 和 RC_T^{ku}、RC_O^{ku}、RC_M^{ku}、RC_R^{ku} 分别表示 7

位专家对技术、机会主义、管理、监控维度风险因素引发的风险事件对信息使用者所造成风险后果发生的可能性及其严重性的评价矩阵，以 RP_T^{kc}、RP_O^{kc}、RP_M^{kc} 和 RC_T^{kc}、RC_O^{kc}、RC_M^{kc} 分别表示 7 位专家对技术、机会主义、管理维度风险因素引发的风险事件对公司所造成风险后果发生的可能性及其严重性评价矩阵，以 RP_R^{kr}、RP_R^{ka} 和 RC_R^{kr}、RC_R^{ka} 分别表示 7 位专家对监控维度风险因素引发的风险事件对监管机构和审计执业界所造成风险后果发生的可能性及其严重性评价矩阵，并以 E_1、E_2、$\cdots E_7$ 分别代表第 1、2、…7 位专家。以下，本书以上述矩阵形式列出 7 位专家的语言评价结果，并按表 4－1 和表 4－2 将其转换成相应的三角模糊数矩阵：

$$
RP_T^{ku} = \begin{array}{c} \\ Tf_1 \\ Tf_2 \\ Tf_3 \\ Tf_4 \\ Tf_5 \\ Tf_6 \\ Tf_7 \end{array}
\begin{array}{c} \begin{array}{ccccccc} E_1 & E_2 & E_3 & E_4 & E_5 & E_6 & E_7 \end{array} \\
\begin{pmatrix}
VL & VL & L & VL & VL & H & VL \\
L & VL & M & L & L & L & L \\
L & VL & VL & L & VL & VL & VL \\
VL & L & VL & L & L & VL & VL \\
VL & VL & VL & VL & VL & VL & VL \\
VL & M & VL & L & M & M & L \\
L & M & L & L & M & M & L
\end{pmatrix} \end{array}
$$

$$
= \begin{array}{c} Tf_1 \\ Tf_2 \\ Tf_3 \\ Tf_4 \\ Tf_5 \\ Tf_6 \\ Tf_7 \end{array}
\begin{pmatrix}
E_1 & E_2 & E_3 & E_4 & E_5 & E_6 & E_7 \\
(0,0,0.25) & (0,0,0.25) & (0,0.25,0.5) & (0,0,0.25) & (0,0,0.25) & (0.5,0.75,1) & (0,0,0.25) \\
(0,0.25,0.5) & (0,0,0.25) & (0.25,0.5,0.75) & (0,0.25,0.5) & (0,0.25,0.5) & (0,0.25,0.5) & (0,0.25,0.5) \\
(0,0.25,0.5) & (0,0,0.25) & (0,0,0.25) & (0,0.25,0.5) & (0,0,0.25) & (0,0,0.25) & (0,0,0.25) \\
(0,0,0.25) & (0,0.25,0.5) & (0,0,0.25) & (0,0.25,0.5) & (0,0.25,0.5) & (0,0,0.25) & (0,0,0.25) \\
(0,0,0.25) & (0,0,0.25) & (0,0,0.25) & (0,0,0.25) & (0,0,0.25) & (0,0,0.25) & (0,0,0.25) \\
(0,0,0.25) & (0.25,0.5,0.75) & (0,0,0.25) & (0,0.25,0.5) & (0.25,0.5,0.75) & (0.25,0.5,0.75) & (0,0.25,0.5) \\
(0,0.25,0.5) & (0.25,0.5,0.75) & (0,0.25,0.5) & (0,0.25,0.5) & (0.25,0.5,0.75) & (0.25,0.5,0.75) & (0,0.25,0.5)
\end{pmatrix}
$$

$$
RP_O^{ku}=\begin{array}{c}\\ Of_1\\ Of_2\end{array}\begin{array}{c}\begin{array}{ccccccc}E_1 & E_2 & E_3 & E_4 & E_5 & E_6 & E_7\end{array}\\ \begin{pmatrix} VH & H & H & H & H & H & H\\ L & M & M & M & L & VL & L\end{pmatrix}\end{array}
$$

$$
=\begin{array}{c} Of_1\\ Of_2\end{array}\begin{pmatrix}
\overset{E_1}{(0.75,1,1)} & \overset{E_2}{(0.5,0.75,1)} & \overset{E_3}{(0.5,0.75,1)} & \overset{E_4}{(0.5,0.75,1)} & \overset{E_5}{(0.5,0.75,1)} & \overset{E_6}{(0.5,0.75,1)} & \overset{E_7}{(0.5,0.75,1)}\\
(0,0.25,0.5) & (0.25,0.5,0.75) & (0.25,0.5,0.75) & (0.25,0.5,0.75) & (0,0.25,0.5) & (0,0,0.25) & (0,0.25,0.5)
\end{pmatrix}
$$

$$
RP_M^{ku}=\begin{array}{c}\\ Mf_1\\ Mf_2\\ Mf_3\\ Mf_4\\ Mf_5\\ Mf_6\\ Mf_8\\ Mf_9\\ Mf_{10}\\ Mf_{11}\end{array}\begin{array}{c}\begin{array}{ccccccc}E_1 & E_2 & E_3 & E_4 & E_5 & E_6 & E_7\end{array}\\ \begin{pmatrix}
H & M & H & M & H & M & VH\\
H & M & M & M & H & M & H\\
H & H & H & H & M & H & VH\\
L & M & H & M & H & H & M\\
H & VH & H & M & H & M & M\\
H & M & M & L & M & L & L\\
M & M & H & M & H & H & H\\
L & M & L & VL & VL & VL & VL\\
H & L & L & L & M & L & L\\
H & H & H & M & H & M & VH
\end{pmatrix}\end{array}
$$

$$
=\begin{array}{c}\\ Mf_1\\ Mf_2\\ Mf_3\\ Mf_4\\ Mf_5\\ Mf_6\\ Mf_8\\ Mf_9\\ Mf_{10}\\ Mf_{11}\end{array}\begin{array}{c}\begin{array}{cccc}E_1 & E_2 & E_3 & E_4\end{array}\\ \left(\begin{array}{cccc}
(0.5,0.75,1) & (0.25,0.5,0.75) & (0.5,0.75,1) & (0.25,0.5,0.75)\\
(0.5,0.75,1) & (0.25,0.5,0.75) & (0.25,0.5,0.75) & (0.25,0.5,0.75)\\
(0.5,0.75,1) & (0.5,0.75,1) & (0.5,0.75,1) & (0.5,0.75,1)\\
(0,0.25,0.5) & (0.25,0.5,0.75) & (0.5,0.75,1) & (0.25,0.5,0.75)\\
(0.5,0.75,1) & (0.75,1,1) & (0.5,0.75,1) & (0.25,0.5,0.75)\\
(0.5,0.75,1) & (0.25,0.5,0.75) & (0.25,0.5,0.75) & (0,0.25,0.5)\\
(0.25,0.5,0.75) & (0.25,0.5,0.75) & (0.5,0.75,1) & (0.25,0.5,0.75)\\
(0,0.25,0.5) & (0.25,0.5,0.75) & (0,0.25,0.5) & (0,0,0.25)\\
(0.5,0.75,1) & (0,0.25,0.5) & (0,0.25,0.5) & (0,0.25,0.5)\\
(0.5,0.75,1) & (0.5,0.75,1) & (0.5,0.75,1) & (0.25,0.5,0.75)
\end{array}\right.\end{array}
$$

$$
\begin{array}{ccc}
E_5 & E_6 & E_7 \\
(0.5,0.75,1) & (0.25,0.5,0.75) & (0.75,1,1) \\
(0.5,0.75,1) & (0.25,0.5,0.75) & (0.5,0.75,1) \\
(0.25,0.5,0.75) & (0.5,0.75,1) & (0.75,1,1) \\
(0.5,0.75,1) & (0.5,0.75,1) & (0.25,0.5,0.75) \\
(0.5,0.75,1) & (0.25,0.5,0.75) & (0.25,0.5,0.75) \\
(0.25,0.5,0.75) & (0,0.25,0.5) & (0,0.25,0.5) \\
(0.5,0.75,1) & (0.5,0.75,1) & (0.5,0.75,1) \\
(0,0,0.25) & (0,0,0.25) & (0,0,0.25) \\
(0.25,0.5,0.75) & (0,0.25,0.5) & (0,0.25,0.5) \\
(0.5,0.75,1) & (0.25,0.5,0.75) & (0.75,1,1)
\end{array}
\left.\vphantom{\begin{array}{c}1\\1\\1\\1\\1\\1\\1\\1\\1\\1\end{array}}\right)
$$

$$
RP_R^{ku} = \begin{array}{c} \\ Rf_1 \\ Rf_2 \end{array}
\begin{array}{c}
\begin{array}{ccccccc} E_1 & E_2 & E_3 & E_4 & E_5 & E_6 & E_7 \end{array} \\
\begin{pmatrix}
M & VH & H & H & H & H & VH \\
H & VH & H & H & H & H & VH
\end{pmatrix}
\end{array}
$$

$$
= \begin{array}{c} \\ Rf_1 \\ Rf_2 \end{array}
\left(\begin{array}{cccc}
E_1 & E_2 & E_3 & E_4 \\
(0.25,0.5,0.75) & (0.75,1,1) & (0.5,0.75,1) & (0.5,0.75,1) \\
(0.5,0.75,1) & (0.75,1,1) & (0.5,0.75,1) & (0.5,0.75,1)
\end{array}\right.
$$

$$
\left.\begin{array}{ccc}
E_5 & E_6 & E_7 \\
(0.5,0.75,1) & (0.5,0.75,1) & (0.75,1,1) \\
(0.5,0.75,1) & (0.5,0.75,1) & (0.75,1,1)
\end{array}\right)
$$

$$
RC_T^{ku} = \begin{array}{c} \\ Tf_1 \\ Tf_2 \\ Tf_3 \\ Tf_4 \\ Tf_5 \\ Tf_6 \\ Tf_7 \end{array}
\begin{array}{c}
\begin{array}{ccccccc} E_1 & E_2 & E_3 & E_4 & E_5 & E_6 & E_7 \end{array} \\
\begin{pmatrix}
M & VH & M & M & H & H & H \\
L & L & M & L & M & L & L \\
H & VH & M & H & H & M & M \\
H & VH & M & M & H & H & H \\
L & L & VL & L & L & L & M \\
H & M & M & L & M & L & L \\
H & H & M & M & H & M & H
\end{pmatrix}
\end{array}
$$

$$
= \begin{array}{c} \\ Tf_1 \\ Tf_2 \\ Tf_3 \\ Tf_4 \\ Tf_5 \\ Tf_6 \\ Tf_7 \end{array}
\left(\begin{array}{cccc}
E_1 & E_2 & E_3 & E_4 \\
(0.25,0.5,0.75) & (0.75,1,1) & (0.25,0.5,0.75) & (0.25,0.5,0.75) \\
(0,0.25,0.5) & (0,0.25,0.5) & (0.25,0.5,0.75) & (0,0.25,0.5) \\
(0.5,0.75,1) & (0.75,1,1) & (0.25,0.5,0.75) & (0.5,0.75,1) \\
(0.5,0.75,1) & (0.75,1,1) & (0.25,0.5,0.75) & (0.25,0.5,0.75) \\
(0,0.25,0.5) & (0,0.25,0.5) & (0,0,0.25) & (0,0.25,0.5) \\
(0.5,0.75,1) & (0.25,0.5,0.75) & (0.25,0.5,0.75) & (0,0.25,0.5) \\
(0.5,0.75,1) & (0.5,0.75,1) & (0.25,0.5,0.75) & (0.25,0.5,0.75)
\end{array}\right.
$$

$$
\begin{array}{ccc}
E_5 & E_6 & E_7 \\
(0.5,0.75,1) & (0.5,0.75,1) & (0.5,0.75,1) \\
(0.25,0.5,0.75) & (0,0.25,0.5) & (0,0.25,0.5) \\
(0.5,0.75,1) & (0.25,0.5,0.75) & (0.25,0.5,0.75) \\
(0.5,0.75,1) & (0.5,0.75,1) & (0.5,0.75,1) \\
(0,0.25,0.5) & (0,0.25,0.5) & (0.25,0.5,0.75) \\
(0.25,0.5,0.75) & (0,0.25,0.5) & (0,0.25,0.5) \\
(0.5,0.75,1) & (0.25,0.5,0.75) & (0.5,0.75,1)
\end{array}
\left.\vphantom{\begin{array}{c}1\\1\\1\\1\\1\\1\\1\end{array}}\right)
$$

$$
RC_O^{ku} = \begin{array}{c} \\ Of_1 \\ Of_2 \end{array}
\begin{array}{c}
\begin{array}{ccccccc} E_1 & E_2 & E_3 & E_4 & E_5 & E_6 & E_7 \end{array} \\
\begin{pmatrix}
VH & M & H & H & H & VH & H \\
VH & VH & VH & H & H & VH & VH
\end{pmatrix}
\end{array}
$$

$$
= \begin{array}{c} \\ Of_1 \\ Of_2 \end{array}
\left(\begin{array}{ccccccc}
E_1 & E_2 & E_3 & E_4 & E_5 & E_6 & E_7 \\
(0.75,1,1) & (0.5,0.75,1) & (0.5,0.75,1) & (0.5,0.75,1) & (0.5,0.75,1) & (0.75,1,1) & (0.5,0.75,1) \\
(0.75,1,1) & (0.75,1,1) & (0.75,1,1) & (0.5,0.75,1) & (0.5,0.75,1) & (0.75,1,1) & (0.75,1,1)
\end{array}\right)
$$

$$
RC_M^{ku} = \begin{array}{c} \\ Mf_1 \\ Mf_2 \\ Mf_3 \\ Mf_4 \\ Mf_5 \\ Mf_6 \\ Mf_8 \\ Mf_9 \\ Mf_{10} \\ Mf_{11} \end{array}
\begin{array}{c}
\begin{array}{ccccccc} E_1 & E_2 & E_3 & E_4 & E_5 & E_6 & E_7 \end{array} \\
\begin{pmatrix}
L & H & M & L & M & M & M \\
L & H & M & L & M & M & M \\
VH & M & H & L & M & M & M \\
L & M & M & L & M & M & L \\
L & L & L & L & L & M & M \\
VH & H & H & H & H & VH & H \\
H & M & M & H & H & H & H \\
VH & M & H & H & M & H & H \\
H & H & H & H & M & L & H \\
M & M & H & H & M & M & M
\end{pmatrix}
\end{array}
$$

$$
= \begin{array}{c} \\ Mf_1 \\ Mf_2 \\ Mf_3 \\ Mf_4 \\ Mf_5 \\ Mf_6 \\ Mf_8 \\ Mf_9 \\ Mf_{10} \\ Mf_{11} \end{array}
\begin{array}{cccc} E_1 & E_2 & E_3 & E_4 \\
(0,0.25,0.5) & (0.5,0.75,1) & (0.25,0.5,0.75) & (0,0.25,0.5) \\
(0,0.25,0.5) & (0.5,0.75,1) & (0.25,0.5,0.75) & (0,0.25,0.5) \\
(0.75,1,1) & (0.25,0.5,0.75) & (0.5,0.75,1) & (0,0.25,0.5) \\
(0,0.25,0.5) & (0.25,0.5,0.75) & (0.25,0.5,0.75) & (0,0.25,0.5) \\
(0,0.25,0.5) & (0,0.25,0.5) & (0,0.25,0.5) & (0,0.25,0.5) \\
(0.75,1,1) & (0.5,0.75,1) & (0.5,0.75,1) & (0.5,0.75,1) \\
(0.5,0.75,1) & (0.25,0.5,0.75) & (0.25,0.5,0.75) & (0.5,0.75,1) \\
(0.75,1,1) & (0.25,0.5,0.75) & (0.5,0.75,1) & (0.5,0.75,1) \\
(0.5,0.75,1) & (0.5,0.75,1) & (0.5,0.75,1) & (0.5,0.75,1) \\
(0.25,0.5,0.75) & (0.25,0.5,0.75) & (0.5,0.75,1) & (0.5,0.75,1)
\end{array}
$$

$$
\begin{array}{ccc} E_5 & E_6 & E_7 \\
(0.25,0.5,0.75) & (0.25,0.5,0.75) & (0.25,0.5,0.75) \\
(0.25,0.5,0.75) & (0.25,0.5,0.75) & (0.25,0.5,0.75) \\
(0.25,0.5,0.75) & (0.25,0.5,0.75) & (0.25,0.5,0.75) \\
(0.25,0.5,0.75) & (0.25,0.5,0.75) & (0,0.25,0.5) \\
(0,0.25,0.5) & (0.25,0.5,0.75) & (0.25,0.5,0.75) \\
(0.5,0.75,1) & (0.75,1,1) & (0.5,0.75,1) \\
(0.5,0.75,1) & (0.5,0.75,1) & (0.5,0.75,1) \\
(0.25,0.5,0.75) & (0.5,0.75,1) & (0.5,0.75,1) \\
(0.25,0.5,0.75) & (0,0.25,0.5) & (0.5,0.75,1) \\
(0.25,0.5,0.75) & (0.25,0.5,0.75) & (0.25,0.5,0.75)
\end{array}
$$

$$
RC_R^{ku} = \begin{array}{c} \\ Rf_1 \\ Rf_2 \end{array}
\begin{pmatrix} E_1 & E_2 & E_3 & E_4 & E_5 & E_6 & E_7 \\
H & H & M & H & M & H & VH \\
H & H & M & H & M & H & VH \end{pmatrix}
$$

$$
= \begin{array}{c} \\ Rf_1 \\ Rf_2 \end{array}
\begin{array}{cccc} E_1 & E_2 & E_3 & E_4 \\
(0.5,0.75,1) & (0.5,0.75,1) & (0.25,0.5,0.75) & (0.5,0.75,1) \\
(0.5,0.75,1) & (0.5,0.75,1) & (0.25,0.5,0.75) & (0.5,0.75,1)
\end{array}
$$

$$
\begin{array}{ccc} E_5 & E_6 & E_7 \\
(0.25,0.5,0.75) & (0.5,0.75,1) & (0.75,1,1) \\
(0.25,0.5,0.75) & (0.25,0.5,0.75) & (0.75,1,1)
\end{array}
$$

$$
RP_T^{kc}=\begin{array}{c} \\ Tf_1\\ Tf_2\\ Tf_3\\ Tf_4\\ Tf_6\\ Tf_7 \end{array}
\begin{array}{c} \begin{array}{ccccccc} E_1 & E_2 & E_3 & E_4 & E_5 & E_6 & E_7 \end{array} \\
\begin{pmatrix}
VL & VL & L & VL & VL & H & VL\\
L & VL & L & L & L & L & L\\
L & VL & VL & L & VL & VL & VL\\
VL & L & VL & L & VL & VL & VL\\
VL & M & VL & L & L & M & VL\\
M & H & H & H & H & M & H
\end{pmatrix}\end{array}
$$

$$
=\begin{array}{c} \\ Tf_1\\ Tf_2\\ Tf_3\\ Tf_4\\ Tf_6\\ Tf_7 \end{array}
\begin{array}{c} \begin{array}{cccc} E_1 & E_2 & E_3 & E_4 \end{array} \\
\left(\begin{array}{cccc}
(0,0,0.25) & (0,0,0.25) & (0,0.25,0.5) & (0,0,0.25)\\
(0,0.25,0.5) & (0,0,0.25) & (0,0.25,0.5) & (0,0.25,0.5)\\
(0,0.25,0.5) & (0,0,0.25) & (0,0,0.25) & (0,0.25,0.5)\\
(0,0,0.25) & (0,0.25,0.5) & (0,0,0.25) & (0,0.25,0.5)\\
(0,0,0.25) & (0.25,0.5,0.75) & (0,0,0.25) & (0,0.25,0.5)\\
(0.25,0.5,0.75) & (0.5,0.75,1) & (0.5,0.75,1) & (0.5,0.75,1)
\end{array}\right.\end{array}
$$

$$
\begin{array}{c} \begin{array}{ccc} E_5 & E_6 & E_7 \end{array} \\
\left.\begin{array}{ccc}
(0,0,0.25) & (0.5,0.75,1) & (0,0,0.25)\\
(0,0.25,0.5) & (0,0.25,0.5) & (0,0.25,0.5)\\
(0,0,0.25) & (0,0,0.25) & (0,0,0.25)\\
(0,0,0.25) & (0,0,0.25) & (0,0,0.25)\\
(0,0.25,0.5) & (0.25,0.5,0.75) & (0,0,0.25)\\
(0.5,0.75,1) & (0.25,0.5,0.75) & (0.5,0.75,1)
\end{array}\right)\end{array}
$$

$$
RP_O^{kc}=\begin{array}{c} \\ Of_1\\ Of_2 \end{array}
\begin{array}{c} \begin{array}{ccccccc} E_1 & E_2 & E_3 & E_4 & E_5 & E_6 & E_7 \end{array} \\
\begin{pmatrix}
VH & H & M & H & H & H & H\\
L & M & L & M & L & VL & L
\end{pmatrix}\end{array}
$$

$$
=\begin{array}{c} \\ Of_1\\ Of_2 \end{array}
\begin{array}{c} \begin{array}{cccc} E_1 & E_2 & E_3 & E_4 \end{array} \\
\left(\begin{array}{cccc}
(0.75,1,1) & (0.5,0.75,1) & (0.25,0.5,0.75) & (0.5,0.75,1)\\
(0,0.25,0.5) & (0.25,0.5,0.75) & (0,0.25,0.5) & (0.25,0.5,0.75)
\end{array}\right.\end{array}
$$

$$
\begin{array}{c} \begin{array}{ccc} E_5 & E_6 & E_7 \end{array} \\
\left.\begin{array}{ccc}
(0.5,0.75,1) & (0.5,0.75,1) & (0.5,0.75,1)\\
(0,0.25,0.5) & (0,0,0.25) & (0,0.25,0.5)
\end{array}\right)\end{array}
$$

$$
RP_M^{kc} = \begin{array}{c} \\ Mf_1 \\ Mf_2 \\ Mf_3 \\ Mf_4 \\ Mf_5 \\ Mf_6 \\ Mf_7 \\ Mf_8 \\ Mf_9 \\ Mf_{10} \\ Mf_{11} \end{array}
\begin{array}{c} \begin{array}{ccccccc} E_1 & E_2 & E_3 & E_4 & E_5 & E_6 & E_7 \end{array} \\
\begin{pmatrix}
H & M & H & M & H & M & VH \\
H & M & M & M & H & M & H \\
H & H & H & H & M & H & VH \\
L & M & H & M & H & H & M \\
H & VH & H & M & H & M & M \\
H & M & L & L & M & L & L \\
VL & VL & VL & VL & L & VL & L \\
M & M & M & M & H & H & H \\
L & M & L & VL & VL & L & L \\
M & L & L & L & M & L & L \\
H & H & H & M & H & M & VH
\end{pmatrix} \end{array}
$$

$$
= \begin{array}{c} \\ Mf_1 \\ Mf_2 \\ Mf_3 \\ Mf_4 \\ Mf_5 \\ Mf_6 \\ Mf_7 \\ Mf_8 \\ Mf_9 \\ Mf_{10} \\ Mf_{11} \end{array}
\left(\begin{array}{cccc}
E_1 & E_2 & E_3 & E_4 \\
(0.5,0.75,1) & (0.25,0.5,0.75) & (0.5,0.75,1) & (0.25,0.5,0.75) \\
(0.5,0.75,1) & (0.25,0.5,0.75) & (0.25,0.5,0.75) & (0.25,0.5,0.75) \\
(0.5,0.75,1) & (0.5,0.75,1) & (0.5,0.75,1) & (0.5,0.75,1) \\
(0,0.25,0.5) & (0.25,0.5,0.75) & (0.25,0.5,0.75) & (0.25,0.5,0.75) \\
(0.5,0.75,1) & (0.75,1,1) & (0.5,0.75,1) & (0.25,0.5,0.75) \\
(0.5,0.75,1) & (0.25,0.5,0.75) & (0,0.25,0.5) & (0,0.25,0.5) \\
(0,0,0.25) & (0,0,0.25) & (0,0,0.25) & (0,0,0.25) \\
(0.25,0.5,0.75) & (0.25,0.5,0.75) & (0.25,0.5,0.75) & (0.25,0.5,0.75) \\
(0,0.25,0.5) & (0.25,0.5,0.75) & (0,0.25,0.5) & (0,0,0.25) \\
(0.25,0.5,0.75) & (0,0.25,0.5) & (0,0.25,0.5) & (0,0.25,0.5) \\
(0.5,0.75,1) & (0.5,0.75,1) & (0.5,0.75,1) & (0.25,0.5,0.75)
\end{array} \right.
$$

$$
\left. \begin{array}{ccc}
E_5 & E_6 & E_7 \\
(0.5,0.75,1) & (0.25,0.5,0.75) & (0.75,1,1) \\
(0.5,0.75,0.1) & (0.25,0.5,0.75) & (0.5,0.75,1) \\
(0.25,0.5,0.75) & (0.5,0.75,1) & (0.75,1,1) \\
(0.5,0.75,1) & (0.5,0.75,1) & (0.25,0.5,0.75) \\
(0.5,0.75,1) & (0.25,0.5,0.75) & (0.25,0.5,0.75) \\
(0.25,0.5,0.75) & (0,0.25,0.5) & (0,0.25,0.5) \\
(0,0.25,0.5) & (0,0,0.25) & (0,0.25,0.5) \\
(0.5,0.75,1) & (0.5,0.75,1) & (0.5,0.75,1) \\
(0,0,0.25) & (0,0.25,0.5) & (0,0.25,0.5) \\
(0.25,0.5,0.75) & (0,0.25,0.5) & (0,0.25,0.5) \\
(0.5,0.75,1) & (0.25,0.5,0.75) & (0.75,1,1)
\end{array} \right)
$$

$$
RC_T^{kc}=\begin{array}{c}\\ Tf_1\\ Tf_2\\ Tf_3\\ Tf_4\\ Tf_6\\ Tf_7\end{array}
\begin{array}{c}
\begin{array}{ccccccc} E_1 & E_2 & E_3 & E_4 & E_5 & E_6 & E_7 \end{array}\\
\begin{pmatrix}
VH & VH & H & VH & H & H & VH\\
L & M & H & M & M & L & M\\
M & H & M & H & H & H & H\\
M & H & M & H & H & H & VH\\
M & M & M & M & L & L & M\\
M & H & M & H & H & H & H
\end{pmatrix}
\end{array}
$$

$$
=\begin{array}{c}\\ Tf_1\\ Tf_2\\ Tf_3\\ Tf_4\\ Tf_6\\ Tf_7\end{array}
\left(\begin{array}{cccc}
E_1 & E_2 & E_3 & E_4\\
(0.75,1,1) & (0.75,1,1) & (0.5,0.75,1) & (0.75,1,1)\\
(0,0.25,0.5) & (0.25,0.5,0.75) & (0.5,0.75,1) & (0.25,0.5,0.75)\\
(0.25,0.5,0.75) & (0.5,0.75,1) & (0.25,0.5,0.75) & (0.5,0.75,1)\\
(0.25,0.5,0.75) & (0.5,0.75,1) & (0.25,0.5,0.75) & (0.5,0.75,1)\\
(0.25,0.5,0.75) & (0.25,0.5,0.75) & (0.25,0.5,0.75) & (0.25,0.5,0.75)\\
(0.25,0.5,0.75) & (0.5,0.75,1) & (0.25,0.5,0.75) & (0.5,0.75,1)
\end{array}\right.
$$

$$
\left.\begin{array}{ccc}
E_5 & E_6 & E_7\\
(0.5,0.75,1) & (0.5,0.75,1) & (0.75,1,1)\\
(0.25,0.5,0.75) & (0,0.25,0.5) & (0.25,0.5,0.75)\\
(0.5,0.75,1) & (0.5,0.75,1) & (0.5,0.75,1)\\
(0.5,0.75,1) & (0.5,0.75,1) & (0.75,1,1)\\
(0,0.25,0.5) & (0,0.25,0.5) & (0.25,0.5,0.75)\\
(0.5,0.75,1) & (0.5,0.75,1) & (0.5,0.75,1)
\end{array}\right)
$$

$$
RC_O^{kc}=\begin{array}{c}\\ Of_1\\ Of_2\end{array}
\begin{array}{c}
\begin{array}{ccccccc} E_1 & E_2 & E_3 & E_4 & E_5 & E_6 & E_7 \end{array}\\
\begin{pmatrix}
VH & H & M & H & VH & H & H\\
VH & VH & H & VH & VH & H & VH
\end{pmatrix}
\end{array}
$$

$$
=\begin{array}{c}\\ Of_1\\ Of_2\end{array}
\left(\begin{array}{cccc}
E_1 & E_2 & E_3 & E_4\\
(0.75,1,1) & (0.5,0.75,1) & (0.25,0.5,0.75) & (0.5,0.75,1)\\
(0.75,1,1) & (0.75,1,1) & (0.5,0.75,1) & (0.75,1,1)
\end{array}\right.
$$

$$
\left.\begin{array}{ccc}
E_5 & E_6 & E_7\\
(0.75,1,1) & (0.5,0.75,1) & (0.5,0.75,1)\\
(0.75,1,1) & (0.5,0.75,1) & (0.75,1,1)
\end{array}\right)
$$

$$
RC_M^{kc}=\begin{array}{c}\\ Mf_1\\ Mf_2\\ Mf_3\\ Mf_4\\ Mf_5\\ Mf_6\\ Mf_7\\ Mf_8\\ Mf_9\\ Mf_{10}\\ Mf_{11}\end{array}
\begin{array}{c}
\begin{array}{ccccccc} E_1 & E_2 & E_3 & E_4 & E_5 & E_6 & E_7 \end{array}\\
\left(\begin{array}{ccccccc}
M & M & VH & M & H & H & M\\
M & M & H & M & H & H & H\\
M & H & M & H & H & H & VH\\
M & M & H & M & M & H & M\\
L & M & M & M & M & H & M\\
VH & H & H & H & H & H & VH\\
VH & H & H & VH & VH & VH & VH\\
H & M & H & H & H & H & VH\\
VH & VH & H & VH & H & H & VH\\
H & H & M & H & M & H & H\\
H & M & H & H & M & H & H
\end{array}\right)
\end{array}
$$

$$
=\begin{array}{c} Mf_1\\ Mf_2\\ Mf_3\\ Mf_4\\ Mf_5\\ Mf_6\\ Mf_7\\ Mf_8\\ Mf_9\\ Mf_{10}\\ Mf_{11}\end{array}
\left(\begin{array}{ccccccc}
E_1 & E_2 & E_3 & E_4 & E_5 & E_6 & E_7\\
(0.25,0.5,0.75) & (0.25,0.5,0.75) & (0.75,1,1) & (0.25,0.5,0.75) & (0.5,0.75,1) & (0.5,0.75,1) & (0.25,0.5,0.75)\\
(0.25,0.5,0.75) & (0.25,0.5,0.75) & (0.5,0.75,1) & (0.25,0.5,0.75) & (0.5,0.75,1) & (0.5,0.75,1) & (0.5,0.75,1)\\
(0.25,0.5,0.75) & (0.5,0.75,1) & (0.25,0.5,0.75) & (0.5,0.75,1) & (0.5,0.75,1) & (0.5,0.75,1) & (0.75,1,1)\\
(0.25,0.5,0.75) & (0.25,0.5,0.75) & (0.5,0.75,1) & (0.25,0.5,0.75) & (0.25,0.5,0.75) & (0.5,0.75,1) & (0.25,0.5,0.75)\\
(0,0.25,0.5) & (0.25,0.5,0.75) & (0.25,0.5,0.75) & (0.25,0.5,0.75) & (0.25,0.5,0.75) & (0.5,0.75,1) & (0.25,0.5,0.75)\\
(0.75,1,1) & (0.5,0.75,1) & (0.5,0.75,1) & (0.5,0.75,1) & (0.5,0.75,1) & (0.5,0.75,1) & (0.75,1,1)\\
(0.75,1,1) & (0.5,0.75,1) & (0.5,0.75,1) & (0.75,1,1) & (0.75,1,1) & (0.75,1,1) & (0.75,1,1)\\
(0.5,0.75,1) & (0.25,0.5,0.75) & (0.5,0.75,1) & (0.5,0.75,1) & (0.5,0.75,1) & (0.5,0.75,1) & (0.75,1,1)\\
(0.75,1,1) & (0.75,1,1) & (0.5,0.75,1) & (0.75,1,1) & (0.5,0.75,1) & (0.5,0.75,1) & (0.75,1,1)\\
(0.5,0.75,1) & (0.5,0.75,1) & (0.25,0.5,0.75) & (0.5,0.75,1) & (0.25,0.5,0.75) & (0.5,0.75,1) & (0.5,0.75,1)\\
(0.5,0.75,1) & (0.25,0.5,0.75) & (0.5,0.75,1) & (0.5,0.75,1) & (0.25,0.5,0.75) & (0.5,0.75,1) & (0.5,0.75,1)
\end{array}\right)
$$

$$RP_R^{kr}=Rf_1\begin{pmatrix}\overset{E_1}{M} & \overset{E_2}{H} & \overset{E_3}{H} & \overset{E_4}{H} & \overset{E_5}{H} & \overset{E_6}{H} & \overset{E_7}{VH}\end{pmatrix}$$

$$=Rf_1\Big(\overset{E_1}{(0.25,0.5,0.75)}\ \overset{E_2}{(0.5,0.75,1)}\ \overset{E_3}{(0.5,0.75,1)}\ \overset{E_4}{(0.5,0.75,1)}\ \overset{E_5}{(0.5,0.75,1)}\ \overset{E_6}{(0.5,0.75,1)}\ \overset{E_7}{(0.75,1,1)}\Big)$$

$$RP_R^{ka}=Rf_2\begin{pmatrix}\overset{E_1}{H} & \overset{E_2}{H} & \overset{E_3}{M} & \overset{E_4}{H} & \overset{E_5}{H} & \overset{E_6}{H} & \overset{E_7}{VH}\end{pmatrix}$$

$$=Rf_2\Big(\overset{E_1}{(0.5,0.75,1)}\ \overset{E_2}{(0.5,0.75,1)}\ \overset{E_3}{(0.25,0.5,0.75)}\ \overset{E_4}{(0.5,0.75,1)}\ \overset{E_5}{(0.5,0.75,1)}\ \overset{E_6}{(0.5,0.75,1)}\ \overset{E_7}{(0.75,1,1)}\Big)$$

$$RC_R^{kr}=Rf_1\begin{pmatrix}\overset{E_1}{H} & \overset{E_2}{H} & \overset{E_3}{M} & \overset{E_4}{M} & \overset{E_5}{H} & \overset{E_6}{H} & \overset{E_7}{VH}\end{pmatrix}$$

$$=Rf_1\Big(\overset{E_1}{(0.5,0.75,1)}\ \overset{E_2}{(0.5,0.75,1)}\ \overset{E_3}{(0.25,0.5,0.75)}\ \overset{E_4}{(0.25,0.5,0.75)}\ \overset{E_5}{(0.5,0.75,1)}\ \overset{E_6}{(0.5,0.75,1)}\ \overset{E_7}{(0.75,1,1)}\Big)$$

$$RC_R^{ka}=Rf_2\begin{pmatrix}\overset{E_1}{H} & \overset{E_2}{H} & \overset{E_3}{M} & \overset{E_4}{M} & \overset{E_5}{H} & \overset{E_6}{H} & \overset{E_7}{H}\end{pmatrix}$$

$$=Rf_2\Big(\overset{E_1}{(0.5,0.75,1)}\ \overset{E_2}{(0.5,0.75,1)}\ \overset{E_3}{(0.25,0.5,0.75)}\ \overset{E_4}{(0.25,0.5,0.75)}\ \overset{E_5}{(0.5,0.75,1)}\ \overset{E_6}{(0.5,0.75,1)}\ \overset{E_7}{(0.5,0.75,1)}\Big)$$

4.2.4 模糊评价集结

为充分发挥不同领域专家的强项知识对风险评价总体有效性的贡献，本书根据专家知识背景，对不同维度风险因素设置不同的专家权重。以 1 位互联网技术专家、2 位内部控制专家、4 位互联网报告专家为序，7 位专家对各维度风险因素评价的权重设定如下：

技术维度 $W_1=(0.18,0.13,0.13,0.14,0.14,0.14,0.14)$

管理维度 $W_2=(0.12,0.16,0.16,0.14,0.14,0.14,0.14)$

机会主义维度 $W_3=(0.12,0.14,0.14,0.15,0.15,0.15,0.15)$

监控维度 $W_4=(0.12,0.14,0.14,0.15,0.15,0.15,0.15)$

根据公式（4-3）和公式（4-4）模糊评价集结 7 位专家对各风险因素的评价，可得到群体评价结果三角模糊数。本书以 RP_T^u、RP_O^u、RP_M^u、RP_R^u 和 RC_T^u、RC_O^u、RC_M^u 和 RC_R^u 表示专家对技术、机会主义、管理、监控维度风险因素引发的风险事件对信息使用者所造成风险后果发生的可能性及其严重性评价的群体评价结果三角模糊数向量，类似地，以 RP_T^c、RP_O^c、RP_M^c 和 RC_T^c、RC_O^c、RC_M^c 表示专家对技术、机会主义和管理维度风险因素引发的风险事件对公司所造成风险后果发生的可能性及其严重性评价的群体评价结果三角模糊数向量，以 RP_R^r、RP_R^a 和 RC_R^r、RC_R^a 表示专家对监控维度风险因素引发的风险事件对监管机构和审计执业界所造成风险后果发生的可能性及其严重性评价的群体评价结果三角模糊数向量。上述群体评价结果三角模糊数向量见表 4-4。

表 4-4　群体评价结果三角模糊数

风险因素	信息使用者 RP_T^u	信息使用者 RC_T^u	风险因素	公司 RP_T^c	公司 RC_T^c
Tf_1	(0.07,0.1375,0.3875)	(0.42,0.67,0.8875)	Tf_1	(0.07,0.1375,0.3875)	(0.6475,0.8975,1)
Tf_2	(0.0325,0.25,0.5)	(0.0675,0.3175,0.5675)	Tf_2	(0,0.2175,0.4675)	(0.2025,0.4525,0.7025)
Tf_3	(0,0.08,0.33)	(0.43,0.68,0.8975)	Tf_3	(0,0.08,0.33)	(0.4225,0.6725,0.9225)
Tf_4	(0,0.1025,0.3525)	(0.465,0.715,0.9325)	Tf_4	(0,0.0675,0.3175)	(0.4575,0.7075,0.9225)
Tf_5	(0,0,0.25)	(0.035,0.2525,0.5025)	Tf_6	(0.0675,0.205,0.455)	(0.18,0.43,0.68)
Tf_6	(0.1025,0.275,0.525)	(0.19,0.44,0.69)	Tf_7	(0.42,0.67,0.92)	(0.4225,0.6725,0.9225)
Tf_7	(0.1025,0.3525,0.6025)	(0.3975,0.6475,0.8975)		RP_O^c	RC_O^c
	RP_O^u	RC_O^u	Of_1	(0.495,0.745,0.965)	(0.5325,0.7825,0.965)
Of_1	(0.53,0.78,1)	(0.5325,0.7825,0.965)	Of_2	(0.0725,0.285,0.535)	(0.6775,0.9275,1)
Of_2	(0.1075,0.32,0.57)	(0.675,0.925,1)		RP_M^c	RC_M^c
	RP_M^u	RC_M^u	Mf_1	(0.425,0.675,0.89)	(0.4,0.65,0.86)
Mf_1	(0.425,0.675,0.89)	(0.225,0.475,0.725)	Mf_2	(0.35,0.6,0.85)	(0.395,0.645,0.895)
Mf_2	(0.35,0.6,0.85)	(0.225,0.475,0.725)	Mf_3	(0.5,0.75,0.965)	(0.465,0.715,0.93)
Mf_3	(0.5,0.75,0.965)	(0.315,0.565,0.785)	Mf_4	(0.33,0.58,0.83)	(0.325,0.575,0.825)
Mf_4	(0.33,0.58,0.83)	(0.15,0.4,0.65)	Mf_5	(0.435,0.685,0.895)	(0.255,0.505,0.755)

续表

风险因素	信息使用者 RP_T^u	信息使用者 RC_T^u	风险因素	公司 RP_T^c	公司 RC_T^c
Mf_5	(0.435,0.685,0.895)	(0.07,0.32,0.57)	Mf_6	(0.135,0.385,0.635)	(0.565,0.815,1)
Mf_6	(0.175,0.425,0.675)	(0.565,0.815,1)	Mf_7	(0,0.07,0.32)	(0.67,0.92,1)
Mf_8	(0.395,0.645,0.895)	(0.42,0.67,0.92)	Mf_8	(0.355,0.605,0.855)	(0.495,0.745,0.96)
Mf_9	(0.04,0.15,0.4)	(0.455,0.705,0.925)	Mf_9	(0.04,0.22,0.47)	(0.64,0.89,1)
Mf_{10}	(0.095,0.345,0.595)	(0.395,0.645,0.895)	Mf_{10}	(0.065,0.315,0.565)	(0.425,0.675,0.925)
Mf_{11}	(0.465,0.715,0.93)	(0.325,0.575,0.825)	Mf_{11}	(0.465,0.715,0.93)	(0.425,0.675,0.925)
	RP_R^u	RC_R^u			
Rf_1	(0.5425,0.7925,0.97)	(0.465,0.715,0.9275)			
Rf_2	(0.5725,0.8225,1)	(0.4275,0.6775,0.89)			
	监管机构 RP_R^r	监管机构 RC_R^r		审计执业界 RP_R^a	审计执业界 RC_R^a
Rf_1	(0.5075,0.7575,0.97)	(0.465,0.715,0.9275)	Rf_2	(0.5025,0.7525,0.965)	(0.4275,0.6775,0.9275)

4.2.5 发生可能性与严重性权重的确定

7位专家对风险分析问卷中严重性相对于发生可能性重要性的评价构成本书权重设定的基础。美国运筹学家萨迪(Saaty)提出的层次分析法(AHP)是一种常用的权重设定方法,AHP法通过将一个复杂问题分解为多个组成因素,构造两两比较矩阵量化决策者的经验判断。因此,本书运用层次分析法确定发生可能性和严重性的权重,步骤如下:

(1)建立两两比较矩阵。

以 B_1 代表严重性,B_2 代表发生可能性,以 $k=1,2,\cdots,7$ 代表风险评价专家组成员的代号,各位专家对两指标相对重要性的判断以 b_{12}^k 表示,本书运用算术平均算子综合7位专家的判断,则 $b_{12}=\sum_{K=1}^{7}b_{12}^k/7$,而 $b_{21}=\sum_{K=1}^{7}b_{21}^k/7$。

根据问卷数据,5位专家认为严重性比发生可能性稍微重要,1位认为明显重要,1位认为同等重要,经算术平均综合专家判断,得到的两两比较矩阵如下:

$$\begin{array}{cc} & \begin{array}{cc} B_1 & \quad B_2 \end{array} \\ B = \begin{array}{c} B_1 \\ B_2 \end{array} & \begin{pmatrix} 1 & 3 \\ 0.4095 & 1 \end{pmatrix} \end{array}$$

（2）将两两比较矩阵 B 的每一列归一化。

$\tilde{b}_{ij} = b_{ij} / \sum_{K=1}^{2} b_{kj} (i,j = 1,2)$，从而将两两比较矩阵 B 转化为 $\tilde{B} = \begin{pmatrix} 0.7095 & 0.75 \\ 0.2905 & 0.25 \end{pmatrix}$。

（3）对 $\tilde{B}$ 按行求和。

$\bar{W}_i = \sum_{j=1}^{2} \tilde{b}_{ij} \quad (i,j = 1,2)$，得向量 $\bar{W} = (1.4595, 0.5405)^T$。

（4）将向量 $\bar{W}$ 归一化。

$$W_i = \frac{\bar{W}_i}{\sum_{j=1}^{2} \bar{W}_j} \quad (i = 1,2), W = (W_1, W_2)^T = (0.7298, 0.2702)^T$$

W 即为所求的特征向量。

由于仅涉及两个因素的比较，2 阶比较矩阵总是完全一致的，不存在一致性问题，不必进行一致性检验。由此，严重性的权重设定为 0.7298，发生可能性的权重为 0.2702。

4.2.6　计算风险强度

运用公式（4－5）为包括信息使用者、公司、监管机构及审计执业界在内的公司互联网报告供应链上利益相关各方计算各相关风险因素的风险强度，本书以 RI_T^u、RI_O^u、RI_M^u 和 RI_R^u 表示技术、机会主义、管理和监控维度风险因素对信息使用者的风险强度三角模糊数向量，以 RI_T^c、RI_O^c 和 RI_M^c 表示技术、机会主义和管理维度风险因素对公司的风险强度三角模糊数向量，以 RI_R^r 和 RI_R^a 表示监控维度风险因素对监管机构和审计执业界的风险强度三角模糊数向量。上述风险强度三角模糊数向量见表 4－5。

表 4-5　　风险强度三角模糊数

风险因素	信息使用者 RI_T^u	风险因素	公司 RI_T^c
Tf_1	(0.32543, 0.5261185, 0.7524)	Tf_1	(0.49146, 0.692148, 0.834503)
Tf_2	(0.058043, 0.2992615, 0.549262)	Tf_2	(0.147785, 0.389003, 0.639003)
Tf_3	(0.313814, 0.51788, 0.744162)	Tf_3	(0.308341, 0.5124065, 0.762407)
Tf_4	(0.339357, 0.5495025, 0.775784)	Tf_4	(0.333884, 0.534572, 0.759029)
Tf_5	(0.025543, 0.1842745, 0.434275)	Tf_6	(0.149603, 0.369205, 0.619205)
Tf_6	(0.166358, 0.395417, 0.645417)	Tf_7	(0.421825, 0.6718245, 0.921825)
Tf_7	(0.317791, 0.567791, 0.817791)		RI_O^c
	RI_O^u	Of_1	(0.522368, 0.7723675, 0.965)
Of_1	(0.531825, 0.7818245, 0.974457)	Of_2	(0.514029, 0.7538965, 0.874357)
Of_2	(0.521662, 0.761529, 0.883814)		RI_M^c
	RI_M^u	Mf_1	(0.406755, 0.656755, 0.868106)
Mf_1	(0.27904, 0.52904, 0.769583)	Mf_2	(0.382841, 0.632841, 0.882841)
Mf_2	(0.258775, 0.508775, 0.758775)	Mf_3	(0.474457, 0.724457, 0.939457)
Mf_3	(0.364987, 0.614987, 0.833636)	Mf_4	(0.326351, 0.576351, 0.826351)
Mf_4	(0.198636, 0.448636, 0.698636)	Mf_5	(0.303636, 0.553636, 0.792828)
Mf_5	(0.168623, 0.418623, 0.657815)	Mf_6	(0.448814, 0.698814, 0.901377)
Mf_6	(0.459622, 0.709622, 0.912185)	Mf_7	(0.488966, 0.69033, 0.816264)
Mf_8	(0.413245, 0.663245, 0.913245)	Mf_8	(0.457172, 0.707172, 0.931629)
Mf_9	(0.342867, 0.555039, 0.783145)	Mf_9	(0.47788, 0.708966, 0.856794)
Mf_{10}	(0.31394, 0.56394, 0.81394)	Mf_{10}	(0.327728, 0.577728, 0.827728)
Mf_{11}	(0.362828, 0.612828, 0.853371)	Mf_{11}	(0.435808, 0.685808, 0.926351)
	RI_R^u		
Rf_1	(0.485941, 0.7359405, 0.938984)		
Rf_2	(0.466679, 0.716679, 0.919722)		
	监管机构 RI_R^r		审计执业界 RI_R^a
Rf_1	(0.476484, 0.7264835, 0.938984)	Rf_2	(0.447765, 0.697765, 0.937633)

4.2.7　去模糊化

依据公式（4-6）将表 4-5 中的各风险强度三角模糊数去模糊化以计算风险强度值。由于在风险评价会上，向专家组提供了较充分的实证证据，经与专家讨论，决定 α 取值 0.6，认为专家决策支持信息较为充分，决策环境的不确定性程度较低；同时，λ 取值 0.5，表明专家决策时心境平稳、客观。本书以 $RI_T^{u\alpha\lambda}$、$RI_O^{u\alpha\lambda}$、$RI_M^{u\alpha\lambda}$ 和 $RI_R^{u\alpha\lambda}$ 表示技术、机会主义、管理和监控维度风险因素对信息使用者的风险强度值向量，以 $RI_T^{c\alpha\lambda}$、$RI_O^{c\alpha\lambda}$ 和 $RI_M^{c\alpha\lambda}$ 表示技术、机会主义和管理维度风险因素对公司的风险强度值向量，以 $RI_R^{r\alpha\lambda}$ 和 $RI_R^{a\alpha\lambda}$ 表示监控维度风险因素对监管机构和审计执业界的风险强度值向量。各利益相关方的风险因素去模糊化后的风险强度值见表 4－6，本书同时根据风险强度值由高到低以序号的形式为各利益相关方标出依次应当予以关注的风险因素。

表 4－6　　去模糊化后的风险强度值

风险因素	信息使用者 $RI_T^{u\alpha\lambda}$	序号	风险因素	公司 $RI_T^{c\alpha\lambda}$	序号
Tf_1	0.531237	⑬	Tf_1	0.680481	⑧
Tf_2	0.301018	⑳	Tf_2	0.390759	⑱
Tf_3	0.522323	⑮	Tf_3	0.521593	⑰
Tf_4	0.55273	⑫	Tf_4	0.539326	⑯
Tf_5	0.202528	㉑	Tf_6	0.375285	⑲
Tf_6	0.399605	⑲	Tf_7	0.671825	⑩
Tf_7	0.567791	⑨		$RI_O^{c\alpha\lambda}$	
	$RI_O^{u\alpha\lambda}$		Of_1	0.760894	①
Of_1	0.770351	①	Of_2	0.730015	②
Of_2	0.738013	②		$RI_M^{c\alpha\lambda}$	
	$RI_M^{u\alpha\lambda}$		Mf_1	0.649025	⑪
Mf_1	0.527149	⑭	Mf_2	0.632841	⑫
Mf_2	0.508775	⑯	Mf_3	0.717457	③
Mf_3	0.608717	⑧	Mf_4	0.576351	⑭
Mf_4	0.448636	⑰	Mf_5	0.551474	⑮
Mf_5	0.416461	⑱	Mf_6	0.689327	⑥
Mf_6	0.700135	⑤	Mf_7	0.675244	⑨
Mf_8	0.663245	⑥	Mf_8	0.702063	④
Mf_9	0.558226	⑪	Mf_9	0.692314	⑤
Mf_{10}	0.56394	⑩	Mf_{10}	0.577728	⑬
Mf_{11}	0.610937	⑦	Mf_{11}	0.683917	⑦
	$RI_R^{u\alpha\lambda}$				
Rf_1	0.726549	③			
Rf_2	0.707288	④			
	监管机构 $RI_R^{r\alpha\lambda}$			审计执业界 $RI_R^{a\alpha\lambda}$	
Rf_1	0.718984	①	Rf_2	0.695739	①

4.3 公司互联网报告风险矩阵图的绘制

上一节，本书邀请专家对第2章提出的4个维度22个风险因素引发的风险事件对各利益相关方所造成风险后果发生的可能性及严重性进行语言评价，而后运用基于语言变量的模糊风险评价方法，为各利益相关方计算了各风险因素的风险强度值，并依据风险强度值为各利益相关方指出了应当依次予以关注的风险因素。显然，各风险因素的风险强度值及其排序对于各利益相关方防范相关风险，制定风险治理决策具有重要意义。

然而，单一的风险强度值仅适用于对风险因素的排序，仅依据该值尚难以做到直观且全面地评价各项风险因素。例如，对公司而言，技术风险因素1的风险强度值是0.680481，该风险因素的风险水平究竟是“高”还是“低”？此外，七名专家对各风险因素均作出了各自的语言评价，且常存在意见不尽一致的情况。那么，究竟专家们对各风险因素引发的风险事件所导致风险后果发生的可能性及严重性评价的综合结果如何？是“高”还是“低”？本节将首先运用语言近似技术（linguistic approximation technique），对专家群体评价结果进行语言近似，而后绘制风险矩阵图对公司互联网报告的风险进行直观的展示，以对上一节的研究成果形成有益的补充，从而有利于各方更好地把握各相关风险因素的特征及其影响。

4.3.1 语言近似技术

上一节，本书通过运用模糊评价集结的方法获得了专家对发生可能性和严重性的群体评价结果三角模糊数（见表4-4），并为各利益相关方计算了各风险因素的风险强度三角模糊数（见表4-5）。为绘制风险矩阵图，须首先将上述三角模糊数转换成相应的语言短语，该过程称为语言近似，语言近似的意义在于以通俗易懂的自然语言直观地给出多名专家的群体评价结果，有利于各方更好地理解风险评价的最终成果。

语言近似技术通常包括三类：最佳拟合（best fit）、持续逼近（successive approximation）和分段分解（piecewise decomposition）（Schmucker，1984）。其中，运用欧氏距离（euclidean distance）的最佳拟合技术因计算

的简便性，最为常用。最佳拟合技术首先计算特定三角模糊数与各预先定义的语言短语相应的三角模糊数间的欧氏距离，而后将与其欧氏距离最短的语言短语作为该三角模糊数的语言近似。例如，某三角模糊数 X 与语言短语“非常低”的三角模糊数（0，0，0.25）的欧氏距离为0.40，与“低”（0，0.25，0.5）的欧氏距离是0.08，与“中等”（0.25，0.5，0.75）的欧氏距离是0.35，与“高”（0.5，0.75，1）的欧氏距离是0.78，与“非常高”（0.75，1，1）的欧氏距离是1.05，则由于其与语言短语“低”的欧氏距离最短，其语言近似应为“低”。两个三角模糊数欧氏距离的计算公式如下：

设 $X=(X_l,X_m,X_u)$，$A=(A_l,A_m,A_u)$，是两个三角模糊数，则 X 与 A 的欧氏距离：

$$d(X,A)=\{(X_l-A_l)^2+(X_m-A_m)^2+(X_u-A_u)^2\}^{1/2} \qquad (4-7)$$

依据公式（4－7），将上一节表 4－4 所列的发生可能性和严重性群体评价结果三角模糊数及表 4－5 的风险强度三角模糊数予以语言近似，从而获得以自然语言表达的各风险因素引发的风险事件所造成风险后果的发生可能性、严重性及其风险强度。

4.3.2　绘制风险矩阵图

风险矩阵图（risk matrix），是通过将已识别的风险因素按照其引发的风险事件所导致风险后果发生的可能性和严重性两个参量，作为一个直角坐标平面上的两个维度绘制，以实现对风险的定性分析的技术。1995 年 4 月，美国空军电子系统中心（Electronic Systems Center）的采办工程小组最早提出了风险矩阵图。此后，风险矩阵图被大量应用于美国军方武器系统研制项目的风险分析，并逐渐推广应用到其他风险管理领域。

本书风险矩阵图的绘制步骤如下：（1）为信息使用者和公司①分别建立以发生可能性和严重性等级为两个维度的直角坐标平面。其中，横向表示发生可能性，纵向表示严重性，二者均由五粒度语言短语（“非常低”“低”“中等”“高”“非常高”）构成。（2）运用最佳拟合语言近似技术将表 4－4 所列的发生可能性和严重性群体评价结果三角模糊数以及表 4－5 的风险强

① 由于监管机构和审计执业界均仅涉及一项风险因素，因此，不必为其绘制风险矩阵图。

度三角模糊数语言近似为相应的语言短语。（3）在直角坐标平面上寻找各风险因素的发生可能性和严重性语言短语所交汇的方格，于该方格填写风险因素的代码，并同时将该方格以风险强度语言短语所对应的颜色（非常高：红；高：橙；中等：黄；低：蓝；非常低：绿）填充。（4）在与信息使用者或公司相关的所有风险因素均在直角坐标平面定位并填充颜色后，观察尚未填充颜色的直角坐标平面方格，对其相应的发生可能性和严重性等级所对应的三角模糊数，运用公式（4－5）计算风险强度三角模糊数（权重仍使用上一节确定的权重值），再运用最佳拟合语言近似技术将该三角模糊数转换为相应的风险强度语言短语，从而依据该语言短语对方格进行对应颜色的填充。例如，发生可能性“中等”对应的三角模糊数为（0.25，0.5，0.75），严重性“高”对应的三角模糊数为（0.5，0.75，1），运用公式（4－5）计算得到的三角模糊数为（0.43245，0.68245，0.93245），运用最佳拟合的语言近似技术对其进行语言近似后的语言短语为“高”，即可确定发生可能性“中等”且严重性“高”所对应的风险强度为“高”，应以橙色填充，如此完成对直角坐标平面上所有方格的颜色填充，并完成风险矩阵图的绘制（见图4－2和图4－3）。

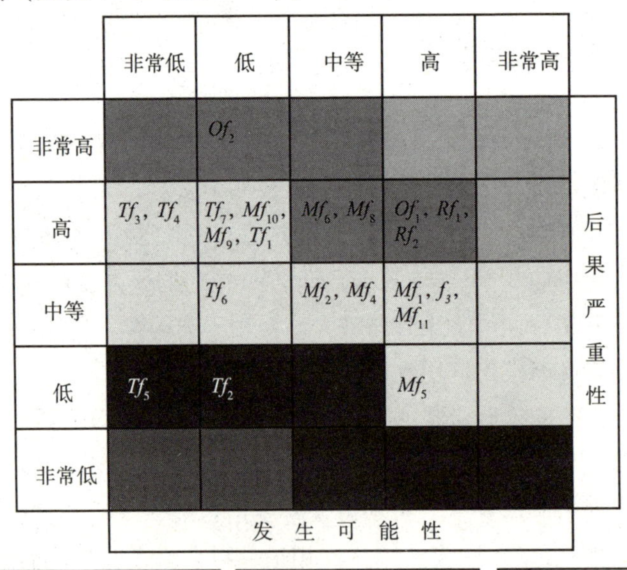

图4－2 信息使用者风险矩阵

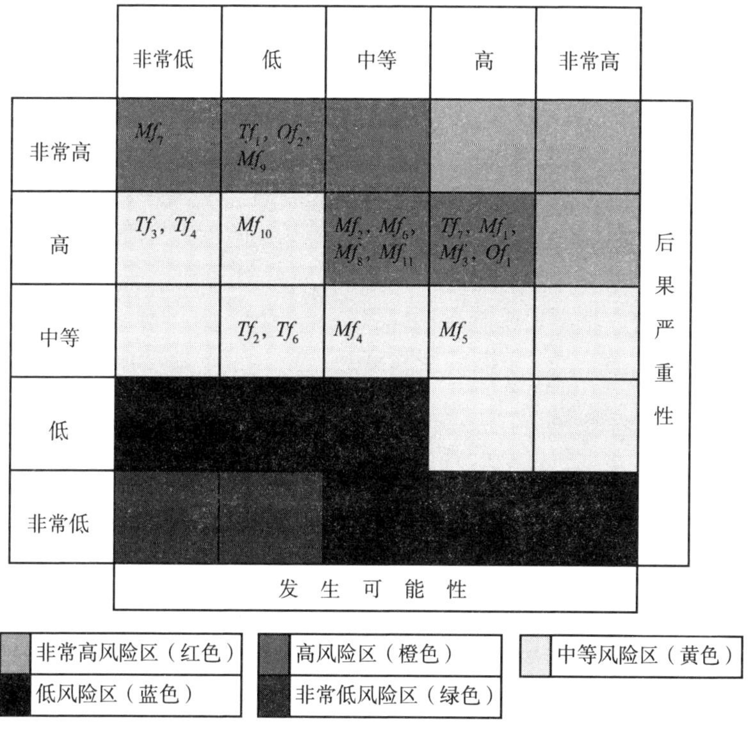

图 4－3　公司风险矩阵

4.4　关键风险因素和主要风险的确定

关键风险因素指风险强度属于“非常高”或“高”等级，应当对其采取措施予以积极治理的风险因素。主要风险是由关键风险因素所引发的风险。本章第 2 节基于语言变量的模糊风险评价为公司互联网报告供应链上各方计算了各相关风险因素的风险强度值并进行了排序，本章第 3 节所绘的风险矩阵图将公司互联网报告供应链上最重要的两个参与方——信息使用者和公司面临的各项风险因素，按照其引发的风险事件所导致风险后果发生的可能性及严重性两个维度在风险矩阵图中定位，直观地展示了各项风险因素风险强度的高低等级。由于监管机构和审计执业界均仅面临一项风险因素，且计算得到的风险强度值均较高，二者应当予以关注并着手应对的关键风险因素和主要风险即可确定。本节将综合风险强度值表及风险矩阵图为信息使用者和公司确定应依次予以重点关注的关键风险因素并进行必要的分析。

4.4.1 信息使用者的关键风险因素和主要风险

由去模糊化后的风险强度值表（见表4－6）及信息使用者风险矩阵图（见图4－2）可见，信息使用者在参与公司互联网报告实践的过程中，应当予以重点关注的关键风险因素包括所有风险强度属于“非常高”或“高”等级的风险因素。依据风险强度值由高到低排序，其关键风险因素依次为：机会主义风险因素1——选择性信息披露；机会主义风险因素2——虚假信息披露；监控风险因素1——缺乏有效的监管机制；监控风险因素2——缺乏有效的第三方鉴证机制；管理风险因素6——内容创建机制设计和运行失当；管理风险因素8——诉讼风险防范机制设计和运行失当。

以下，本书结合风险评价专家组的主要意见，对上述关键风险因素展开分析。

迄今，世界各国监管机构对公司互联网报告行为主要持鼓励但不强制要求的态度，除有少数国家的监管机构要求公司在其网站上披露部分公司治理信息及年度报告外，公司通过互联网报告披露自身经营、财务等各方面信息属于自愿信息披露行为。专家们认为，公司进行互联网报告通常意在向外界传递其高质量的信号，描绘自身正面投资形象，希望信息使用者对公司产生良好印象，并吸引外界资金的投入。因此，公司通常不具备主动报告坏消息的动机，甚至存在机会主义互联网报告行为倾向。由于有效监管的缺失，当前条件下的公司互联网报告可能大量存在强调正面信息，隐瞒或淡化负面信息的选择性信息披露行为，报告内容将主要呈现“一派繁荣”的景象，这与信息披露的客观性、公允性要求相矛盾。选择性信息披露行为具有隐蔽性，不易觉察，且倘若有效监管长期缺位，选择性信息披露行为将长期存在。将互联网作为主要信息来源的信息使用者，如不从其他渠道如传统信息披露渠道获取信息以对公司的互联网报告信息予以甄别，将可能受到互联网报告所传递的公司经营及财务状况良好信号的误导，对公司投资价值作出错误判断。因此，选择性信息披露是信息使用者在利用公司互联网报告信息过程中应当予以重点防范的最为关键的风险因素。当前条件下，信息使用者应当对公司互联网报告信息持谨慎态度并作出审慎的判断。例如，在将互联网报告信息与其他渠道获得的信息相互印证后予以判断，避免片面信赖公司互联网报告的信息。

互联网报告的兴起仅是为公司的自愿信息披露提供了先进技术手段，诸如委托代理、信息不对称和公司治理缺陷等导致虚假信息披露的本源问题并不会因新兴技术的崛起而削减，虚假信息不可能在公司互联网报告行为中杜绝。然而，专家们认为，尽管有效监管缺失，但由于类推监管的约束力，公司互联网报告中出现虚假信息披露行为的可能性仍是低的，虚假信息并不至于在互联网报告中大量出现。但虚假信息通常是报告主体出于自利动机有意而为之，通过宣扬虚假信息误导信息使用者对公司的判断，使其做出有利于公司的决策，其之欺骗性和危害性非常高。因此，虚假信息披露是信息使用者在利用公司互联网报告信息过程中应当予以重点防范的关键风险因素，信息使用者应当保持高度警惕，对公司互联网报告的信息有必要持合理怀疑态度，在利用其制定决策之前进行审慎地甄别，避免产生过度信赖心理，并在必要情况下，运用法律手段等保护自身利益。

当前监管严重滞后的现实环境为选择性信息披露和虚假信息披露这两个关键风险因素提供了活动空间。公司互联网报告以大量定性的软信息为主体、报告信息动态更新、内容和列报形式显著多样化且具个性特色，上述与传统公司报告显著不同的特征使得对互联网报告的监管和鉴证工作均更加困难，现有类推监管模式显然难以有效应对诸如误导性陈述、虚假信息披露等随着互联网报告的兴起而更显复杂的情况。专家们认为，缺乏有效的监管机制及第三方鉴证机制，将使信息使用者在利用公司互联网报告信息过程中无法得到来自监管机构的有力保护和来自审计执业界有关互联网报告信息质量的合理保证，信息使用者将成为公司互联网报告供应链上最弱势的参与方，诸如信息误导和信息不可靠等风险将可能始终伴随信息使用者使用互联网报告信息的过程。这一方面要求信息使用者避免过度信赖互联网报告信息，并采取自我保护措施；另一方面更要求监管机构和审计执业界正视互联网报告的兴起及其将逐步取代公司传统信息披露手段的潜质和趋势，着手开展创新的监管机制和第三方鉴证机制的研究与设计，积极应对互联网时代出现的新监管课题及鉴证问题，拓展监管职责和鉴证业务至互联网领域，强化自身监管能力、执业胜任能力，共同致力于保证并提高公司互联网报告的信息质量，以期达到保护信息使用者尤其是投资者利益的目标。

众多管理风险因素中，对信息使用者产生直接威胁的是管理风险因素 6——内容创建机制设计和运行失当以及管理风险因素 8——诉讼风险防范机制设计和运行失当。前者将导致公司互联网报告信息出现错误，报告信息不具备应有的可靠性质量特征；后者将导致一些性质敏感的信息如前瞻性盈利预测信息等在互联网列报之前未经适当批准程序，内容不尽恰当或在列报时不严谨未附以必要的警示性语言，可能导致信息使用者尤其一般投资者受到误导。除上述二者之外，其他管理风险因素将更多地对公司自身产生影响。例如，公司对互联网报告的战略定位、组织机构设置、人力资源配备以及物力资源投入的不适当或不充分，内容层级批准机制以及内容发布机制等机制设计和运行的失当等将主要为公司自身带来风险。包括：由于互联网报告质量不尽如人意，使信息使用者产生期望差距，损害公司声誉和形象，或由于报告内容未经授权批准程序的严格把关、公司内部人员擅自发布信息，而导致公司机密信息泄露等。虽然有可能使信息使用者面临信息不足等风险问题，但信息不足将促使信息使用者寻求从其他渠道获取信息，尚不至于对其造成实质性损失。

上述关键风险因素中，机会主义风险因素 1、2 将可能使信息使用者面临信息误导风险，监控风险因素 1、2 将可能诱发信息误导风险和信息不可靠风险，管理风险因素 6 及管理风险因素 8 将分别可能使信息使用者遭遇信息不可靠风险和信息误导风险。综上可见，信息使用者在参与公司互联网报告实践过程中面临的主要风险是信息误导风险和信息不可靠风险。

4.4.2 公司的关键风险因素和主要风险

由去模糊化后的风险强度值表（见表 4 -6）及公司风险矩阵图（见图 4 -3）可见，公司在进行互联网报告实践过程中，应当重点关注的关键风险因素包括所有风险强度属于“非常高”或“高”等级的风险因素。依据风险强度值由高到低排序，其关键风险因素依次为：机会主义风险因素 1——选择性信息披露；机会主义风险因素 2——虚假信息披露；管理风险因素 3——高级管理层的支持不足；管理风险因素 8——诉讼风险防范机制设计和运行失当；管理风险因素 9——内容发布机制设计和运行失当；管理风险因素 6——内容创建机制设计和运行失当；管理风险因素 11——内容更新机制设计和运行失当；技术风险因素 1——互联网本身的安全隐患；管理风险因素 7——内容层级批准机制设计和运行失当；技术风险因素 7——对在线互动技术管理不善；管理风险因素 1——缺乏互联网报告战略的指引；

管理风险因素2——支持网站管理的组织结构设置不当。

以下，本书结合风险评价专家组的主要意见，对上述关键风险因素展开分析。

资本市场资源的稀缺性，使得对资本存在强烈需求的公司为追逐资本市场上的有限资源，需要向外界传递自身经营及财务状况良好的信号，描绘公司正面的投资形象，而当前对公司互联网报告行为缺乏有效监管的现实监管环境则赋予了公司在其网站大量报告好消息、隐瞒或淡化坏消息的空间。专家们认为，选择性信息披露很可能成为当前公司互联网报告行为的主要特征，在类推监管的束缚之下，虚假信息披露行为尽管不会大量出现，但有可能相机发生。然而，随着信息使用者维权意识的日益觉醒和增强，公司的选择性信息披露和虚假信息披露行为将可能遭遇来自投资者的批评，甚至通过将偏颇及虚假的互联网报告信息作为公司误导性陈述的证据，运用法律手段维护自身权益，则公司将面临诉讼风险，并可能导致不但须赔偿损失而且须承担自身声誉和形象破损的严重后果。因此，包括选择性信息披露和虚假信息披露在内的机会主义风险因素仍居公司的关键风险因素之首，公司在进行互联网报告策略选择和信息披露内容选择时应当审慎考虑机会主义互联网报告行为可能引致的诉讼及声誉及形象损失后果。公司应当认识到，基于诚信、客观、透明的原则，如实进行互联网报告传递有关公司经营和财务状况的真实信号，有助于公司通过互联网报告平台实现与外部利益相关方的有效沟通，获得各方的信任、理解和支持，并有助于公司树立良好的声誉及形象，而良好的声誉及形象是现代公司宝贵的无形资产，能够为公司带来未来长远的经济利益，互联网时代的公司应当更加注重自身声誉和形象的建设与持续维护。

系列管理风险因素构成了公司关键风险因素的主要内容。首先，高级管理层的态度和信念是支持公司建设网站并将网站积极运用于对外沟通及关系管理活动的关键因素，高级管理层的支持不足将导致公司内部对互联网报告的重要性认识不足，公司员工缺乏参与网站管理的积极性，并可能导致各项资源投入不到位和各项管理机制的设计及运行失当，公司互联网报告的成功实践要求公司高级管理层的重视与鼎力支持。其次，缺乏互联网报告战略的指引以及支持网站管理的组织结构设置失当，将使得公司对互联网报告的管理失去前进的指引和坚实的组织依托，互联网报告的质量及其长期良性发展将缺乏保证。专家们认为，当前不少公司建设网站进行互联网报告是由于追随同行业优秀公司的行为，多数公司并未充分认识到互联网报告的战略意义所在，这容易导致公司在互联网报告过程中陷于随意而缺乏良好的规划和管理。互联网报告是公司在互联网上的“形象工程”，维护公司网站涉及“声誉风险”，上述三者的缺陷将可能导致公司互联网报告的质量不尽如人意，使信息使用者产生期望差距，并可能因此对公司的声誉和形象造成负面影响。最后，系列管理机制设计和运行失当，包括诉讼风险防范机制、内容发布机制、内容创建机制、内容更新机制以及内容层级批准机制的不健全，将可能使公司无法达到对外沟通和关系管理的预期目标，为公司招致诸如诉讼风险、竞争劣势风险、声誉损失风险等巨大的困难。应当认识到，系列管理机制本质上是对公司自身的保护机制。例如，公司通过诉讼风险防范机制的有效运行，严格排除列报可能为公司招致诉讼风险的信息，并为一些性质敏感的信息如前瞻性信息等进行必要的风险警示，将为公司免受诉讼风险之困建立起积极的屏障。再如，保护重要信息尤其机密信息是互联网时代公司共同面临的重大课题，倘若机密信息通过互联网泄露将可能令公司竞争优势地位受损，使公司遭遇巨大经济损失。因此，公司应当设计并执行有效的内容层级批准机制和内容发布机制，以严格防范因任何控制上的漏洞而导致机密信息泄露的情况。总之，互联网报告要求公司对其实施适当且有效的管理，否则可能令公司陷入事与愿违、得不偿失的局面。

互联网为公司对外信息披露提供了崭新的平台和强大的技术手段。然而，作为一个复杂的巨系统，互联网本身存在各种安全隐患，诸如黑客、计算机病毒等互联网世界的顽疾将可能随时干扰公司的互联网报告实践。要求公司始终保持高度警惕，通过运用系列安全保护技术，包括对服务器上的文件设置访问权限、使用加密技术传输数据以及各种可行的互联网安全防御手段如防火墙、防病毒网关、漏洞扫描、入侵监测等对来自互联网的安全风险实施隔离和监控。这类风险一旦发生，将可能对公司互联网报告系统造成重大损害。同时，值得注意的是，尽管互联网报告为公司提供了多种创新的信息列报技术，但包括在线互动、超链接、多媒体等技术的应用并不必然为公司带来信息披露效果的提升。例如，对在线论坛管理不当可能反而为对公司怀有不满情绪的人员提供了批评、指责公司的场所，要使在线论坛真正成为公司与外部利益相关方间有效的双向沟通工具，公司自身管理水平的提升任重而道远。公司如不能在管理水平上有效跟进，则应当审慎使用类似在线论坛等在线互动技术，本书第 3 章技术风险因素的实证证据部分所提 A 公司案例，在本书于 2012 年 12 月回访该公司网站时，原所设投资者论坛已被关闭。此外，尽管本书风险评价结果并未将超链接技术的不当应用纳入关键风险因素范畴，但由超链接可能引入的法律责任问题值得公司重视。

上述 12 项关键风险因素中，机会主义风险因素 1、2 将可能令公司面临诉讼风险、声誉损失风险和形象受损风险；管理风险因素 1、2、3、11 将可能导致声誉损失风险、形象受损风险；管理风险因素 6、8 将可能使公司遭遇诉讼风险、声誉损失风险、形象受损风险；管理风险因素 7 将可能使公司承担竞争劣势风险；管理风险因素 9 将可能令公司面临诉讼风险、声誉损失风险、形象受损风险和竞争劣势风险；技术风险因素 1 将可能引致互联网安全风险；技术风险因素 7 将可能使公司面临声誉损失风险和形象受损风险。综上可见，公司在进行互联网报告过程中面临的主要风险包括诉讼风险、声誉损失风险、形象受损风险、竞争劣势风险和互联网安全风险。

4.5　本章小结

本章主要工作包括：首先，构建了基于语言变量的模糊风险评价模型，阐述了模糊风险评价的原理；其次，运用基于语言变量的模糊风险评价方法对第 2 章提出的 22 项风险因素进行风险评价，计算各风险因素的风险强度，并依据风险强度值由高到低进行了风险因素排序；再其次，运用语言近似技术将专家对发生可能性和严重性的群体评价结果三角模糊数及风险强度三角模糊数语言近似为相应的语言短语，为信息使用者和公司绘制了风险矩阵图，将各项风险因素在风险矩阵图中定位并以不同颜色标示其风险强度等级，达到直观展示各项风险因素的特征及其影响的目的；最后，基于风险强度值表及风险矩阵图，为信息使用者和公司确定了应当予以重点关注的关键风险因素和主要风险，并进行了必要的分析。本章目标在于为下一章复合治理机制的研究提供依据。

第5章

公司互联网报告风险的复合治理机制研究

互联网报告是互联网时代公司对外沟通和关系管理的崭新手段。随着互联网技术对社会经济生活日益深刻的全面渗透，互联网报告具有逐步取代公司传统信息披露形式，成为公司对外信息披露的主要窗口和外部利益相关方获取公司信息主要渠道的潜质。高质量互联网报告将凭借其技术优势，有助于加速资本市场信息的流通，降低信息披露的增量成本，扩大信息受众，缓解公司内外部信息不对称，从而有助于塑造更加公平、透明和有效的资本市场。

然而，本书第4章的风险评价结果表明，来自技术、机会主义、管理和监控维度的众多风险因素，尤其是风险强度高的关键风险因素可能使公司的互联网报告实践出现风险事件并造成风险后果，诸如信息误导、信息不可靠及由此引发的诉讼、声誉损失等多种风险将对信息使用者和公司形成困扰。信息使用者及公司将是首当其冲的风险承担者，而监管机构及审计执业界也将面临前所未有的挑战，难以独善其身。风险是公司互联网报告的伴生物，风险的客观存在及其可能对多个利益相关方产生影响的性质要求对其实施全面治理。本章将依据复合治理理论，为公司互联网报告风险的治理研究引入复合治理机制。风险治理的目标在于遏制各项风险因素尤其是关键风险因素存在的空间，阻止相关风险事件的形成，防范相关风险后果的出现，达到预防、降低风险水平的目的，推动透明、高质量的公司互联网报告行为。

5.1　复合治理机制思想的提出

5.1.1　复合治理理论

1986年，德国著名社会学家乌尔里希·贝克出版了《风险社会》一书，书中首次使用风险社会的概念来描述当今充满风险的后工业社会。从此，“风险”被认为是现代社会的标志性特征，“风险社会”随之成为解释世界的全新范式和学术界研究的热点问题。在风险社会中，风险具有以下特点：（1）风险是内生的，是各种社会制度，尤其是工业制度、法律制度、技术和应用科学等正常运行的共同结果，风险伴随着人们的决策和行为；（2）风险是延展性的，其空间影响是全球性的，超越了地理边界和社会文化边界的限制，其时间影响是持续性的，可能影响到后代；（3）在特征上，大部分风险虽然后果严重，但发生可能性低；（4）在应对方法上，现有的风险计算方法、经济补偿方法都难以从根本上解决问题，要通过提高现代性的反思能力来建构应对风险的新机制（卓志，2006）。

全球化时代被认为是一个风险不断呈现的时代。首先，全球化的开放性，大大增加了风险的来源；全球化的核心内容是人员、物质、资本和信息跨国界流动的加速以及各个国家、社会、人群间相互联系和依赖的增强，这必然导致原先局限于一个国家或一个地区的风险扩散到更多国家和地区，这些风险在扩散过程中，彼此间还可能产生互动关系，产生新的风险源。其次，全球化放大了风险的影响和潜在后果。风险影响的放大主要源于两个渠道：一是相互依存地加深扩大了风险后果承担者的数量也加深了风险后果的严重性；二是发达的现代通信技术使更多人意识到潜在风险后果，也容易因为信息的不完全导致过度恐慌。

全球化时代对现有以国家为中心的风险治理结构提出了挑战。学者们指出，全球化时代风险的复杂性使得无论是国家、市场还是被许多人寄予厚望的公民社会都无法单独承担风险治理的重任，全球化时代呼唤建立全新的治理机制。因此，复合治理理论应运而生。所谓复合治理是指政府组织、非政府组织、企业组织、家庭以及个人等各方面主体对社会公共事务共同进行协调式管理，以实现预定利益或价值目标的过程与方式（倪明胜和纪宁，

2010)。

复合治理具有五个基本特征：(1) 复合治理由多个治理主体联合实施，包括国家组织、非政府组织、企业、家庭和个人等在内的所有社会组织及行为者都是治理的参与者，不能被排斥在治理过程之外，更不能被剥夺享受治理成果的权利；(2) 复合治理是多维度的，既体现为地理意义上的纵向多层次性，从村庄、城市、到国家、地区，乃至全球范围，也表现为治理领域横向的多样性，人类活动涉及的任何领域都需要治理；(3) 复合治理是一种合作互补关系，只有合作，国家、市场以及公民社会这三大现代治理机制才能有效发挥作用，弥补相互缺陷，产生共赢效果，且这种合作不仅是民族国家内部的，而且是国际性和全球性的；(4) 个人是复合治理的最基本单位，尽管复合治理需要制度安排，并且是通过它来规范行为者的，但是，要使治理可持续运转，必须把个体的能动性和自觉性调动起来，促使个人把治理风险的制度安排贯彻到其行动中，才能最大限度地化解风险；(5) 复合治理的目标是就地及时解决问题。风险的空间扩张性和时间延展性，使得风险的治理必须从时时处处入手，避免风险扩散，由可能性风险转化成严重的风险后果（卓志，2006）。

5.1.2 公司互联网报告风险的复合治理机制

公司互联网报告的风险产生于众多风险因素并可能对多个利益相关方造成多种风险后果的性质使其具有复杂性。风险问题的存在及其复杂性要求对其实施全面治理，风险问题的解决程度将对公司互联网报告作为新兴信息披露手段的长期发展起决定性作用。

治理（governance）一词源于拉丁文和古希腊语，原意是控制、引导和操纵，其主要用于与国家公共事务相关的管理活动和政治活动，通常指在一个国家、组织或地方，控制、规范、塑造、掌握他者或对其施用权威所采用的各种战略、策略、过程、程序或计划。自 1989 年世界银行在讨论非洲发展问题时首次提出“治理危机”（crisis in governance）以来，“治理”概念迅速在学术界传播。全球治理委员会于 1995 年发表了一份题为《我们的全球伙伴关系》的研究报告，报告对治理作了如下界定：治理是各种公共机构或个人管理其共同事务诸多方式的总和，它是使相互冲突或不同利益得以调和并且采取联合行动的持续过程。我国学者杨雪冬（2004）指出，风险伴随着人们的选择和决策而存在，治理是一套实现特定选择和决策的制度安排，其功能不是消除风险，而是辨别和应对风险。综上所述，本书所指“风险治理”的含义是：利益相关各方为管理共同事务的相关风险而设计并建立的一整套正式或非正式制度安排，以通过全套制度安排的联合贯彻，使得相关风险得以有效预防或降低的持续过程。风险治理的根本目标在于保护和增进利益相关各方的利益。

如前所述，作为报告编制方的公司、使用方的信息使用者、监管方的监管机构以及鉴证方的审计师是公司互联网报告核心的利益相关方，他们对于互联网报告的态度、行为和作为将对互联网报告实践的发展产生深远影响，他们亦是互联网报告所可能带来利益的享受者和风险的承担者。其中，信息使用者是资本市场上最活跃的力量，他们是公司信息的需求者和利用者，也是公司互联网报告的目标服务对象。公司互联网报告风险治理的根本目标正是在于保护信息使用者的利益，因此，本书称信息使用者为“目标利益相关方”。而公司、审计师和监管机构对于治理互联网报告的风险负有各自不可推卸的责任，他们对互联网报告实践的积极参与和作为有助于化解相关风险、提升互联网报告的质量，从而在保护并增进自身利益的同时达到有效保护信息使用者利益的目标。因此，本书称公司、审计师和监管机构为公司互联网报告的“责任利益相关方”。

从而，本书公司互联网报告风险的复合治理机制之基本思想是：由公司互联网报告的责任利益相关方即公司、审计师和监管机构，以满足目标利益相关方——信息使用者的信息需求并保护其利益为导向，分别着力设计和执行以自身为治理主体的互联网报告风险治理机制，以通过一套由三方联合执行的治理机制，共同致力于预防、降低相关风险，达到保护和增进各方利益尤其是信息使用者利益的目标。该复合治理机制具有以下三个基本特征：一是多主体性，即复合治理由多个治理主体联合实施，公司、审计师和监管机构均是风险治理的参与主体。二是多维度性，公司在其组织的微观维度、审计师在其鉴证服务的中介维度、监管机构在其国家监管的宏观维度分别设计和建立风险治理机制，使多项风险治理机制联合执行，呈现由内而外、全面铺开的风险治理局面。同时，由于公司是互联网报告行为的实施主体，由其执行的风险治理机制将从公司内部遏制互联网报告风险的形成，本书称之为内核机制，审计师和监管机构均是独立于公司的外部主体，由二者执行的风险治理机制将从公司外部施加监控互联网报告风险的力量，本书称之为外围机制。三是合作互补性，公司、监管机构和审计师运用各自力量对公司互联网报告风险设计和实施治理机制，三方执行的治理机制在功能上具有合作互补性，多项治理机制联合实施、协同工作以形成一套完整的风险治理机制体系，完成全面风险治理的任务。以下，本章将以公司、审计师和监管机构作为公司互联网报告风险的三大治理主体，分别进行治理机制设计的研究。

5.2 公司风险治理机制的研究

公司是互联网报告行为的实施主体，是互联网报告收益的直接获得者亦是互联网报告风险的必然承担者。因此，公司应当成为相关风险治理的第一责任承担主体。本书第 4 章风险评价结果表明，选择性信息披露和虚假信息披露是信息使用者和公司在参与互联网报告实践过程中共同面临的最为关键的风险因素，信息误导风险和信息不可靠风险是信息使用者在利用互联网报告信息过程中可能遭遇的主要风险，且二者作为源风险将引发诉讼风险、声誉损失风险等系列风险的形成。风险评价结果印证了长期以来学者们对互联网报告信息质量尤其是其可靠性和公允性的忧虑（FASB，2000；Jones and Xiao，2004；Khadaroo，2005；Bollen et al.，2006），显然，公司互联网报告风险治理的本质问题是如何保证互联网报告信息质量的问题。

20 世纪 90 年代以来，公司治理日益成为各国公司改革的重点，公司治理的理论和实践方案由美国、英国等主要发达国家向转轨和新兴市场国家扩散。充分、透明的信息披露是资本市场运作的基石，一个有效运转的资本市场要有与之相匹配的高质量信息（王跃堂等，2008），高质量信息披露是缓解资本市场信息不对称以实现投资者保护的重要路径。在全球公司治理浪潮的推动下，有关公司治理与公司信息披露质量间关系的探索成为国内外学术研究的一大热点，各国学者相继检验了董事会结构、股权结构等公司治理机制对公司信息披露质量的影响，大多数研究得到了健康的公司治理机制与高质量信息披露存在共生关系的结论。完善的公司治理机制是高质量信息披露的制度保障和环境支持，公司治理的缺陷将引起公司内部各项激励约束机制失效，并进而阻碍公司信息披露质量及透明度的提升。互联网报告是公司运用互联网技术进行的对外信息披露行为，其尽管以先进技术为手段，但归根结底仍受到公司治理水平的制约，公司治理的欠缺将对包括互联网报告在内的公司对外信息披露质量造成负面影响。因此，保证互联网报告信息质量的根本在于建设完善的公司治理机制，如此，方可以从公司内部遏制机会主义风险因素出现的可能性，解决信息误导风险产生的本源问题，为互联网报告提供良好的公司治理生态环境。

同时，互联网报告是先进信息技术在公司对外信息披露领域的应用，其本质上是公司的一个允许大量利益相关者及时和迅速访问的战略性信息系统（Trites，1999）。史密斯和皮尔斯（2005）指出，在当前互联网报告环境中，由于监管机构尚未能够全面应对互联网报告技术带来的挑战，在公司内部实施充分治理程序对于确保互联网报告的质量相当重要。互联网报告作为一个信息系统，传统的决定公司信息披露质量的变量并不能对其质量作出完善的解释，包括董事会结构、股权结构在内的公司治理机制固然决定了互联网报告实施的生态环境，为互联网报告的总体质量设定了一个基调，但公司运用互联网、数据库等信息技术的能力，有关互联网报告内容及列报技术的管理能力对于其质量亦具有重大影响。显然，互联网报告风险的治理不能忽视互联网报告系统是一个依托于互联网的信息系统的本质。IT 治理是公司治理在信息时代的重要发展，本书将引入 IT 治理理论探索为实现互联网报告的风险治理公司应当在其已有 IT 治理框架基础上予以进一步完善的 IT 治理相关机制，以为公司对互联网报告的风险治理提供具实践意义的指导。

由此，本章公司风险治理机制的研究将由两个方面展开：一是公司治理机制的改进；二是 IT 治理机制的完善。二者分别构成了以公司为风险治理主体实施的公司互联网报告风险治理的第一和第二内核机制，以期从公司内部建设遏制风险的力量，压缩机会主义、技术和管理风险因素尤其是各项关键风险因素存在的空间，预防、降低信息误导及信息不可靠等相关风险。

5.2.1　公司治理机制的改进
——基于公司治理与公司互联网报告及时性的实证检验

及时性是会计信息的灵魂，相关的信息必须首先是及时的（葛家澍和杜兴强，2006）。及时报告是一个重要的降低信息不对称、减少内幕交易和应对新兴资本市场上消息泄漏和谣言传播的手段（Owusu-Ansah，2000）。自互联网报告出现以来，其及时性特质受到了学术界一致推崇。琼斯和肖

(2004) 指出，互联网以其特有的互动性、创新列报方式、全球可访问、速度和空间不受限制等技术优势将成为传统财务报告及时性不足问题的解决者。博伦等（2006）指出，通过互联网披露信息不仅具备及时性特征，而且具备广泛的可及性，互联网是一个有效的与各方投资者进行信息沟通的平台。阿尔—阿吉米（Al-Ajmi，2008）对互联网报告的及时性给予了高度评价：互联网使得公司可以与当前和未来投资者沟通股价、业绩预告、新闻发布会，并通过电子邮件和互联网广播沟通其他信息，互联网强化了公司向投资者提供最新信息的能力，可作为一个重要的促进资本市场功能运转的工具。显然，相比传统财务报告，及时性构成了公司互联网报告的重大优势，互联网为公司提供了及时披露信息的窗口，借由互联网报告公司可以实现高频率日常信息披露，及时向外部利益相关者传递有关公司的信息。同时，及时性是互联网报告显见的特征，其可以通过观察网站予以客观的度量，而度量的客观性有助于保证研究结果的稳健性。

因此，本章选取及时性作为研究变量，对公司治理与公司互联网报告及时性的关系进行实证检验，不仅评价当前公司互联网报告及时性状况，更试图从中探索公司治理机制改进的方向，目的在于为相关风险的治理和信息质量的提升创造良好的公司治理生态环境。阿卜杜勒萨拉姆和斯特里特（Abdelsalam and Street，2007）、阿卜杜勒萨拉姆和埃尔—马斯利（Abdelsalam and El-Masry，2008）以及埃扎特和埃尔—马斯利（Ezat and El-Masry，2008）先后以英国、爱尔兰及埃及上市公司为研究样本对公司治理与公司互联网报告及时性的关系进行了探索，他们的研究成果为本书研究奠定了基础。

1. 理论分析和研究假设

董事会结构和股权结构是公司治理结构的核心内容。前期有关公司治理与公司信息披露关系的实证研究多从董事会结构和股权结构这两个维度展开。为保持本书研究结论与前期研究成果的可比性，本章亦从董事会结构和股权结构这两个最为核心的公司治理问题进行理论分析并导出研究假设。

（1）董事会结构。

第一，董事会独立性。约翰和森贝特（John and Senbet，1998）认为，董事会监督管理层的有效性取决于它的构成、独立性和规模，而构成与独立性紧密相连，执行董事、独立非执行董事和灰色董事[①]，三者的构成决定了董事会的独立性，一般认为，随着独立非执行董事比例的增加，董事会独立性得以强化。法玛和詹森（Fama and Jensen，1983）认为，由更高比例独立非执行董事构成的董事会对管理层的信息披露决策有更强控制力，独立董事具有更严密的监督管理层行为的动机，促进公司信息及时披露，以维护其声誉资本。基于对中国 300 家最大型公司的调查，肖等（2004）发现独立董事比例与公司互联网非法定信息披露水平正相关。阿卜杜勒萨拉姆和埃尔—马斯利（2008）对爱尔兰上市公司的实证研究发现，董事会独立性与互联网报告及时性显著正相关。埃扎特和埃尔—马斯利（2008）对埃及上市公司的实证检验发现，独立董事比例与互联网报告及时性显著正相关。因此，本书提出假设 1——

H1：董事会独立性与公司互联网报告及时性正相关。

第二，董事会规模。董事会规模指构成董事会的董事人数。李普顿和洛尔施（Lipton and Lorsch，1992）认为，董事会承担着对公司重大问题进行决策的职能，董事会规模太大会导致董事会成员间沟通和协调困难，可能使很多好的策略和思路因理解偏颇而流产。约翰和森贝特（1998）发现，尽管董事会的监督能力随董事会成员数量的增加而提高，但大董事会成员间易出现意见摩擦，导致沟通和决策制定困难。因此，规模太大可能导致董事会监督能力削减。然而，埃扎特和埃尔—马斯利（2008）发现埃及上市公司董事会规模与互联网报告及时性显著正相关。鉴于上述结论的不一致，本书不预期方向性，提出假设 2——

H2：董事会规模与公司互联网报告及时性相关。

第三，董事长与总经理两职合一。根据代理理论，集董事长和总经理于一身将导致严重的个人权力集中，可能影响董事会独立性并阻碍董事会执行监督和治理职能的能力（Fama and Jensen，1983）。福克（Forker，1992）发现两职合一与公司信息披露水平负相关，他认为两职合一会威胁公司内部监督和信息披露质量，当两职合一时，董事会的监督效果可能打折，因为总经理可能挑选董事会成员，选择会议议程并控制董事会会议。古尔和莱昂（Gul and Leung，2004）发现香港公司两职合一与年报自愿披露水平负相关。

---

① 灰色董事指当前并非公司员工，但与公司存在诸如家庭、物资、资金或业务等关系可能损害其独立性的董事。

因此，本书提出假设3——

H3：两职合一与公司互联网报告及时性负相关。

（2）股权结构。

第一，国有持股比例。中国上市公司多由原国有企业改制而来，高比例的国家持股及国有法人持股是多数上市公司股权结构的显著特点。由于国有法人持股的最终控制人仍是国家各层级政府，本书将国家持股及国有法人持股统称为国有持股。有关国家参股或控股公司的透明度，学术界主要观点包括：国家参股或控股公司受政府意志的支配，公司治理带有明显的行政干预色彩，政府机构作为国有股东代表，不拥有剩余索取权，缺乏对管理层监督的动机，政府产权上的"超弱控制"导致了内部人控制问题，公司管理层为攫取私利可能降低信息披露透明度（杨向阳和王文平，2009），甚至通过操纵会计信息达到自身目的（潘琰和辛清泉，2004）。因此，本书提出假设4——

H4：国有持股比例与公司互联网报告及时性负相关。

第二，高管持股比例。管理层持股是最具激励性的报酬契约，因为管理层持股有望使股东利益和管理者利益相一致，产生"利益协同效应"。詹森和梅克林（Jenson and Meckling，1976）认为，管理层持股可以缓解管理层和股东间的潜在冲突，并降低代理成本。弗朗西斯和史密斯（Francis and Smith，1995）的经验研究表明，管理层持股可以克服管理层短视问题，高的管理层持股与公司创新增加、生产率提高以及公司长期价值增值相关。高雷和宋顺林（2007）发现高管持股比例与公司透明度显著正相关。阿卜杜勒萨拉姆和埃尔—马斯利（2008）发现爱尔兰上市公司CEO持股比例与互联网报告及时性显著正相关。因此，本书提出假设5——

H5：高管持股比例与公司互联网报告及时性正相关。

第三，第一大股东持股比例。斯克德维兹和布莱文斯（Schadewitz and Blevins，1998）的研究发现，股权集中度越高，控股股东对公司的控制能力越强，其操纵信息生成及披露的"运作或治理"空间越大，信息披露质量可能越低。哈尼法和库克（Haniffa and Cooke，2002）发现，大股东持股比例与信息披露水平负相关，表明在大股东控制下公司选择少披露以防失去控制权。凯尔顿和杨（2008）发现大股东持股与公司互联网报告水平显著负相关。综上所述，本书提出假设6——

H6：第一大股东持股比例与公司互联网报告及时性负相关。

第四，境外上市外资股比例。境外上市企业不仅要遵循境内会计准则，还要遵循海外财务报告准则，接受境内外监管机构的双重监管，在双重监管压力之下，其透明度有望提高。弗罗斯特和波纳尔（Frost and Pownall，1994）发现，在美国上市的英国公司比英国本地上市公司更加及时地报告信息。白重恩等（2005）的实证研究结果表明，发行 B 股和境外上市机会可以增加公司透明度。因此，本书提出假设 7——

H7：境外上市外资股比例与公司互联网报告及时性正相关。

2. 研究设计

（1）样本选择。大量前期研究发现公司规模与公司互联网报告水平显著正相关（Ashbaugh et al.，1999；Marston and Polei，2004；Debreceny et al.，2002；Ettredge et al.，2002）。因此，本书仍以美国《财富》（中文版）评选的 2012 年中国百强公司为研究样本。中国百强是中国最大规模的上市公司，根据已有研究结论，可以合理推测其互联网报告及时性水平能够代表中国公司的领先水平。鉴于金融类公司的特殊性，剔除该类公司后，中国百强有效样本共 86 家。其中，制造业 47 家，信息技术业 8 家，交通运输仓储业 7 家，批发和零售贸易业 7 家，采掘业 6 家，建筑业 4 家，电力业 3 家，综合类 3 家，房地产业 1 家。本书于 2012 年 10 月至 11 月间，通过百度或谷歌搜索实现对中国百强网站的访问。

（2）因变量——互联网报告及时性的计量。阿卜杜勒萨拉姆和斯特里特（2007）在对英国上市公司的实证研究中，选择了以下 11 个计量互联网报告及时性的指标：①是否披露最新网站更新日期？②是否披露网站更新的频率？③是否披露当日股价？④是否披露股价数据的更新时间？⑤是否提供投资者日历？⑥是否提供邮件提醒（email alerts）功能，以通知新闻稿和简报等内容？⑦对于用户的邮件请求或在线内容请求，是否告知预期反馈时间？⑧是否进行互联网广播（webcast）？⑨是否提供向监管机构新闻服务网址（Regulatory News Service，RNS）的链接？⑩是否披露最新中期财务报告？⑪披露中期成果的及时性如何（季度或半年度）？

根据对中国百强网站的观察，本书对上述指标做了部分删减和增加。例如，删除了“是否披露最新网站更新日期”项，因为某些公司虽然披露了网站信息更新的日期，但由于怠于更新，所披露的信息已相当陈旧，毫无及时性可言。同时，增加“最新更新是否在 24 小时之内”指标，显然这一指标能够更好地反映互联网报告的及时性。其他指标的增减基于与上述相同的考虑，不再赘述。本书运用如下12个指标计量中国百强互联网报告的及时性（见表5－1），各百强网站对下列问题回答“是”的指标数占全部12个指标的比重构成本书的因变量——互联网报告及时性。

表5－1　　　　计量互联网报告及时性的12个指标及调查数据

计量互联网报告及时性的12个指标	各指标回答“是”的中国百强公司数（占中国百强的百分比）
1. 最新更新是否在24小时之内？	24（27.91）
2. 是否披露当日股价？	56（65.12）
3. 是否进行网上广播（webcast）？	5（5.81）
4. 对于用户的邮件请求或在线信息请求，是否告知预期反馈时间？	0（0）
5. 是否提供在线互动环节？	9（10.47）
6. 是否披露最新的年度报告？	71（82.56）
7. 是否披露最新的半年度报告？	70（81.4）
8. 是否披露最新的季度报告？	47（54.65）
9. 是否发布公司十日内最新新闻？	54（62.79）
10. 是否披露月度或周经营数据？	12（13.95）
11. 是否提供投资者日历？	17（19.77）
12. 是否提供邮件提醒的注册功能或在线订阅功能？	19（22.09）

（3）实验变量、控制变量及回归模型。根据上述研究假设，本书将董事会独立性、董事会规模、两职合一、国有性质股权、高管持股比例、第一大股东持股比例、境外上市外资股比例作为实验变量。根据前期研究结论，大型公司面临更大的及时报告外部压力；盈利公司经理有更大的信息披露动机以提升股东信心；公司财务杠杆越高，管理层为消除高负债率带来的负面影响，往往试图隐瞒信息。因此，本书将公司规模、盈利能力和财务杠杆作为控制变量，分别以公司普通股市场价值的自然对数、净资产收益率（*ROE*）和资产负债率表示。大型会计师事务所对公司信息披露质量的要求更高，公司聘用大事务所向投资者传达了其接受高质量信息披露要求的信号，本书引入“四大”审计作为虚拟控制变量。此外，肖等（2004）发现信息技术行业公司更好地运用了互联网技术，互联网报告的列报形式更加丰富，故亦引入信息技术行业作为虚拟控制变量。

本书所使用的实验及控制变量数据，分别来自下列渠道。普通股市场价值、净资产收益率、资产负债率、第一大股东持股比例、境外上市外资股比例及审计机构数据取自 Wind 数据库。独立董事比例、董事会规模、两职合一、国有性质股权、高管持股比例和公司所在行业数据则是逐一下载中国百强 2011 年度报告，手工收集得到。

本书运用如下多元回归模型进行公司治理与公司互联网报告及时性关系的检验：

$$Timely = \alpha + \beta_1 Indirector + \beta_2 Boardnumber + \beta_3 Duality + \beta_4 Stateown + \beta_5 Manager + \beta_6 Top1 + \beta_7 Oversealist + \beta_8 Big4 + \beta_9 Value + \beta_{10} Roe + \beta_{11} Lev + \beta_{12} Indu + \varepsilon$$

其中，*Timely* = 互联网报告及时性；*Indirector* = 董事会独立性（独立非执行董事人数/董事会规模）；*Boardnumber* = 董事会规模；*Duality* = 两职合一（如董事长与总经理两职合一，则取值为“1”，否则取“0”）；*Stateown* = 国有持股比例（国家股比例 + 国有法人股比例）；*Manager* = 高管持股比例（董事、经理、监事持股比例之和）；*Top1* = 第一大股东持股比例；*Oversealist* = 境外上市外资股比例（香港上市股比例 + 海外上市股比例）；*Big4* = “四大”审计（如公司 2011 年度报告由“四大”审计，则取值为“1”，否则取“0”）；*Value* = 公司规模（截至 2011 年 12 月 31 日公司普通股市场价值的对数）；*Roe* = 盈利能力（2011 年度净资产收益率）；*Lev* = 财务杠杆（2011 年末资产负债率）；*Indu* = 信息技术行业（如公司属于信息技术行业，则取值为“1”，否则取“0”）。

3. 研究结果及分析

（1）描述性统计结果。

第一，自变量描述性统计。各自变量描述性统计见表 5－2，独立董事占董事会规模平均比例为 36.9%，略超过《关于在上市公司建立独立董事制度的指导意见》要求的 1/3 比例，最大值 62.5%，但仍有极少数公司独董比例不符合要求，最低值仅 18.75%。董事会规模平均值 11.08 人，最大值 19，最小值 6，有 19 家公司董事会规模为偶数，这不利于董事会决策。董事长兼任总经理的 6 家。国有持股比例均值达到 46.2%，多数中国百强属国有控股或参股性质，仅有 12 家民营公司。52 家中国百强推行了高管持股激励机制，高管持股比例均值 0.024%。第一大股东平均持股比例接近

52%，最高持股比例86.29%，这显示第一大股东对百强公司具有相当强的控制力。境外上市外资股比例均值27.38%，百强境外（含香港）整体上市的15家。

表5-2　　　　自变量描述性统计

自变量	均值	中位数	最大值	最小值	标准差
Indirector	0.369274	0.3333	0.6250	0.18750	0.077433
Boardnumber	11.0814	11.000	19.000	6.000	2.586004
Duality	0.081395	0.000	1.000	0.000	0.275045
Stateown	0.462272	0.525	0.8629	0.000	0.253898
Manager	0.024159	5.12*e*-06	0.78620	0.000	0.106851
*Top*1	0.519631	0.52790	0.86200	0.11190	0.179739
Oversealist	0.273818	0.163725	1.00000	0.000	0.363473
*Big*4	0.569767	1.000	1.000	0.000	0.498012
Value	24.51111	24.37852	29.92472	21.49925	1.356070
Roe	0.091421	0.100420	0.345014	-0.227825	0.108641
Lev	0.632330	0.635339	0.976672	0.234074	0.149457
Indu	0.093023	0.000	1.000	0.000	0.292169

第二，因变量互联网报告及时性的描述性统计。因变量描述性统计结果（见表5-3）表明，互联网报告及时性均值为0.373，即平均而言，上述衡量互联网报告及时性的12个指标中，中国百强回答“是”的比例仅占37.3%，显著低于阿卜杜勒萨拉姆和斯特里特（2007）对英国上市公司互联网报告及时性调查的均值（0.56）。阿卜杜勒萨拉姆和斯特里特认为英国公司似乎怠于回应投资者对及时信息的需求，提供上述信息对公司而言只是“举手之劳”，但相对于投资者对互联网报告及时性的感知而言却是迈进了一大步。相比之下，中国百强虽均建有公司网站，但对互联网报告及时性的重视度欠缺尤甚，尚待提升的空间巨大。

表5-3　　　　因变量互联网报告及时性的描述性统计

自变量	均值	中位数	最大值	最小值	标准差
Timely	0.373	0.333	0.75	0.00	0.179

为进一步考察中国百强的互联网报告及时性，我们统计了以下三个间隔

天数：① 2011年12月31日至百强在其网站发布2011年报日的间隔天数。71家百强发布了2011年度报告，其中披露上传日期的43家，平均间隔天数109天，最短间隔天数61天，最长间隔天数305天。② 2012年3月31日至百强在其网站发布2012年一季报日的间隔天数。47家百强发布了一季报[①]，其中披露上传日期的34家，平均间隔天数44天，最短间隔天数20天，最长间隔天数219天。③ 2012年6月30日至百强在其网站发布2012年半年报日的间隔天数。70家百强发布了2012年半年报，其中披露上传日期的43家，平均间隔天数59天，最短间隔天数34天，最长间隔天数128天。

上述年报和半年报平均间隔天数基本符合《公开发行证券的公司信息披露内容与格式准则》规定的上市公司在中国证监会指定网站公布财务报告的时间要求，但一季报平均间隔天数长于上述《准则》规定，且所统计的最长间隔天数让人失望。调查中发现，有公司直到2012年11月才将2011年报、2012年一季报及半年报一次性上传至网站。综上可见，互联网报告的及时性特质并未受到充分重视。

（2）多元回归结果与分析。对因变量互联网报告及时性进行的Jarque-Bera检验表明其符合正态分布（*Prob.* =0.5124）。各自变量方差膨胀因子VIF最大值为2.743，远小于10，说明回归模型自变量间不存在严重的多重共线性问题。回归残差的Jarque-Bera检验表明（*Prob.* =0.1887）回归残差呈正态分布。布伦斯—帕甘（Breusch-Pagan）检验结果（*Prob.* =0.9728）显示回归残差不存在异方差问题。多元回归结果见表5-4，调整后的R^2 = 0.3645，方程整体显著性F检验通过（p =0.000005），方程拟合效果较好。

表5-4　　多元回归结果

变量	估计系数（T统计量）	变量	估计系数（T统计量）
C	-0.305483 (-0.760470)	*Oversealist*	-0.113585* (-1.909864)
Indirector	-0.045200 (-0.191209)	*Value*	0.042196*** (2.831235)
Boardnumber	-0.012257* (-1.724989)	*Roe*	-0.053891 (-0.342891)

① 由于香港证券交易所未要求上市公司披露季度业绩报告，在香港整体上市的中国百强均未在网站上披露季报，故披露一季报的公司数较少。

续表

变量	估计系数（T统计量）	变量	估计系数（T统计量）
Duality	0.005027 (0.072193)	*Lev*	-0.218437* (-1.827309)
Stateown	0.299619*** (3.095305)	*Big4*	0.098703** (2.407330)
Manager	0.399552** (2.259316)	*Indu*	0.089657 (1.552256)
Top1	-0.466110*** (-3.675428)		

注：***、**、*分别表示在1%、5%、10%水平上显著。

回归结果显示：

第一，董事会独立性与互联网报告及时性负相关，但不显著，假设1未得到证实。巴顿和贝克（Patton and Baker，1987）认为非执行董事缺乏必要的商务知识，且常无法做到足够时间投入，难以恰当地履行监督职责。我国深圳证券交易所发布的《2007年度中小板公司独立董事制度实施状况分析》报告列举了包括独立董事没有对董事会议案提出异议或否定意见、没有对表决事项提出改进意见及所发表独立意见基本上是套话等数项“弊病”，报告认为，独立董事虽然是公司所在行业专家，但常由于业务繁忙而没有时间研究公司情况和需要其发表意见的事项。显然，独立董事也不可能对互联网报告的及时性带来积极促进作用。

第二，假设2预期董事会规模与互联网报告及时性相关，本书发现二者在10%水平上显著负相关，这说明董事会规模太大，可能出现决策效率损失问题，不利于互联网报告及时性。

第三，两职合一与互联网报告及时性正相关，但不显著，不支持假设3。86家中国百强中，董事长兼总经理的6家，表明中国百强两职合一的情况已很少见。本书未发现两职合一对互联网报告及时性显著的不良作用，这与阿卜杜勒萨拉姆和斯特里特（2007）的发现相同。程和康特奈（Cheng and Courtenay，2006）在对新加坡上市公司的实证研究中，也发现两职合一与公司自愿信息披露不相关。

第四，假设4预期国有持股比例与互联网报告及时性负相关，然而，本书发现二者在1%水平上显著正相关，国家参股或控股公司的互联网报告及时性水平更高。程和康特奈（2006）也发现，新加坡政府持股公司的自愿信息披露水平更高，他们认为政府持股公司更能响应政府有关公司治理和信息披露的政策和要求，因而表现得更为透明。

第五，高管持股比例与互联网报告及时性在 5% 水平上显著正相关，假设 5 得到支持，这表明高管持股能够产生一定“利益协同效应”，对提高互联网报告及时性发挥了较积极的作用。

第六，第一大股东持股比例与互联网报告及时性在 1% 水平上显著负相关，假设 6 得到支持。这说明第一大股东持股比例越高，其操纵信息生成及披露的“运作或治理”空间越大，为防止控制权转移并攫取控制权私益，大股东缺乏提高互联网报告及时性以增加公司透明度的动机。

第七，境外上市外资股比例与互联网报告及时性在 10% 水平上显著负相关，不支持假设 7。境外上市公司的互联网报告不但并未表现出比境内上市公司更高的及时性，甚至可以说稍逊一筹。究其原因，本书认为，一方面，由于当前世界范围内，互联网报告仍属鼓励性质，其并未受到境内外监管机构的双重严格监管，不少境内外上市公司缺乏提高互联网报告及时性、提升互联网信息披露质量的紧迫感；另一方面，由于香港证券交易所尚未推行上市公司季报制度，在香港整体上市的中国百强均未在其网站上披露季度报告，导致及时性指标之一“是否披露最新的季度报告”未得分，拖累了香港整体上市公司的互联网报告及时性。

五个控制变量中，公司规模、“四大”审计与互联网报告及时性显著正相关，这与大量前期研究结论一致；财务杠杆与互联网报告及时性在 10% 水平上显著负相关，这是由于高负债公司往往倾向于掩盖其更高的财务风险和不良财务状况；盈利能力、信息技术行业与互联网报告及时性均不显著相关，表明绩优公司和信息技术行业公司在提高互联网报告及时性上并没有做得更好。

4. 稳健性分析

向投资者发布信息是公司建立网站的一个重要原因，披露最新的年度、半年度和季度报告无疑是互联网报告最重要的内容。因此，本章选取“是否披露最新的年度报告”、“是否披露最新的半年度报告”和“是否披露最新的季度报告”三个二分变量，分别作为因变量代入原模型进行 Logistic 回归，三个 Logistic 回归方程整体显著性检验均通过，回归结果与原以互联网报告及时性为因变量的最小二乘法回归结论一致。此外，多元回归结果表明，互联网报告及时性与董事会独立性负相关，但不显著。这一结论与一些前期研究发现的公司透明度与董事会独立性显著正相关结论不一致，为进一步检验董事会独立性对互联网报告及时性的影响，此处引入“独立董事大于等于1/3”这一虚拟变量，如公司独立董事占董事会总人数的比例大于等于1/3，则变量取值为“1”，否则取值“0”，并将该变量替换原模型Indirector变量，重新进行回归，结果与原结论一致，《关于在上市公司建立独立董事制度的指导意见》要求的至少1/3独立董事比例并未带来互联网报告及时性的提高。此后进一步引入“独立董事超1/2”虚拟变量，如公司独立董事占董事会总人数比例超过1/2，则变量取值为“1”，否则取值“0”，再次将该变量替换原模型*Indirector*变量，重新回归，结果仍与原结论一致，即便在独立董事超半数情况下，仍未发现独立董事在董事会中居主导地位带来的董事会独立性能够有效促进公司互联网报告的及时性。从而，独立董事对互联网报告及时性未有促进作用的结论可以得到。综上所述，可以认为本书研究结果具有稳健性。

5. 公司治理改进的启示

我们尝试对公司治理与公司互联网报告及时性的关系进行了实证检验，试图寻找影响互联网报告及时性特质的公司治理机制因素。本书认为，完善的公司治理机制是治理公司互联网报告风险的第一内核机制，唯有完善的公司治理机制方能从根源上遏制包括选择性信息披露和虚假信息披露在内的机会主义风险因素存在的空间，预防、降低信息误导和诉讼风险等相关风险，通过保证信息质量实现保护信息使用者利益的目标。本书对于我国公司改进公司治理机制、创造良好的公司治理生态环境具有一定启示意义。以下分别从董事会结构和股权结构两方面予以阐述。

（1）董事会承担着为公司制定重大决策、把握发展方向，并对管理层进行监督、评价和激励的重任。董事会处于公司治理的核心地位，其功能的发挥是公司治理完善的关键，而董事会发挥作用的关键取决于其独立性、构成和专业能力（崔学刚，2004）。本书研究结果显示：

第一，独立董事并未对互联网报告及时性带来促进作用。2001年8月21日，中国证监会颁布了《关于在上市公司建立独立董事制度的指导意见》，为我国公司强制引入独立董事制度，寄希望于在董事会中引入代表中小股东利益的独立董事，增强董事会独立性，使大股东行为被置于独立董事会的监督之下（王跃堂等，2008）。然而，大量研究发现，我国独立董事在行使职责时存在“不作为”现象，他们往往很少发表独立意见，更很少发表与内部董事意见有分歧的意见（孙敬水和周永强，2008）。引入独立董事制度仅是形式上增加了一道监督防线，但实际上收效甚微（赵丽芳，2007）。本书认为，配套机制未能有效跟进是导致我国独立董事制度未能发挥预期功效的主要原因，包括提名机制不健全、激励机制不完备、约束机制缺位等。不健全的提名机制使得大股东及作为大股东代表的管理当局能够操控独立董事的提名和选举，独立董事沦为大股东或其控制的管理层的“人情董事”而非中小股东利益的代表，让被提名者监督提名者则监督必然失效；不完备的激励机制使得公司经营好坏与独立董事无关，独立董事领取固定现金形式薪酬不受公司业绩的影响，而外部未成形的职业经理人市场也使得无法通过声誉激励机制促使独立董事勤勉尽责，独立董事缺乏充分动力履行监督和制约内部人的职责；缺位的约束机制使得独立董事鲜少因履职不当甚至失职行为受到惩罚或法律问责，几乎不承担风险，这可能纵容独立董事不作为。因此，我国未来提高独立董事制度功效的着力点应当在于相关配套机制的改进和完善，以通过一套互补的制度建设支持独立董事发挥应有作用。

第二，董事会规模太大，可能出现决策效率损失问题。代理理论和组织行为理论为董事会规模的确定提供了理论依据。代理理论认为，现代公司所有权与经营权相分离，使委托人和代理人各自效用函数不同，二者间存在利益冲突，而大规模董事会可能加剧这一问题。例如，董事会规模越大，越容易出现董事“搭便车”现象，董事们倾向于不再坦率地批评总经理的错误做法或不再对总经理绩效进行直率评价，这将使公司丧失很多好的投资机会（Jensen，1993）。组织行为理论认为，规模小的董事会更有利于提高治理效率，规模太大将导致董事会成员间沟通与协调困难。李普顿和洛尔施（Lipton and Lorsch，1992）指出，董事会人数上升将造成其功能紊乱，降低决策及时性，当董事会规模超过 10 人时，协调和沟通带来的成本将超过人数增加带来的收益，因此，董事会规模应在 10 人以内，7 ~ 9 人是理想规模。本书调查数据表明，中国百强董事会规模均值及中位数均为 11 人，超过 11 人的 30 家，达到或超过 15 人的 11 家，另有 19 家百强的董事会规模为偶数。综上可见，董事会规模的确定不应追求数量，应当在成员知识构成、专业素养叠加与组织协调效率间权衡。同时，为保证董事会决策的制衡和效率，董事会规模不应为偶数。

第三，两职合一与互联网报告及时性呈现微弱的正相关关系，未发现两职合一对互联网报告及时性显著的不良影响。对于董事长和总经理两职分离的强调，主要基于代理理论。代理理论认为，现代公司制本质是委托人与代理人间的利益冲突和信息不对称导致的监控不完全，管理层决策可能背离股东利益，由此引发了代理问题，如两职合一，将导致总经理权力膨胀，而董事会独立性和监控功能削弱（兰玉杰和韩志勇，2007）。然而，近年来得到迅速发展的现代管家理论（stewardship theory）认为代理理论对经理人机会主义和偷懒的假定并不合适，经理人对自身尊严、信仰以及内在工作满足感的追求，会促使他们努力工作，做好“管家”。因此，公司治理安排不应仅依赖于监督和物质激励，更应通过充分的授权、协调和精神激励，发展相互合作的信任关系。显然，现代管家理论又为两职合一提供了理论基础。两职分离和两职合一各有其优劣势，两职分离可增强董事会独立性，强化对管理层的监督，但可能损害管理层的创新动力，某些情况下甚至可能引发双方矛盾及权力争夺。两职合一有利于发挥管理层的创新自由度，增强决策执行力，避免权力纠纷，但可能降低对管理层监督的有效性，导致权力失去约束。我们认为，我国公司治理改革实践中出现的一些失败教训一定程度上显示了代理理论的局限性，在代理理论框架的基础上，适当吸纳现代管家理论的思想，两大理论兼收并蓄，将为我国公司推行首席执行官（CEO）制度奠定理论基础。即基于现代管家理论，对总经理赋予更大的信任，将董事会部分决策权转移给总经理，由其全面负责公司经营活动，将总经理升格为公司的首席执行官（CEO），有助于公司增强决策效率和对外在激烈竞争市场的应变能力；同时，基于代理理论，由董事会下设的审计委员会对 CEO 进行监督，形成权力约束，且 CEO 和董事长两职分任。目前，我国部分上市公司已启用了 CEO 制度，但一些公司仅是使用了 CEO 称谓，而并未具 CEO 的实质，CEO 制度在我国的适用性和进一步推行有待更加深入的研究及实践检验。

（2）股权结构是公司治理整个制度安排的产权基础，它首先决定了股东结构和股东大会，进而决定了整个内部监控机制的构成和运作（石水平和郭晰雪，2008）。股权结构能够在一定程度上反映公司的风险承担和利益分配机制，影响对经营者的监控、成长机会选择等价值创造和分配行为，并进而影响董事会治理效率（崔学刚，2004）。因此，股权结构是公司治理机制运转的根基。研究结果显示：

第一，国家参股或控股公司的互联网报告及时性显著比民营公司更高。长期以来，学术界对于国有公司治理存在以下典型批评：一是国有公司所有者缺位，容易导致内部人控制问题，其直接后果是经营者往往以牺牲股东利益为代价追求个人私利（白重恩等，2005），并相应降低公司透明度；二是国有公司管理人往往由政府机关指派非深谙经营之道的职业经理人，这阻碍了公司绩效的实现；三是国有公司有充分就业等政治目标，常不以公司价值最大化为其目标，这干扰了公司运作的效率。受上述观点的影响，近二三十年来，包括我国在内的全球多个国家在公司治理改革过程中先后出现了规模不等的国退民进现象（黄张凯等，2006），一些学者甚至提出了国有股权应当从大量竞争性领域上市公司彻底退出的观点（倪受彬，2006）。然而，本书认为，对于国有性质股权的利弊应当综合考虑多种观点予以判断，学术界另有一类观点不容忽视。例如，杜兴强、温日光发现，国家控股上市公司比非国家控股上市公司盈余管理程度要小，其会计信息质量较高。他们认为，上市公司最终控制人的国有性质并不是业绩差的代名词，相反，国有性质上市公司承担着诸多社会责任，亦愿意树立良好的公众形象，其并不一定会有更强动机进行盈余管理、削弱会计信息的质量，且最终控制人为国有性质的上市公司，由于委托人具有政府权威，其控制监督能力较非国家控股的公司要强，进行盈余管理的可能性较小，从而会计信息质量较高（杜兴强和温日光，2007）。程和康特奈（2006）发现，政府持股公司更能符合政府有关公司治理和信息披露的政策和要求，并表现得更加透明。我们也发现，国家参股或控股公司的互联网报告具有显著更高的及时性，这显示国家参股或控股公司相比民营公司能够更好地响应政府监管机构有关公司治理改革和提高透明度的要求。上述证据表明，股权的国有性质并不必然导致公司治理缺陷。

第二，高管持股比例对于互联网报告及时性有较积极的促进作用。根据代理理论，只要存在委托代理关系就要求有激励机制（周仁俊等，2005），能否通过激励机制调动管理层的积极性，将管理层利益与股东的长期利益相统一是公司治理着重要解决的问题。运用股权作为激励报酬方式，可以协调管理层与股东的利益，降低公司的代理成本（Jensen and Meckling，1976），尤其当公司发展前景良好时，由于自愿披露信息有助于抬高公司股价，使得管理层的股权报酬得到保障，并且有利于管理层建立良好声誉，公司透明度将得以提高。然而，需要注意的是，认为股权激励能够完全解决代理问题的观点是错误的，某些情况下，股权激励不仅不能起到降低代理成本的效果，甚至可能反而给予管理者更多从公司获得个人利益的渠道（姜国华等，2006）。例如，为增加股权报酬，管理层可能操纵会计信息和投资方式（Shleifer and Vishny，1997），则公司信息披露质量将下降。周建波和孙菊生（2003）的研究也发现，在内部治理机制弱化的公司，存在经营者利用股权激励机制掠夺股东利益为自身谋利的行为。因此，为确保股权激励达到预期目标，在引入股权激励机制的同时，有必要设计配套机制，对高管业绩的评价办法、股权激励方案的制定方式和流程等予以规定。同时，应当推动经理人市场的建设，培育高素质职业经理人，通过市场定价机制对高管的人力资本价值进行定价，并通过市场的竞争和声誉约束机制对高管在职期间行为形成激励和约束。总之，应当通过公司内部配套机制和外部经理人市场的同步建设，促进高管股权激励机制的有效运作。

第三，第一大股东持股比例对互联网报告及时性产生了显著负面影响。大量研究表明，在股权高度集中情况下，公司的主要代理问题已不再是经理人与股东间的利益冲突，而是如何防止大股东对其他股东的利益侵占（Shleifer and Vishny，1997）。拉波塔等（La Porta et al.，1999）认为，全世界范围内大公司的核心治理问题是大股东对小股东的剥削问题，当缺乏对小股东利益的保护和对大股东行为的有效监督时，大股东可能以其他股东的利益为代价追求自身利益，通过追求自利目标而不是公司价值目标来实现自身福利最大化。拉波塔等（1999）以“隧道挖掘”一词形象描述大股东的这种利益侵占行为。为掩盖其利益侵占行为，大股东往往缺乏对外报告公司信息的动机，甚至为了攫取控制权私人收益，会向外部投资者报告虚假会计信息（程新生等，2008）。来自我国资本市场的大量证据表明，大股东掏空通常伴随着信息披露违规和信息欺诈（高雷和宋顺林，2007），公司透明度将无从谈起。因此，从某种程度上说，运用公司治理机制保证公司透明度这一基本功能的发挥，受制于公司的股权结构。我国上市公司股权高度集中的事实导致了股权缺乏制衡的局面，而股权缺乏制衡将可能带来小股东信息知情权的无以保障和利益被肆意践踏。本书将公司治理与公司信息披露关系的实证研究延伸至互联网报告领域仍然发现，握有高比例股权的第一大股东严重阻碍了公司互联网报告的及时性。股权结构是公司治理的产权基础，是董事会治理的重要外生变量（崔学刚，2004），不合理的股权结构将影响董事会构成及董事会治理效率，并可能导致公司治理各项机制失效。本书认为，股权缺乏制衡是当前我国公司治理诸多问题的症结所在，应当通过引入多元投资者以强化对第一大股东的股权制衡度以及推动公司控制权市场发展促进对公司控制权的竞争等方式着力予以解决。

5.2.2 IT 治理机制的完善

IT 治理这一概念最早由罗和温克特拉曼（Loh and Venkatraman，1992）提出，近年来，随着 COBIT、ISO20000、ISO27001 和 ISO38500 等系列 IT 治理国际标准的相继推出及不断完善，IT 治理理论已经成为现代公司应用信息技术的纲领性指南。

IT 治理在全球范围的兴起和推广主要源自以下两股驱动力量：其一，IT 对现代公司运作系统的深刻渗透；IT 的结构性嵌入，不仅改变了公司业务流程，而且对公司的生产效率、业绩乃至组织结构产生了深刻影响，IT 被认为是现代公司获取竞争优势的源泉。然而，IT 的大规模投资也引发了“IT 生产力悖论”①（IT Productivity Paradox）的争论和困扰，一些公司对 IT 的资本投入不但未对其产生价值输送，甚至成为其沉重的经济包袱。这表明，引进 IT 并不必然带来价值创造，需要引入科学的治理和管理行为，以此一方面减轻与实施 IT 相关的风险，另一方面确保 IT 支持并推动公司业务目标的实现从而创造价值。因此，IT 的深刻渗透要求重视并实施 IT 治理。其二，监管法规的强力推动。以美国和中国为例，2002 年 7 月，为重树投资者对资本市场的信心，美国国会通过了《萨班斯法案》，《法案》的核心要求是：上市公司管理层应当完善公司内部控制并对财务报告内部控制的有效性负责；2008 年 6 月，我国财政部、证监会、审计署、银监会和保监会联合发布了《企业内部控制基本规范》，《规范》第 11 条规定：企业应当创造条件，有效利用计算机信息技术加强企业内部控制，不断提高内部控制的效率与效果。从而，从法律高度对我国公司完善内部控制提出了要求。IT 的深刻渗透使得 IT 控制已事实上成为公司内部控制不可分割的组成部分，完善公司内部控制必然要求 IT 控制的完善，而完善 IT 控制又首先要求一套良好的 IT 治理架构的支撑。可见，国内外相继出台的监管法规对 IT 治理的

① IT 生产力悖论：最早由美国麻省理工学院斯隆管理学院教授罗伯特·索洛（Robert Solow）于 1987 年提出，指 IT 投资在实践中没有实现其在理论上承诺的收益。

研究和推广形成了强势的推动作用。

1. IT 治理理论概述

(1) IT 治理的定义。众多学者和研究机构从不同角度对 IT 治理进行了定义。其中，具代表性的包括：第一，国际信息系统审计与控制协会(ISACA) 下属 IT 治理协会 (IT Governance Institute, ITGI) 2007 年的定义——IT治理是董事会和执行层的责任，通过领导权、组织和流程确保 IT 支持并推进组织的战略和目标，价值、风险和控制是 IT 治理的核心。第二，韦尔和罗斯 (Weill and Ross, 2004) 认为，IT 治理是指在应用 IT 过程中，为鼓励期望行为 (即 IT 与业务相融合) 而明确的决策权归属和责任担当框架。第三，彼得森 (Peterson, 2004) 认为，IT 治理是组织利益相关者之间关于 IT 决策权和责任的部署，是制定及监控 IT 战略决策的程序与机制。第四，范格兰伯根 (Van Grembergen, 2007) 认为，IT 治理是由董事会、执行官和 IT 经理执行的组织功能，以控制 IT 战略的制定和实施，确保组织业务与 IT 融合。

根据上述定义，可以对 IT 治理作如下概括：IT 治理是董事会和管理层的责任；关键是 IT 决策权及相关责任的部署；核心是规避 IT 风险、实现 IT 价值；目标是通过确保组织业务与 IT 融合，推动业务发展，从而支持并实现组织战略目标。

(2) IT 治理机制。彼得森 (2004)、韦尔和罗斯 (2004) 以及温—格雷伯均 (2007) 均在其研究文献中指出，IT 治理是“通过不同的组织结构(structures)、流程 (processes) 和关系机制 (relational mechanisms) 联合实施的”。组织结构、流程和关系机制构成了组织 IT 治理框架的三大要素，IT 治理机制正是围绕这三大要素而进行的系统的机制设计。以下分别予以阐述。

第一，组织结构。组织结构指负责 IT 决策的正式组织设置和责任担当框架 (2004)。通过组织结构明确 IT 治理的决策权归属和责任分配，是 IT 治理实施成功的关键 (Weill and Ross, 2004)。其主要关注的问题包括：建立何种结构性组织？组织承担何种职能？谁参与这些组织？谁负责制定决策？

常见 IT 治理组织结构及其职责：

① IT 战略委员会。由董事会成员及 IT 专家组成，处于董事会层面

(Board-level)，就IT战略规划、IT战略与组织战略的协调以及IT发展等议题进行讨论和审议，就IT发展、IT与组织业务目标的协调、IT资源的充分性、IT投资的风险和回报以及重大IT项目的进展等向董事会提供见解和建议，确保IT治理得到董事会的充分重视，并代表全体董事评审重大IT投资。

② IT审计委员会。由具有IT经验的董事、独立董事组成，处于董事会层面，负责建立组织IT系统的风险监控体系，设置执行IT风险监控的责任组织，审议IT风险监控计划，指导IT风险监控工作并评估IT风险监控的效果，及时发现组织IT控制的弱点并予以修正，确保组织恰当地管理并缓解IT相关风险。

③ IT指导委员会。由首席执行官、业务执行官、首席信息官以及IT、审计及法律等方面专家组成，处于执行层面（executive - level)，负责根据组织IT战略规划制定IT政策和决策，根据业务战略及优先级确定IT投资项目的优先级，审批组织的IT资本支出预算并分配资金，审查IT项目绩效确保项目达到预期价值，指导IT与组织业务的有效融合，批准IT架构，监督组织IT应用对外部法规和内部规章的遵循情况。

④ 首席信息官。负责制定组织IT战略规划并提交IT战略委员会审议，合理布局组织IT资源，指导和推动组织对IT的利用支持组织战略目标的实现，收集研究组织内外部信息为组织决策提供依据，协助组织完成业务流程重组，领导IT决策的执行并确保各项资源到位，制定IT项目的实施标准和策略，对IT项目进行预算控制、进展跟踪和绩效评估，指导与监督IT部门工作，定期向CEO报告IT决策的执行情况，确保IT符合组织的战略需求。

⑤ IT部门。具体执行组织的IT决策，为组织内部各业务部门提供IT服务和支持，管理、维护并发展IT系统，保证IT系统的持续有效运转，确保IT与组织业务有效融合，支持组织业务发展并实现IT价值。

第二，流程。流程是正式和制度化的IT战略决策程序及IT监控程序(Peterson，2004)，是在既定IT战略与政策的指导下，用于管理IT的程序(Kaplan，2005)。组织各层级人员正是通过既定流程共同制定、执行IT决策，监控IT决策的执行效果，推动IT服务于组织战略目标的实现。其主要关注：IT投资决策制定（建议投资、投资审批和优化投资）的过程如何？IT决策的执行过程如何？IT决策的绩效评价过程如何？

常见IT流程及其功能：

① IT战略规划流程。在评估组织的IT能力、分析组织业务战略及其优

先级的基础上，以成本降低和风险控制为前提，制定能够满足组织当前和未来业务需求的 IT 战略规划，并根据业务需求的变化适时更新。IT 战略规划由制定和审议两个过程构成。

② IT 投资审批流程。根据组织 IT 战略规划审查 IT 投资的合理性，考察 IT 投资是否符合组织业务需求及其与组织业务发展的协调性，通过均衡评估 IT 投资的财务和非财务影响，排定 IT 投资项目优先级，确保组织 IT 投资整体效益最大化。

③ IT 项目追踪机制。在 IT 项目开发的全生命周期，持续运用一套项目管理指标（包括财务、非财务和风险分析指标）评估项目的成本、预期收益及风险，追踪项目进展，及时根据最新信息修正对项目投资回报率及其风险的判断，确保项目能够产生预期投资回报并在组织的风险容限之内，必要时，重新定位或终止 IT 项目。

④ 信息及相关技术控制目标（COBIT）。COBIT 由国际信息系统审计和控制协会（ISACA）下属的 IT 治理协会（ITGI）制定，提供了信息技术安全和控制实践的标准化方法。COBIT 将组织 IT 应用全生命周期划分为 34 个业务流程，归集为四个控制域：计划和组织（Planning and Organization）、获取和实施（Acquisition and Implementation）、交付与支持（Delivery and Support）以及监控（Monitoring）。每个流程均给出了具体的控制目标、成熟度模型、目标指标和绩效指标，用以评估 IT 流程的绩效，从而对 IT 应用全程实施有效的监控。

第三，关系机制。关系机制指高级管理层、IT 和业务经理及员工的积极参与和合作关系（Peterson，2004）。关系机制用于确保 IT 治理参与各方在建立建设性关系的基础上有效沟通，其主要关注：运用何种机制向董事会、执行官、业务经理、IT 经理、员工等沟通 IT 战略、决策及其结果？运用何种机制共享 IT 和业务知识？

常见的关系机制及其功能：

① 高级管理层的支持。指高级管理层推动 IT 的决心、力度和实际行动。高级管理层的支持是 IT 治理成功的关键因素（IT Governance Institute，2007），表现在为 IT 分配充分的人力和物力资源，支持组织 IT 的建设和发展，确保 IT 投资的持续性等。高级管理层的支持和倡导能够唤起组织各层级成员对 IT 重要性的一致认识，被认为是最有效的关系机制。

② IT－业务交叉培训和轮岗。指 IT 部门员工接受业务知识培训并进入

业务部门工作，或业务部门员工接受IT知识培训并进入IT部门工作，交叉培训和轮岗有助于增进IT部门员工对组织业务的理解和业务部门员工对IT的理解，也有助于IT知识在组织内部的传播和扩散，达到双方知识共享，并最终促成IT与业务的有效融合。

③ IT－业务关系经理。专职关系经理用于在业务部门和IT部门间架设沟通的桥梁。关系经理应熟悉组织业务及IT技术，负责在业务部门与IT部门之间传递信息、沟通疑难问题，促进二者间的彼此理解和合作。

④ 公司内部定期沟通处理IT问题。指IT战略委员会、IT审计委员会、IT指导委员会定期开会讨论包括战略规划、风险监控以及IT决策制定、资本预算和资源分配等IT相关议题，通过董事、业务和IT高级管理层以及IT专家等人员的与会沟通、共享知识和交换意见积极探讨组织IT发展和执行过程中出现的问题，并提出解决方案。

⑤ 互联网传播。指运用互联网如组织内部局域网向全体员工传播组织的IT战略、政策、重大IT决策及其预期收益、IT潜在风险及其防患等，从而在组织内部系统地传播IT治理知识。互联网形式的宣传具有高速度、广普及的优势，将使IT治理相关重大事项在组织内部获得最大范围的关注，并使IT风险知识得到普及，有利于全体员工在树立IT风险管理观念的同时，理解组织的IT战略决策并积极参与IT治理，促进IT治理机制的有效运行。

总之，设计合理的组织结构和明确的权责分配是有效IT治理的根本保证，流程使得IT治理的实施过程科学化、制度化和透明化，而关系机制促进了IT治理参与各方间的有效沟通、理解和合作，是IT治理成功的关键驱动力。组织结构、流程和关系机制三大要素互相关联、相辅相成，构成了IT治理的基本框架，并在此基础上形成了一套IT治理机制，为包括公司在内的各类组织实施IT治理提供了蓝本。目前，全球众多公司已经建立了上述IT治理相关机制，通过各项机制的有效运转确保公司业务与IT相融合，从而服务于公司战略目标的实现。

2. 公司互联网报告IT治理机制的构建

公司互联网报告系统是基于互联网的公司对外报告信息系统，其代表了公司的官方语言，在很大程度上影响着公司的声誉和形象。因此，公司互联网报告系统是公司IT系统的一个重要且具战略意义的组成部分，公司互联网报告风险的治理亦是公司IT治理的一个重要组成部分。

史密斯和皮尔斯（2005）基于对欧洲前100强上市公司的问卷调查，得出了欧洲公司缺乏合理的互联网报告治理程序的结论，他们建议为保证互联网报告的完整性，应当对能够缓解互联网报告风险的全面控制展开研究。博伦等（2008）应用五个标准对50家荷兰公司的投资者关系管理网站进行评价，筛选出四家建有高质量投资者关系管理网站的公司和两家低质量公司，对两组公司的组织结构、战略、系统程序和管理风格等进行差异比较，提出了可能促使公司高质量地建设投资者关系网站的变量。赫洛克斯和福丁（2009）对两家上市公司IT治理框架的组织结构、流程和关系机制三大要素与网站内容战略控制机制之间的关系进行了案例研究，他们认为IT治理可以帮助公司处理与互联网信息披露有关的安全性、可靠性和风险管理等重要问题。以下，本书将基于上述研究文献提供的实证证据，围绕组织结构、流程和关系机制三大要素，尝试在公司已有IT治理框架的基础上为互联网报告构建IT治理相关机制，以对公司现有的IT治理机制进行进一步的完善，旨在通过指导公司构建和执行完善的IT治理机制，全方位提高公司对互联网报告相关风险的治理能力，抑制公司互联网报告过程中系列技术及管理风险因素尤其是各项关键风险因素存在的空间，预防、降低信息不可靠和诉讼风险等相关风险。

（1）组织结构。组织结构是公司任何活动运行的基础和组织依托，组织结构设置的目标在于明确决策权的部署和责任承担的主体。赫洛克斯和福丁（2009）指出，成熟的IT治理组织结构将对公司网站的内容实施更严密的战略规划和监控，从而对网站内容的维护和提高形成强大支持和保证。本书提出如下公司互联网报告IT治理组织结构设置，由于上文已对各相关组织的IT治理职责进行了描述，以下将仅描述与互联网报告有关的组织及其承担的相关职责①。

第一，IT审计委员会。负责建立公司互联网系统的风险监控体系，设置风险监控责任组织，审议互联网风险监控计划，指导IT部门和内部审计部对互联网报告的各项风险监控工作并评估风险监控的效果，及时发现监控弱点并予以修正，确保公司恰当管理并缓解互联网报告相关风险。

① 本书所提出的组织结构并不旨在为公司互联网报告风险的治理设定一个统一的组织架构，公司可根据其实际情况及组织结构设置的精简化、柔性化等原则，在其已有IT治理组织结构基础上设计符合自身需求的互联网报告组织结构。例如，为避免设立多个董事会所属委员会，已设立审计委员会的公司，可将本研究所述IT审计委员会的职责并入审计委员会，而不必同时设立IT审计委员会。

第二，IT 指导委员会。负责制定公司与互联网建设和维护相关的政策和决策，确定互联网投资项目优先级，审批互联网投资项目，确保项目资源分配，并审查互联网投资项目的绩效确保项目达到预期价值。

第三，信息披露委员会。由独立董事和与对外信息披露有关的高级管理层（包括首席执行官、董事会秘书、首席财务官、投资者关系部负责人、首席内部审计师和首席法律顾问等）组成，处于董事会层面，负责制定与公司总体战略和对外沟通战略相协调的互联网报告战略，对公司互联网报告的目标群体、短期目标和长期愿景等作出规划，为互联网报告的管理活动提供导向和支持，负责管理公司的互联网形象，指导互联网报告的内容设置和设计风格，协调公司各部门支持互联网报告的维护和更新，讨论与互联网报告有关的重大问题（如互联网报告与其他媒介信息披露的协调问题、法律风险问题），并提出解决方案。

第四，首席信息官（CIO）。负责制定公司的互联网发展战略规划，根据互联网报告的短、长期目标制定网站建设标准，对网站建设及维护项目进行预算控制、进展跟踪和绩效评估，指导和监督互联网报告的各项管理工作，并定期向 CEO 报告。

第五，投资者关系部下设互联网报告团队。由互联网技术人员和具对外沟通经验的人员组成，团队内部设置技术任务组和内容管理任务组，分别负责互联网报告的技术工作和报告内容的创建、发布及更新等内容管理工作，确保互联网报告内容管理的系列控制机制（包括内容创建机制、内容批准机制、内容发布机制和内容更新机制）得以有效运行，持续维护并更新互联网报告内容，保证互联网报告信息的可靠性、公允性、完整性和及时性等。

第六，内部审计部下设互联网报告监控组。持续跟踪互联网报告的内容及其技术应用的适当性并定期对互联网报告开展审计，测试互联网报告内容管理的系列控制机制是否设计和运行适当，及时将所识别风险因素反馈给互联网报告团队并提出改进意见，及时向信息披露委员会报告所发现的重大风险因素（如违反信息披露监管法规或可能引起法律风险的问题）并提交风险检测报告，确保公司互联网报告战略得到恰当贯彻。

第七，IT 部门下设互联网安全技术监控组。负责制定公司的互联网安全控制制度，设计并有效执行确保互联网安全的内部控制机制，保护互联网硬件设施、软件系统及备份数据防止未授权的物理或逻辑访问，运用系列安全保护技术，包括访问控制、信息加密以及防火墙、防病毒网关、漏洞扫描、入侵监测等互联网安全防御手段对来自互联网的安全风险实施隔离和监控，评价公司互联网安全控制的有效性，识别互联网安全控制缺陷并及时予以反馈和改进，防范互联网报告系统被恶意攻击、重要信息被篡改等风险，定期向 IT 审计委员会提交互联网安全风险检测报告，并制定应对互联网安全事故的程序和应急预案，确保互联网报告系统的持续有效运行。

结构设置如图 5 - 1 所示。

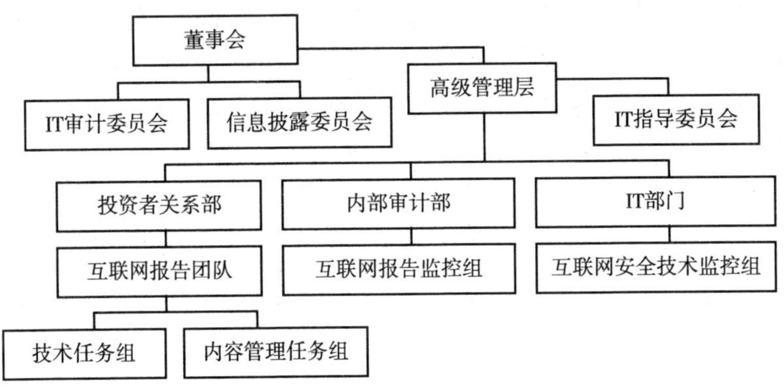

图 5 - 1　公司互联网报告 IT 治理相关的组织结构设置

（2）流程。流程设计的目标在于规范化决策制定、决策执行和监控实施的程序，使得各项管理过程科学化、透明化并达到预期效果。内容是公司互联网报告最有价值的部分，内容管理是互联网报告管理的核心问题。下面以内容管理为核心设计公司互联网报告 IT 治理的特有流程，并描述各流程功能。

第一，互联网报告战略规划流程。根据对利益相关者信息需求的调查和公司对外沟通战略需求，以有效沟通和关系管理为目标，制定支持公司总体战略目标的互联网报告战略规划并适时修订。互联网报告战略规划应当指出公司互联网报告的目标群体、短期目标和长期愿景等，从而对各项相关管理活动形成导向作用。

第二，内容创建机制。内容创建机制的目标在于确保互联网报告信息的可靠性。由投资者关系部下设的互联网报告团队内容管理任务组负责报告内容的创建工作，同时要求公司各部门的内容支持，如财务部门负责提供财务信息，生产经营部门负责提供公司生产经营相关的信息等。实行责任人负责制，即各部门分别指定内容负责人，各部门在将相关信息传递给互联网报告团队内容管理任务组前须先获得本部门内容负责人的批准，内容负责人的职责是保证所提供信息的可靠性。通常，各部门传来的信息即形成用于互联网报告各栏目的内容。必要情况下，互联网报告团队内容管理任务组对由各部门传来的信息进行适当的抽取、综合和编辑。此时，应执行内容创建后的审核机制，即在任务组内部设专人对编辑后的信息进行审核，确保报告内容的可靠性。

第三，内容批准机制。内容批准机制设计的关键目标是保护公司重要信息并防范诉讼风险，其由内容层级批准机制和诉讼风险防范机制这两个子机制构成。

内容层级批准机制的核心在于明确内容批准的权力部署，通过适当的权责分配达到保护公司重要信息尤其是机密信息的目的。所有内容在发布于公司网站前均须经过批准程序，应当根据所披露内容的重要性确定内容批准人员的层次，重要性越高，负责批准人员的层次越高。例如，对于可能透露公司当前战略发展方向、技术革新的信息以及重大决策信息、突发事件信息等，应当由负责互联网报告内容管理的最高层次人员如首席沟通官负责批准，而对于一般信息，则由公司投资者关系部部门领导批准即可。

诉讼风险防范机制指在内容批准过程中对内容的公允性及是否可能引起误导进行审核，重点排除列报可能为公司招致诉讼风险或负面影响公司在诉讼中地位的信息以及可能侵犯其他方利益的信息，确保信息内容公允、严谨，并在必要的情况下积极寻求公司法律部门或法律顾问的支持。包括：避免对公司业绩、股票投资价值等的夸大宣传，加强对敏感性信息如可能引起股价波动的信息、盈利预测等前瞻性信息、重要未审计信息如营运数据、第三方评价信息如分析师评论的审核，并要求适当应用警示性语言或免责声明，对信息使用者进行必要的警示，以减轻公司责任，降低公司卷入诉讼的可能性并保护公司在诉讼中的地位。

第四，内容发布机制。内容发布机制的关键是严格控制内容发布权限。委派具技术胜任能力的人员承担互联网报告的内容发布工作，应当通过恰当的手段确保仅由获发布授权的人员发布已经过适当批准程序批准的内容，严格排除未获发布授权人员擅自发布信息的情况，并确保发布过程的技术处理适当、互联网报告内容正确、编排美观。

第五，内容更新机制。内容更新机制设计的关键在于确定内容更新的责任承担主体及各栏目内容的更新周期及更新触发点，确保互联网报告信息具备及时性质量特征。内容更新应当确立“双轨”原则。一是定期更新原则，即对不同栏目信息确定更新周期。如公司新闻每日更新，营运数据每月更新，财务报告和主要财务指标每季度更新（定期报告一经向监管机构报送，即应在网站上发布）等，由各相关部门向互联网报告团队定期传递信息。二是重大事件触发原则，即一旦发生重大事件，在根据信息披露有关监管要求向监管机构如证券交易所报送事件报告并经其审核在指定媒体及网站披露之后，应经适当的内容批准程序，及时发布于公司网站，确保公司网站成为获取公司重大事件信息的最佳来源，避免外界对事件的揣测及偏颇报道，维护公司声誉和形象。此外，还应规定网站信息保存的时间期限，并规定将超过期限信息自网站删除另行存档的程序，以使网站各栏目持续列示规定期限内的相关信息，保持期限内信息的完整性。

第六，内容评价机制。内容评价机制实质上是对互联网报告内容的监控、反馈和改进机制。由内部审计部下设的互联网报告监控组持续跟踪互联网报告的内容并定期（月度、季度或半年）开展审计，评价报告内容的可靠性、公允性、完整性、及时性及其技术应用（如多媒体、超链接技术）的适当性，评价报告内容及其发布时机是否符合现行信息披露监管法规的规定、是否可能为公司引致诉讼风险或竞争劣势风险，以测试互联网报告内容创建机制、内容批准机制、内容发布机制和内容更新机制设计和运行的有效性并提出改进建议，及时将识别的风险因素反馈给互联网报告团队并提出改进意见，对于发现的重大风险因素（如违反信息披露监管法规或可能招致诉讼风险的问题）应及时向公司信息披露委员会报告并提交风险检测报告。

(3) 关系机制。关系机制设计的目标在于确保参与公司互联网报告的各方有效沟通并形成积极合作关系。下面本书对公司互联网报告 IT 治理运用的主要关系机制及其相关功能进行介绍。

第一，高级管理层的支持。高级管理层的支持将为公司互联网报告设定来自高层的积极基调，有助于公司全体员工对互联网报告的意义及其重要性形成一致认识和共同信念。高级管理层的支持主要表现在对公司互联网报告实践的积极倡导和推动，积极参与规划互联网报告的战略及发展，动员全体员工致力于维护与提高互联网报告的质量，确保人力资源及物力资源的充分分配等。

第二，内容联络人。内容联络人用于在参与互联网报告的公司各部门和互联网报告团队之间架设沟通桥梁，参与互联网报告的各部门和互联网报告团队均应指定一名内容联络人，各部门内容联络人负责采编本部门用于报告的信息，经本部门内容负责人对信息的可靠性、适当性进行审核并批准后向互联网报告团队内容联络人传递。互联网报告团队内容联络人负责与各部门内容联络人的沟通和协调工作，并负责将收到的信息依据预定的内容批准层次送交适当层级内容批准人员审批。

第三，公司内部定期沟通处理互联网报告问题。指 IT 审计委员会、IT 指导委员会、信息披露委员会定期开会讨论包括互联网安全风险监控、互联网项目投资决策制定、资源分配以及互联网报告内容设置、风险防范等相关议题，通过董事、高级管理层及法律顾问等人员的与会沟通、共享知识和交换意见积极探讨互联网报告的建设及维护问题，并提出解决方案。

第四，互联网传播。指运用互联网如公司内部局域网向全体员工宣传互联网报告的战略、管理流程、职责分配、潜在风险及其预防等。互联网形式的宣传将使互联网报告的战略和风险知识等得到公司内部广泛的关注和理解，有利于公司员工在树立互联网报告风险管理观念的同时，理解公司的相关战略决策并积极支持互联网报告的维护和发展。

第五，风险报告线。设置风险报告线的目的在于确保公司内部风险问题沟通渠道的畅通，畅通的风险报告线将使相关风险因素及时被发现并纠正，避免风险事件的发生并造成风险后果。公司互联网报告的风险报告线包括：CIO 定期向 CEO 报告相关情况；内部审计部下设的互联网报告监控组将所识别的风险因素反馈给投资者关系部下设的互联网报告团队，同时将发现的重大风险因素向信息披露委员会报告并提交风险检测报告；IT 部门下设的互联网安全技术监控组定期向 IT 审计委员会报告互联网安全风险因素的发现及其纠正情况，并提交互联网安全风险检测报告。

5.3　审计师风险治理机制研究

互联网报告将成为公司对外信息披露的主要窗口和外部利益相关方获取公司信息的主要渠道，这是一个显然的趋势。然而，当前公司互联网报告的现实状况是大量信息未经审计。全球发布未审计信息却没有可靠性的承诺，这值得引起极大的关注（Chou and Chang，2010）。审计师是公司报告供应链上超然独立的第三方，审计师的责任在于对公司报告信息的质量进行公正的鉴证。前文述及，公司互联网报告风险治理的本质问题是如何保证其信息质量的问题，公司互联网报告风险治理的根本目标在于保护信息使用者的利益。因此，作为公共利益守护神的审计师责无旁贷，应当参与互联网报告风险的治理，成为公司互联网报告风险治理的第二责任承担主体。

显然，审计师参与风险治理的核心问题是如何为之设计可行的第三方鉴证机制，以为互联网报告的信息质量实施鉴证并提供合理保证。1999 年，国际会计准则委员会（IASC）在其发布的《互联网上的企业报告》中指出，鉴证将成为未来互联网企业报告最重要的元素，只需对电子商务的 WebTrust 鉴证[①]进行适当修订，即可对互联网企业报告提供鉴证功能。遗憾的是，这一构想并未得到后续研究的跟进探索，各国审计准则制定机构对于审计师对公司互联网报告的责任承担问题甚至存在意见分歧。截至目前，全球审计执业界对于公司互联网报告鉴证业务的开展几近空白。缺乏有效的鉴证机制，互联网报告的信息质量可能长期陷于良莠不齐的状况，这将使得信息使用者长期面临各种信息风险的困扰，公司互联网报告行为也将无法获得应有的信任。因此，针对公司互联网报告第三方鉴证机制的研究亟待开展。

下面本书将在回顾各国审计准则制定机构颁布的相关指南基础上，对第三方鉴证的目标、性质、机理及主要流程等展开探索，尝试为公司互联网报告引入第三方鉴证机制，以期从公司外部施加独立、客观、公正的力量对机会主义、技术和管理风险因素尤其是各项关键风险因素存在的空间形成遏制作用，预防、降低信息误导和信息不可靠等相关风险，为互联网报告的信息质量提供合理保证。本书将由审计师执行的第三方鉴证机制作为公司互联网报告风险治理的第一外围机制。为便于阐述，下文将公司互联网报告的第三方鉴证简称为 Webreport 鉴证。

5.3.1 审计准则制定机构的指南

公司互联网报告的出现及其风行引起了各国审计准则制定机构的关注，

---

① WebTrust 鉴证用于对电子商务网站是否符合安全（security）、隐私（privacy）、处理的完整性（processing integrity）、可用性（availability）和保密性（confidentiality）等信誉鉴证的系列原则和标准实施鉴证，用于树立用户对网站电子商务交易的信任，从而促进网站电子商务交易的达成。

美国、澳大利亚和英国的审计准则制定机构相继对互联网报告带来的审计挑战进行了研究，并先后颁布了指南，这些指南的观点为本书第三方鉴证机制的研究奠定了基础。以下，逐一展开陈述。

1. 美国

美国是世界上第一个向审计师发布互联网报告审计指南的国家。1997 年，美国审计问题任务组（the Audit Issues Task Force，AITF）发布了 AU550——《包含已审计财务报表的电子网站上的其他信息》（Other information in electronic sites containing audited financial statements）的公告以对第 8 号审计准则（SAS No. 8）——《包含已审计财务报表的文档中的其他信息》的应用提供解释和指南。

AU550 宣布美国审计师对公司网站上的信息不承担责任，原因是网站并不属于 SAS No. 8 所定义的文档范围，网站仅是分发信息的一种手段，并非“文档”。根据这一解释，审计师不必要阅读网站信息，也不必考虑网站信息与纸质年度报告的一致性。AITF 认为在互联网上为审计意见对象圈定一个严密的边界是不可能的，他们的结论是最好明确审计师与所审计公司的财务信息电子披露无关。

1999 年 8 月 15 日，美国注册会计师协会（AICPA）审计和鉴证工作组（audit and attestation team）发布了名为《互联网上的财务报表》的 97 - 1 号实践警告（practice alert），警告表明了工作组对互联网报告审计的立场，并对一些常见问题作出了解答。包括：（1）继续支持 AU550 的观点，即审计师不必要阅读网站信息并考虑相关问题；（2）审计师与客户讨论信息的完整性、安全性问题，以确保客户为保护其系统做了合理的努力；（3）支持公司应当清晰标明网站上年度报告和已审计数据的边界的观点。

2001 年 1 月，美国注册会计师协会（AICPA）对 AU550 进行了修订，发布了 AU9550A——《包含已审计财务报表的文档内的其他信息》公告，以对 AU550 作出进一步审计解释。公告仍然认为网站仅是分发信息的手段而非“包含已审计财务报表文档内的其他信息”中所指的“文档”范围，因此，不要求审计师阅读电子网站上的其他信息，或者考虑网站信息与原文档的一致性。但客户可以聘请审计师对网站上的信息执行专业服务，这些服务可采取不同形式。例如，可根据其他审计或鉴证准则（如 AT201——商定程序业务）来执行服务，这取决于客户所要求服务的性质。

2. 澳大利亚

1999 年 12 月，澳大利亚会计研究基金会审计和鉴证准则委员会（Auditing and Assurance Standards Board of the Australian Accounting Research Foundation）就财务信息电子发布的审计意义，发布了一份权威的指南公告 AGS1050——《与财务报表电子发布有关的审计问题》。该公告目标是在报告主体运用信息技术在互联网上发布已审计财务信息的情况下，为审计师提供指南。

AGS1050 的主要内容包括：

（1）财务报告电子发布并不改变公司管理层和审计师的责任，报告主体对财务报告网站上的发布及其控制负有责任，应确保其充分的安全性，审计师对客户网站的鉴证，是一项单独的网站鉴证业务，不构成财务报告鉴证业务的一部分，审计师应当与管理层协商将网站鉴证业务作为独立鉴证业务。

（2）管理层应就与已审计财务报表电子发布有关的事项与审计师沟通，包括管理层对网站及其内容的责任，与财务报告发布有关的法律规定，公司网站上财务信息的性质、范围和格式，为避免网站内容的误导性陈述或不恰当关联已审计和未审计信息所做的工作，以及电子财务报告的安全性和完整性等。

（3）建议应当在业务约定书中明确指出双方的责任、在线报告的性质会增加将已审计和未审计数据错误联系的风险、网站的完整性问题以及将本网站信息向其他网站信息链接而带来的问题，并建议审计师向管理层就上述问题索取明确的管理层声明以达到自我保护的目的。

（4）为审计师和管理层识别了一些需要注意的特别问题，旨在降低将特定财务报告的审计报告与网站上其他未审计信息相关联而带来的风险。包括：建议已审计和未审计信息不应共同构成网站某一栏目的内容；在网站上将审计报告与财务报表摘要信息一同提供是不恰当的；当报告主体在网站上发布不完整的财务报表，如财务亮点、财务报表摘要等，建议管理层予以警示，如“摘要数据不能完全揭示公司财务状况”等。

（5）提出审计师的确对相关电子文档（文档内包括已审计财务信息）的审验负有责任。然而，公告并未对实践中如何进行审验以及审计师审验公司网站其余信息的范围作出明确指引。公告提出，由于有关电子文档的法律架构尚未建立，对于什么构成一份“电子”文档尚未有完善的定义。因此，审计师应当“运用专业判断”确定与年度报告一同列示的网站上其他信息是否需要按照 AUS212——《包含已审计财务报表的文档中的其他信息》中规定的原则进行审验。但是，在财务报告电子发布之后，审计师不承担对财务报告实施任何调查的义务，除非审计师发现审计报告的使用不恰当。

（6）财务报告电子发布可能需要改变审计师执行审计程序的方法，审计报告的措辞也需要相应变化，当前审计报告仅适用于打印版的年度报告，对电子版年度报告提供同样的审计报告可能是不充分的。互联网审计报告应指明已审计财务报表的名字、未对与已审计财务报告相链接的其他信息发表审计意见的声明。并建议审计师对审计报告的使用进行积极监督，如管理层没有履行业务约定书约定的正确使用审计报告的责任，审计师应当予以揭示，严重情况下，应当不允许公司管理层电子发布审计报告。同时，公告建议关注电子数据沟通固有风险的阅读者应当用纸质版财务报告信息验证互联网财务信息。

2002 年 7 月，澳大利亚会计研究基金会审计和鉴证准则委员会发布了修订后的 AGS1050。2007 年 12 月 17 日，该委员会发布了指南公告 GS006——《审计报告的电子发布》，以此取代 AGS1050 指南公告。2010 年 3 月 1 日，委员会再次发布了修订后的 GS006 指南公告，以为审计师与审计报告的电子发布有关的事项提供指引。审计师依据适用于 2010 年 1 月 1 日及以后开始的财务报告期间的澳大利亚审计准则执行审计时须参考该指南并须运用专业判断。

相比 AGS1050，GS006 更加强调审计师通过积极介入以降低与财务报告和审计报告电子列报有关的风险，并提出了一些具建设意义的意见，其主要内容包括：

（1）澳大利亚审计准则的要求不因已审计财务报告和审计报告是纸质或电子发布而不同，在电子发布情况下，审计师须考虑执行额外程序以应对电子发布的特殊性。例如，在可行情况下，确定财务报告电子发布是否遵循了公司法的要求。

（2）为澄清责任，审计师可以在业务约定书中约定与已审计的财务报告和审计报告电子分发和公布有关的责任和内部控制由被审主体治理层及管理层承担，对主体网站已审计财务信息电子发布控制的审验不在财务报告审计的范围。

(3) 审计师应当与被审主体治理层沟通，讨论如何将已审计的财务报告和审计报告以电子形式发布，以最小化审计报告与其他信息不恰当关联的风险；在已审计财务报告和审计报告电子发布情况下，审计师须获得管理层承认已审计财务报告和审计报告电子发布责任的书面声明。

(4) 不要求审计师对被审主体网站上已审计财务报告的电子发布提供单独的审计报告，但认为可考虑在审计报告中添加“其他事项段”，以提醒阅读者审计报告仅面向报告中提及的财务报表，并不对与已审计财务报告相链接的任何其他信息发表意见。

(5) 如果审计报告在未经审计师同意情况下被使用，且审计师注意到已审计财务报告或审计报告被电子列报且管理层并未采取恰当措施，在必要情况下审计师可寻求法律建议。

(6) 审计师应对不在适用财务报告框架内的未审计信息保持警惕，关注网站上已审计信息与未审计信息是否已作了恰当区分，并确认审计报告并未与其他信息相关联，如审计师在其他信息中发现与财务报告的重大不一致，且管理层拒绝更正，审计师可在审计报告的“其他事项段”描述这一重大不一致。

3. 英国

2001 年 1 月，英国审计实践委员会（UK Auditing Practices Board，APB）发布了一份名为《审计报告的电子发布》的指南，在审计师的作用、互联网报告环境下的安全考虑、互联网报告信息的完整性和应当执行的审计程序等方面提供了指引。和澳大利亚一样，指南明确对客户网站进行鉴证不构成财务报告鉴证业务的一部分，且同样强调在互联网报告环境下，审计师和董事各自的责任没有改变，即编制、发布和签署财务报告的最终责任归属于报告主体管理层。

指南主要内容包括：

(1) 互联网报告带来了一些棘手的问题，公司董事可能无法充分理解自身和审计师的责任。因此，审计业务约定书应当清晰地指明以下问题：①由审计师认可公司将财务报表及审计报告置于网站上；②注明董事的责任是确保恰当地列报财务信息和审计报告；③注明公司需在电子发布信息之前通告审计师；④说明如果已审计财务报表或审计报告以不恰当方式发布，则审计师保留拒绝同意电子发布审计报告的权利；⑤注明董事对网站的控制和安全性负责；⑥注明对公司网站的维护和完整性的审查、控制不属于财务报表审计范畴；⑦注明董事应当对年度报告和其他财务信息的电子发布过程担负责任。

（2）为解决将已审计和未审计信息相区分的问题，指南建议已审计及未审计信息不应共同构成网站某一栏目的内容，建议审计师考虑将审计报告与网站上具体动态性信息相联系的必要性。

（3）英国公司可通过电子方式完成法定披露要求，但这一新的监管环境将对审计业务产生影响。建议审计师应当询问公司董事是否已获得一份英国特许秘书及管理人员协会（Institute of Chartered Secretaries and Administrators，ICSA）的指导性文档《与股东的电子沟通：推荐的最佳实践指南》，并询问公司在网站列报信息时是否已遵循该指南。

（4）建议审计师提请管理层在信息使用者由已审计信息进入未审计信息时予以警示，且审计师应当保留已审计财务报表的打印稿或电子备份版以备将来参考。尤其是审计师如发现管理层在网站上对已审计和未审计信息的区分不恰当，或者在信息置于网站之后不恰当地使用审计报告，审计师应当保留是否电子发布审计报告的权利。

（5）现有审计报告仅适用于传统、打印版的年度报告。对电子版年度报告提供同样的审计报告可能是不够的。指南建议对传统纸质审计报告增加下列内容：①维护网站并保护网站的完整性是管理层的责任，审计师不需要考虑上述事项；②在审计报告末尾进行免责声明，声明审计师对将已审计财务报表首次置于网站后的任何变更不承担责任；③审计师阅读网站上的其他信息以考虑其是否与已审计财务报表一致；④指明审计报告所涵盖的财务报表。指南对电子审计报告出具的日期和审计报告的签名进行了特别探讨，对于签名，指南建议开发加密技术以将审计报告与已审计报表相联系。

（6）指南还强调：①明确要求审计师应当审查将具审计师签名的审计报告转换成电子等同版的过程；②审计报告应明确指出所遵循的是哪一国会计和审计准则；③增加对由已审计信息向其他信息的超链接使用的关注。

总之，美国指南的鲜明观点是“审计师不承担责任”。澳大利亚和英国指南则有较多共通之处，表现在：其一，明确公司治理层及管理层的责任；其二，强调审计师应积极关注和沟通，力争降低在互联网上不恰当列报已审计财务信息和审计报告的误导性风险；其三，探索改进传统审计报告的表述，以应对审计报告互联网发布可能出现的情况；其四，均提出审计师有必要审验网站上的其他信息并考虑其与已审计财务报告的一致性，但未对审验的范围和方法作出指导。显然，两国指南均侧重于为审计师提供建议，试图适当延伸传统审计的职能，对将已审计财务报告及审计报告置于公司网站后可能出现的相关审计问题展开讨论。然而，大量前期调查研究发现表明，尽管已审计财务报告和审计报告构成了公司互联网报告的核心内容，国内外众多公司运用互联网手段对外报告的信息范围已经超越了传统财务报告和审计报告的范畴（Marston and Polei，2004；Pervan，2006；Bollen et al.，2006；Chatterjee and Hawkes，2008），两国指南实质上并未就如何对互联网报告本身实施鉴证并对其信息质量提供合理保证作出正面的回答。正如莱姆和德布里森尼（Lymer and Debreceny，2003）所指出的，在技术应用及审计执业界的应对之间存在鸿沟，世界各国相关组织对于互联网报告技术提出的挑战所公布的指南相当稀缺，这表明国际审计执业界对于调整自身以适应迅速发展的技术存在困难。这一状况部分源于学术界对公司互联网报告鉴证问题薄弱的研究现状。

5.3.2 Webreport 鉴证的目标

互联网报告是互联网时代公司提升透明度的重要路径。然而，一直以来阻碍公司信息披露质量的委托代理、信息不对称、公司治理缺陷等根源问题并未因互联网的出现而略有消减，公司管理层的互联网信息披露行为仍然可能存在自利倾向，公司相关管理机制也可能不尽完善，互联网报告的信息质量尤其是可靠性和公允性受到了广泛关注和诸多疑虑。

信任是制定决策的关键。倘若决策者基于没有可靠性保证的信息制定决策，其将面临信息风险。因此，决策者总是首先寻求获得有关信息可靠性的合理保证，树立对信息的信任，从而基于该信息制定决策，否则决策者将弃用该信息，转而由其他渠道获得信息，则公司建设网站进行互联网报告将失去意义，公司将不可能借由互联网实现与外部利益相关方的有效沟通和关系管理目标。因此，缺乏外部鉴证被认为是阻碍互联网报告发展的重要因素（Momany and Al-Shorman，2006）。

迈耶等（Mayer et al.，1995）将信任定义为：一方基于另一方将会执行一个于其重要的行为的预期，愿意承担另一方行为的后果，而不考虑自身监督或控制另一方的能力。费希尔和朱（Fisher and Chu，2009）认为，信任是一种“隐性契约”，它是一种最有效地对交易实施治理的手段。吉分等（Gefen et al.，2003）根据信任的基础将其划分为：（1）知识基础的信任，即通过重复合作建立信任；（2）认知基础的信任或最初信任，即通过第一印象建立信任；（3）制度基础的信任，即依赖于制度或第三方建立信任；（4）人格基础的信任，指个人的人格个性会影响信任的建立。

独立第三方鉴证是高质量的最强信号，信息鉴证是对市场参与者提供的珍贵服务，可以驱动市场的高效率（Dewally and Ederington，2006）。对互联网报告实施第三方鉴证旨在建立制度基础的信任，是一种制度信任建设机制。本书所提出的Webreport鉴证是由独立、客观、公正的审计师对互联网报告的控制及信息质量执行鉴证，并将鉴证结果以形象印鉴的形式列示于公司网站主页显要位置的新型鉴证业务。Webreport鉴证的目标是：向信息使用者提供公司互联网报告得到了设计适当、执行有效的控制机制的支撑且报告信息具备应有质量特征的合理保证，从而降低信息使用者面临的信息风险，树立信息使用者对公司互联网报告的信任。

5.3.3 Webreport鉴证的性质

公司互联网报告的出现引发了学术界和实务界关于审计师对其是否应当承担责任的思考。费希尔等（2004）提出，究竟是否应当拓展审计师的职责，要求其对公司网站上的年度报告进行审查或监督？如果如此的话，他们对网站上出现的未审计财务和非财务信息的责任如何？

如前所述，美国AITF在其AU550公告中明确指出美国审计师对公司网站上的信息不承担责任。同时，澳大利亚AUASB在其AGS1050和GS006指南，英国APB在其《审计报告的电子发布》指南中均指出，公司管理层对财务报告网站上的发布及其控制负有责任，审计师对公司网站的鉴证是一项独立鉴证业务，不构成财务报告鉴证业务的一部分。

本书同意美国方面的观点，即执行传统财务报告审计的审计师不承担对公司互联网报告的鉴证责任，互联网报告的控制及信息质量相关责任由公司治理层和管理层承担。同时，采纳澳大利亚和英国方面的观点，即互联网报告鉴证业务是一项独立于传统财务报告审计的新型鉴证业务。本书所提出的

Webreport 鉴证，是公司为了向外界传递自身高质量的信号，降低信息风险及由其引发的相关风险，树立利益相关方对互联网报告的控制及信息质量的信任，实现良好的对外沟通和关系管理目标，而聘请审计师开展的独立鉴证业务，其不属于传统财务报告鉴证业务的范畴。在公司互联网报告实践发展较为成熟的阶段，即互联网报告成为公司对外信息披露的主要方式阶段，监管机构可以考虑要求上市公司进行 Webreport 鉴证。

5.3.4 Webreport 鉴证的机理

Webreport 鉴证是在互联网时代公司运用互联网进行对外信息披露的背景下，为合理保证互联网报告的信息质量降低信息风险而提出的一项新型鉴证业务，其运行机理有待厘清。以下，本书将从鉴证前提条件、鉴证主要程序、印鉴颁发、印鉴显示以及鉴证频率五个方面阐述其机理并绘出流程图。

1. 鉴证前提条件

由于 Webreport 鉴证涉及对互联网系统安全性的鉴证，一些信息技术力量薄弱的会计师事务所难以担当，为保证鉴证业务执行质量，从事 Webreport 鉴证业务的前提条件是：会计师事务所须向本国注册会计师协会指定认证机构申请认证获得 Webreport 鉴证资格，且具备资格的事务所在承接 Webreport 鉴证业务前须了解被鉴证公司的基本情况，进行鉴证业务风险评估，并在此基础上审慎评价自身专业胜任能力，仅在认为被鉴证公司具备诚实信息披露的内部环境且事务所具备充分专业胜任能力的基础上方能考虑接受委托，与互联网报告公司签订业务约定书，承接鉴证业务。

2. 鉴证主要程序

任何公司的对外报告或陈述总是受到其基础内部控制系统的影响（El-Masry and Reck，2008），公司对外报告过程中出现的任何失误或风险归根结底是由相关内部控制的缺陷或失败造成的。公司互联网报告系统本质上是一个允许大量利益相关者及时和迅速访问的战略信息系统（Trites，1999），倘若要求这一系统能够输出高质量的报告信息，应首先要求公司对互联网报告各环节设计并执行严密的控制机制，设计适当、执行有效的各项控制是互联网报告信息质量的根本保证，也是在复杂互联网环境中防范各种潜在风险的根本手段。

因此，对被鉴证公司为互联网报告的安全和信息质量所维护的各项控制实施测试应是鉴证业务的首要工作，基于对内部控制的有效性开展测试得出的鉴证结论具有合理保证互联网报告信息质量的潜质。从而，Webreport 鉴证的主要程序是：由审计师对公司设计和执行的各项与保证互联网报告的安全性及其信息质量有关的控制实施控制测试，评价各项控制设计的适当性以及执行的有效性，并在控制测试基础上结合应用抽样技术对互联网报告信息质量开展实质性测试。审计师执行控制测试和实质性测试时须依据一套既定原则及其标准，建议该套原则及标准由各国注册会计师协会指导制定，以对本国 Webreport 鉴证业务提供高水平和权威的规范。

3. 印鉴颁发

如公司通过了所有控制测试和实质性测试，审计师将向公司管理层索取书面管理层声明，以明确管理层对互联网报告承担的责任，审计师在审阅管理层声明之后向公司签发无保留意见鉴证报告并颁发 Webreport 印鉴。

如审计师在测试过程中发现控制的设计和运行存在缺陷或可能影响信息使用者判断及决策的信息质量问题，则审计师将仅签发改进意见书，以将相关问题及改进建议等反馈给公司管理层。为避免鉴证报告及印鉴被滥用或误解，此时，审计师不应签发鉴证报告亦不应颁发 Webreport 印鉴。仅当公司对控制缺陷及信息质量作了切实的改进，审计师运用专业判断实施补充的控制测试和实质性测试并全部通过的情况下，方可考虑签发无保留意见鉴证报告并颁发 Webreport 印鉴。为保证无保留意见鉴证报告和 Webreport 印鉴由审计师出具的真实性，审计师应当考虑运用数字签名①技术。这里，值得注意的是，为避免网上视觉混淆，Webreport 鉴证报告的意见类型仅无保留意见一种。

4. 印鉴显示

获得无保留意见鉴证报告和 Webreport 印鉴的公司，即获得了在其网站

① 数字签名是通过某种密码运算生成一系列符号及代码组成的电子密码进行签名，来代替书写签名或印章，可用于鉴定签名人的身份，验证文件的原文在互联网传输过程中有无发生变动，确保电子文件的真实性和完整性，目前广泛应用于电子商务领域，具有较高的技术成熟度。

主页显要位置列示 Webreport 印鉴的权利。印鉴格式由各国注册会计师协会指导设计，执行鉴证的会计师事务所名称及鉴证报告日列于印鉴之下指定位置。在公司网站主页显示的 Webreport 印鉴将成为一个向外界传达的“值得信任”的显见信号，其代表公司互联网报告已通过了独立第三方对其实施的所有控制测试和实质性测试并获得了“清洁”鉴证意见，表明公司互联网报告的编制过程受到了设计适当、执行有效的控制机制的支撑，其安全性和信息质量具有合理保证。

点击 Webreport 印鉴将链接至执行鉴证业务的会计师事务所网站，信息使用者可从中查看公司管理层对互联网报告作出的书面声明以及审计师签发的无保留意见鉴证报告。将管理层声明及鉴证报告列示于会计师事务所网站，可以强化审计师对二者的管理、增进审计师形式上的独立性，同时提高 Webreport 印鉴的可信度。

5. 鉴证频率

由于公司互联网报告的控制不仅涉及安全控制而且涉及信息传递流程的控制，且互联网报告大量列报非财务信息并进行各类文字表述，周等（Chou et al.，2010）提出的“自动化持续审计”的构想难于付诸实践。然而，费希尔等（2004）提出的“短周期”报告思路对 Webreport 鉴证频率的设计具有启发意义。

公司为持续在其网站主页显示 Webreport 印鉴，须至少由审计师根据既定原则及其标准每 30 天执行一次 Webreport 鉴证，并须就互联网报告控制机制的重大变化与审计师讨论以获得其建议和同意。审计师所需执行控制测试和实质性测试的性质与范围取决于其专业判断，并在测试全部通过的情况下颁发更新的无保留意见鉴证报告及 Webreport 印鉴。如测试未能全部通过，审计师将签发改进意见书要求公司在规定时间内做出切实的改进并须通过补充的控制测试和实质性测试。否则，公司将被取消继续列示 Webreport 印鉴的资格，且审计师也将同步在会计师事务所网站移除该管理层声明及无保留意见鉴证报告以避免引起误导。至于鉴证具体频率，可由审计师在承接业务前与互联网报告公司基于成本效益和风险的考量协商决定，并明确写入业务约定书条款。综上所述，本书以图 5－2 概括 Webreport 鉴证的主要流程。

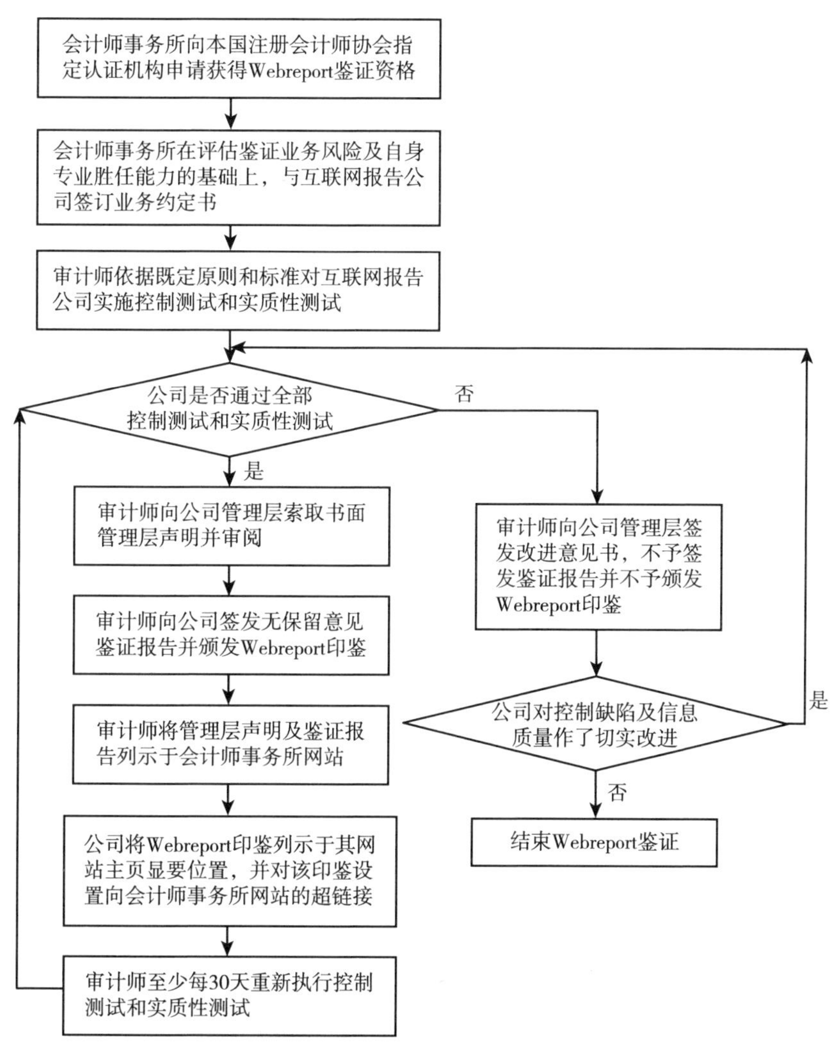

图 5－2　Webreport 鉴证流程

5.3.5　Webreport 鉴证主要流程的讨论

由上可见，Webreport 鉴证主要流程包括初步业务活动、控制测试和实质性测试、获取管理层声明、鉴证报告四个阶段，以下逐一展开探讨。

1. 初步业务活动

会计师事务所应当开展的初步业务活动包括：了解公司基本情况、评价自身专业胜任能力、签订业务约定书。

（1）了解公司基本情况。会计师事务所在承接 Webreport 鉴证业务前首先应当了解公司的基本情况，包括公司所处的经营环境、行业状况、经营活动、经营风险、公司性质；通过与公司治理层和管理层的充分沟通了解其诚信及道德价值观，了解管理层在治理层的监督下是否营造并保持了诚实守信和合乎道德的文化；以及是否建立了防止、发现并纠正互联网报告错报或误导性陈述的恰当控制，以进行鉴证业务风险评估，着重评价公司是否具备诚实信息披露的内部环境。内部环境为公司的一切行为包括对外信息披露行为设定了一个基调，诚实信息披露内部环境为持续保证互联网报告的信息质量奠定了基础。

（2）评价自身专业胜任能力。所需评价内容主要包括：第一，执行鉴证的能力（能否调度熟谙信息系统审计的人员进入 Webreport 鉴证任务组，是否需要获得外部信息技术和互联网技术专家的支持及其可获得性）；第二，保持独立性的能力。

（3）签订业务约定书。会计师事务所仅在认为公司具有诚实信息披露的内部环境、鉴证业务风险处于可接受水平且自身具备充分专业胜任能力的基础上方能决定接受业务委托，并在与被鉴证公司就业务约定相关条款进行深入地沟通，对鉴证业务的目标、性质和范围等达成一致意见的基础上签订业务约定书，以书面形式明确双方的权利、责任和义务，避免任何一方对 Webreport 鉴证业务的理解产生分歧，促使双方遵循业务约定事项并加强合作。

业务约定书主要内容应当包括：Webreport 鉴证的目标；双方承担的责任，公司管理层对互联网报告的控制及信息质量负有责任，审计师的责任是在实施鉴证工作的基础上对互联网报告的控制及信息质量发表鉴证意见；鉴证的范围；执行鉴证工作的安排，包括出具鉴证报告并颁发印鉴的时间要求；鉴证频率；鉴证报告、Webreport 印鉴和改进意见书的格式；由于测试的性质、鉴证工作的固有限制以及内部控制固有局限性，不可避免地存在某些缺陷或问题仍未被发现的风险；管理层为审计师提供必要工作条件和协助；审计师不受限制地接触任何与鉴证业务有关的硬件、软件、文档及其他必要信息；管理层对其承担的互联网报告责任予以书面声明；审计师对执业过程中获知的信息保密；鉴证业务收费；违约责任；解决争议的方法；签约双方法定代表人或其授权代表的签字盖章，以及签约双方加盖的公章。

2. 控制测试和实质性测试

Webreport 鉴证的控制测试和实质性测试须由审计师依据一套既定原则及其标准执行。原则是鉴证工作所要验证的目标，标准是用来对鉴证对象是否符合特定原则进行评价或计量的基准，原则和标准的制定是 Webreport 鉴证研究的关键问题。

Webreport 鉴证的原则包括控制性原则和实质性原则，审计师依据控制性原则及其对应标准实施控制测试，并在控制测试的基础上结合应用抽样技术依据实质性原则及其对应标准实施实质性测试。为在 Webreport 鉴证中获得无保留意见鉴证报告并获颁 Webreport 印鉴，公司须通过所有控制测试和实质性测试，即须符合所有原则及其标准。以下，本章对各项原则及其标准展开探讨。

（1）控制性原则。Webreport 鉴证的控制性原则包括：安全控制原则和内容管理控制原则。

第一，安全控制原则。安全是任何基于互联网的系统应当考虑的首要问题。安全控制原则要求公司设计并执行适当的保证互联网安全的控制机制，保护其互联网报告系统不受未授权的逻辑或物理侵犯，保证互联网报告信息的真实性和完整性。安全控制原则的系列标准包括：①制定互联网安全控制制度并由指定团体或人员定期审核和修订；②成立负责互联网安全监控的部门指派责任人员，明确规定职责权限，并确保人员的胜任能力；③制定并有效执行限制对系统硬件包括服务器、防火墙、路由器等的物理访问的程序；④制定并有效执行防止软件系统、备份数据等受到未授权逻辑访问的程序；⑤制定并有效执行与互联网安全有关的设施和软件的设计、获取、实施、维护和管理的程序；⑥制定持续保证互联网安全的程序，所采用的互联网安全防御手段对于监控互联网安全状况并阻止黑客入侵及计算机病毒感染具有有效性；⑦制定并有效执行对互联网安全控制缺陷的识别、反馈和改进的程序；⑧制定应对互联网安全事故的程序和应急预案；⑨制定并有效执行支持互联网安全的人员培训计划和资源分配机制；⑩已就上述安全控制制度和程序与有关人员进行了充分的沟通。

第二，内容管理控制原则。内容是公司互联网报告的核心要素，在信息使用者心目中，网站的内容和更新是比网站技术和对用户的支持更为重要的元素（Pirchegger and Wagenhofer，1999）。内容管理相关控制设计和执行的有效性是互联网报告信息质量的根本保证。内容管理控制原则要求公司对互联网报告内容的创建、批准、发布、更新和评价各流程设计和执行适当的控制机制，以保证互联网报告内容的信息质量。

内容管理控制原则的系列标准包括：①根据互联网报告战略规划制定互联网报告内容管理制度并由指定团体或人员适时修订；②成立负责互联网报告内容管理的部门指派责任人员，明确规定职责权限，并确保人员的胜任能力；③制定适当的内容创建机制，确定参与内容创建的公司各部门及人员，内容创建流程清晰，各部门内容负责人等相关人员的责任规定明确，机制运行对于保证内容的可靠性具有有效性；④制定适当的内容批准机制，包括内容层级批准子机制和诉讼风险防范子机制，所有内容在发布于公司网站前均须经过规定的批准程序，内容批准的权力部署明确，机制运行对于预防重要信息泄露、保证内容的公允性及严谨性、避免误导和防范诉讼风险具有有效性；⑤制定适当的内容发布机制，严格控制内容发布权限，确保仅由获发布授权的人员发布已经过适当批准程序批准的内容，机制的运行对于防范擅自发布信息情况具有有效性；⑥制定适当的内容更新机制，明确规定互联网报告各栏目内容更新的周期、重大事件触发更新原则以及信息在网站留存的时间期限等，机制运行对于确保内容的及时性和完整性具有有效性；⑦制定适当的内容评价机制，成立负责内容评价的部门持续跟踪互联网报告内容并定期开展审计，识别内容管理各流程控制机制运行的缺陷，并制定对所识别缺陷予以反馈、应对和改进的程序，机制运行对于发现相关风险因素和持续保证互联网报告信息质量具有有效性；⑧制定并有效执行支持互联网报告内容管理的人员培训计划和资源分配机制；⑨公司就上述内容管理机制与有关人员进行了充分的沟通。

（2）实质性原则。Webreport 鉴证的实质性原则包括：内容可靠性原则、内容公允性原则、内容完整性原则、内容及时性原则、内容可理解性原则、技术应用适当性原则以及必要警示原则。

第一，内容可靠性原则。要求公司运用适当的内容创建和评价机制确保报告内容的可靠性。其标准包括：①报告内容包括财务、非财务和多媒体信息是可靠的，如实反映了公司的经营业绩、财务状况和其他情况，不存在可能影响信息使用者判断或决策的重大错报；②报告内容与已审计财务报告内容存在一致性，不存在可能影响信息使用者判断或决策的重大矛盾；③互联网列报的定期报告与相应已经审计的定期报告审定版等同。

第二，内容公允性原则。要求公司基于诚信、客观、透明的信息披露原则，运用适当的内容批准机制确保报告内容的公允性。其标准包括：①报告内容不存在可能误导信息使用者的虚假信息；②报告内容不存在强调正面信息、隐瞒负面信息的选择性信息披露行为；③报告内容不存在对公司自身的过度宣扬，不存在明显的偏向性或诱导性，并在所有重大方面公允反映了公司的经营业绩、财务状况及其他情况。

第三，内容完整性原则。要求公司运用适当的内容更新机制，完整列报有关公司的各类信息。其标准包括：①规定了网站信息保存的时间期限，网站各栏目完整列报了规定期限内有助于信息使用者了解公司的相关信息，不存在遗漏或省略某些信息尤其是负面信息的情况；②完整列报了公司规定期限内的各份年度和中期报告，不存在遗漏或省略某个会计期间定期报告的情况，从而完整反映了公司的经营业绩和财务状况；③各份年度及中期报告得到了完整列报，不存在遗漏或省略报告内的部分信息如报表附注或审计报告的情况；④完整列报了规定期限内各时间段的营运数据，不存在遗漏或省略某个会计期间营运数据的情况。

第四，内容及时性原则。要求公司运用适当的内容更新机制，包括定期更新和重大事件触发更新原则及时更新互联网报告内容，及时反映公司最新情况。其标准包括：①公司新闻每日更新；②营运数据每月更新；③定期报告和主要财务指标每季度更新（定期报告一经向监管机构报送，即在网站上发布）；④重大事件信息一旦经监管机构审核在指定媒体及网站披露之后，即应经适当的内容批准程序，及时发布于公司网站。

第五，内容可理解性原则。要求公司运用清晰易于理解的语言进行陈述，保证互联网报告信息可为一般信息使用者所理解。其标准包括：①报告的文字信息清晰、易于理解，不存在晦涩的表述；②使用标准财务报告术语，在存在标准报告术语的情况下不自创报告术语，保证信息的可理解性和可比性。

第六，技术应用适当性原则。要求公司适当应用互联网报告的特色技术如超链接、多媒体技术等，可靠并公允反映公司的经营业绩、财务状况及其他情况，不致引起混淆或误导。其标准包括：①不存在将已审计信息与未审计信息超链接，从而混淆信息经审计性质的情况；②已运用适当技术手段将已审计信息与未审计信息做了明确区分，不致产生混淆；③列报的审计报告具有审计师签名并总是与相应已经审计的审定版财务报告相关联，不存在将审计报告与其他信息相互超链接的情况；④不存在运用超链接等技术引入第三方对公司的不实宣传的情况；⑤不存在运用技术如多媒体技术夸大公司业绩或进行偏颇报道的情况；⑥对在线论坛等互动技术进行了适当管理，不存在在论坛中发布不实信息的情况。

第七，适当警示原则。要求公司在必要情况下进行适当的风险警示，避免信息使用者对互联网报告信息产生过度信赖心理。其标准包括：①对所披露的前瞻性财务预测信息、未经审计的营运数据等重要信息进行类似于“前瞻性陈述可能与实际结果不相符”或“信息未经审计”的警示；②在提供摘要数据情况下，进行类似于“摘要数据不能完整反映公司财务状况和经营成果”的警示；③在信息使用者经由公司网站提供的超链接进入第三方网站之前，进行类似于“您正离开本公司网站”的警示；④在转载第三方对公司的评论或分析时进行类似于“第三方意见不代表本公司观点”的警示；⑤在在线论坛中进行类似于“论坛参与者发布的消息非本公司官方消息”的警示。

上述诸原则中，内容可靠性原则和内容公允性原则居于核心地位，依据这两大原则及其对应标准执行实质性测试构成了审计师的主要任务。值得注意的是，由于截至某个时点的公司互联网报告全部信息可以以电子文档的形式保存，审计师应当考虑应用计算机软件辅助实质性测试过程。例如，通过在软件中预设计算公式和财务指标的临界值，由软件执行计算和分析功能，将超过临界值的财务信息向审计师报告；或通过在软件中设置关键词，由软件对内容进行审查，并自动将与关键词相关的信息呈现给审计师；甚至通过在软件中引入智能审计技术运用模糊逻辑①等方法自动筛选文档内容，并将可疑的内容向审计师报告。而后，由审计师通过查实凭证等判断其的可靠性和公允性等信息质量。这不仅将提高审计师执行鉴证业务的效率，而且将迅速扩大实质性测试范围，提高鉴证结论的可靠性，从而有助于审计师控制鉴证业务的风险水平，并有望提高审计师执行 Webreport 鉴证的频率，促进公司持续保证并提升其互联网报告信息质量。

3. 获取管理层声明

Webreport 鉴证业务的管理层声明是公司管理层向审计师提供的关于互

---

① 模糊逻辑指模仿人脑的不确定性概念判断、推理思维方式，对模型未知或不能确定的描述系统应用模糊集合和模糊规则进行推理，执行模糊综合判断的方法。

联网报告责任的各项陈述。获取管理层声明可以以书面形式明确管理层的责任，并提供鉴证证据。管理层声明的主要内容应当包括管理层对互联网报告整体的责任和对互联网报告信息列报的具体责任。

（1）管理层对互联网报告整体的责任。包括：①管理层认可其基于诚信、客观、透明原则进行互联网报告的责任；②管理层认可其建设并维护公司网站，持续发布和更新互联网报告信息的责任；③管理层认可其设计、实施和维护有效的内部控制，保证互联网报告的安全性和信息质量的责任。

（2）管理层对互联网报告信息列报的具体责任。包括：①管理层认可其确保互联网报告信息符合可靠性、公允性、完整性、及时性和可理解性等会计信息质量特征的责任；②管理层认可其适当运用互联网报告的列报技术（如超链接、多媒体技术）可靠并公允反映公司的经营业绩、财务状况及其他情况，避免产生混淆或误导的责任；③管理层认可其恰当运用适当警示原则，避免信息使用者过度信赖互联网报告信息的责任。

4. 鉴证报告

Webreport 鉴证报告仅无保留意见这一种意见类型，其应当包括以下要素：①标题；②收件人；③引言段；④管理层对互联网报告的责任段；⑤审计师责任段；⑥鉴证意见段；⑦风险警示段；⑧审计师的签名和盖章；⑨会计师事务所的名称、地址及盖章；⑩报告日期。

标题统一规范为“鉴证报告”。收件人是双方在业务约定书中约定致送鉴证报告的对象，如“×××公司董事会”。

引言段应当说明已经对公司是否符合控制性和实质性原则及其标准实施了鉴证，为增进信息使用者对鉴证报告意义的理解，应同时明确指出各项原则。该段可如下表述：“我们对截至××××年××月××日×××公司互联网报告的控制及信息质量是否符合控制性和实质性原则及其标准进行了鉴证。根据《××××》鉴证准则，控制性原则包括安全控制原则和内容管理控制原则，实质性原则包括内容可靠性原则、内容公允性原则、内容完整性原则、内容及时性原则、内容可理解性原则、技术运用适当性原则和适当警示原则”。

管理层对互联网报告的责任段应当说明实施互联网报告是公司管理层的责任。该段可如下表述：“实施互联网报告是公司管理层的责任。这种责任包括：①基于诚信、客观、透明的原则进行互联网报告；②建设并维护公司网站，持续发布和更新互联网报告信息；③设计、实施和维护有效的内部控制，保证互联网报告的安全性和信息质量。”

审计师责任段应当说明审计师的责任。该段可如下表述：“我们的责任是在实施鉴证工作的基础上对互联网报告的控制及信息质量发表鉴证意见。我们按照《××××》鉴证准则的规定执行了鉴证工作，主要依据各项控制性和实质性原则及其对应标准分别执行了控制测试和实质性测试，仅当公司符合各原则项下所有标准的情况下，方认为公司达到相应原则的要求。鉴证工作所运用的鉴证程序取决于我们的专业判断，包括根据公司具体情况考虑各项原则及其标准的适用性。我们相信，我们获取的鉴证证据是充分、适当的，为发表鉴证意见提供了基础。”

鉴证意见段将仅进行无保留意见的表达。该段可如下表述：“我们认为，截至××××年××月××日，×××公司互联网报告的控制及信息质量已经达到了《××××》鉴证准则中规定的各项控制性和实质性原则及其标准的要求。”鉴证意见段明确指出截止日，有助于提醒信息使用者了解报告的时效性，并有助于界定审计师的责任范围。

动态性质的互联网环境不可避免地使公司互联网报告具有潜在风险，而审计师的测试存在固有局限性，为防止信息使用者的过度信赖，应在鉴证意见段之后运用风险警示段进行必要的风险警示。该段可如下表述：“由于互联网环境的动态性质，我们测试的所有控制对互联网报告的安全性和信息质量提供的是合理而非绝对的保证，且随着时间推移，结论的有效性可能降低，信息使用者应当保持必要的谨慎态度。”

鉴证报告应当注明报告日期，该报告日也应列于公司网站主页 Webreport 印鉴之下指定位置，从而以显见方式警示印鉴的效力可能随时间推移而降低。

5.4 监管机构风险治理机制研究

互联网报告的兴起固然可能极大增加资本市场上流通的信息量，然而，信息的质量却令人忧虑。互联网报告仅是借助互联网技术的现代公司新型信息披露手段，其不仅无法克服印象管理、误导性陈述和虚假信息披露等传统财务报告系统的顽疾，更无力解决委托代理、信息不对称、公司治理缺陷等阻碍公司信息披露质量的深层问题，甚至，灵活的互联网报告技术有使上述问题加重之势，诸如信息误导、信息不可靠及由其引发的各类风险将可能始终困扰公司的互联网报告实践。上一节，本书提出以审计师为风险治理主体执行的第三方鉴证机制作为公司互联网报告风险治理的第一外围机制。然而，由于受到成本的约束，审计师鉴证仅能定期进行，且主要基于对公司诚实信息披露内部环境的判断以及对其设计和执行的相关内部控制的控制测试作出合理推断，并不足以对互联网报告的信息质量形成充分的保证，为实现互联网报告风险的治理，尚需要其他外围机制的有益补充。

高质量信息披露是资本市场有效运行的基石，监管机构是资本市场秩序坚定的维护者和强有力的保卫者。面对公司互联网报告行为的逐渐风行及相关风险问题，监管机构同样责无旁贷，应当成为互联网报告风险治理的第三责任承担主体，为保护互联网时代信息使用者尤其是投资者的利益作出切实的贡献。然而，对互联网报告实施监管的困难是显见的：互联网报告中大量出现定性的软信息，其信息更新的动态性质以及列报技术的灵活性等均使得传统监管手段相形见绌，众多公司纷纷开展的互联网报告实践更是使得现有监管力量不足以应对。利坦和威尔逊（Litan and Wilson，2000）指出，由纸质报告转变为互联网列报财务信息，要求对立法和监管框架实施较大的变革。各国监管机构仍普遍采用的“类推监管”模式，是监管手段难以跟上技术发展的无奈之举，其不仅无法保护信息使用者不受不可靠甚至误导性信息的干扰，更将使得监管机构保护投资者的监管目标难以实现。随着互联网对社会经济生活日益深刻的全面渗透，互联网成为公司主流信息披露平台的趋势已渐明朗，互联网报告的异军突起要求监管机构设计创新的监管机制，并据以对现行监管架构进行改良予以积极应对。本节将引入电子商务领域发展较为成熟的声誉反馈机制力图为公司互联网报告行为设计有效的监管机制。

此外，在具有各自设计特色的公司网站上发布信息对监管者监控公司披露提出了挑战（Debreceny and Rahman，2005），相比纸质报告，互联网报告可以列报的财务和非财务信息似乎有无限种可能（FASB，2000）。卡恩（2007）的调查发现，公司互联网列报信息的性质和内容很不统一，报告信息缺乏可比性和一致性。德布里森尼等（Debreceny et al.，2002）指出，这不仅将导致信息使用者的信息资源发现过程出现非效率的状况，也将导致监管机构和准则制定者难以比较、评估、跟踪和监控公司的互联网报告实践。

本书认为，上述报告信息缺乏可比性及一致性问题，以及本书第2章所提出的各项技术风险因素的产生部分源于公司互联网报告行为缺乏最佳实践指南的引导，导致公司在互联网报告过程中对于最佳实践及风险防范均缺乏认识，报告行为在一定程度上存在随意性。

因此，监管机构风险治理机制的研究将主要由两个方面展开：一是声誉反馈监管机制的研究；二是制定最佳实践指南。前者用以对公司互联网报告行为及其风险实施积极的监控，后者用于对公司互联网报告行为形成良性的引导和推动，二者均由监管机构致力推行，以期从公司外部施加力量遏制机会主义、技术和管理风险因素尤其是各项关键风险因素存在的空间，达到预防、降低信息误导和信息不可靠等相关风险的目的，二者分别构成公司互联网报告风险治理的第二和第三外围机制。

5.4.1 监管机制设计的必要性

虽然凯尔顿（2006）和卡恩等（2008）学者基于实验研究和调查研究结果陆续提出了“监管机构有必要对公司互联网报告行为实施监管”的观点。截至目前，各国监管机构对公司互联网报告行为普遍采用的“类推监管”方法表明，尽管互联网报告已经成为全球众多公司普遍的信息披露实践，但是监管力量仍事实上并未真正介入该领域。究竟监管机构介入的必要性如何？是否有必要为互联网报告设计不同于传统报告的监管机制？以下本书接续第2章的博弈分析结果，展开进一步的分析。

本书2.3.1节对监管缺失背景下，公司与投资者间的信号传递博弈进行了分析，博弈分析结果表明，该信号传递博弈的精炼贝叶斯均衡是混同均衡。即不论公司本身类型如何，其均选择通过互联网披露好消息，传递有利于自身的信号，经营状况不良的公司不存在如实报告坏消息的动机，则公司互联网报告将主要表现为强调正面信息、隐瞒负面信息的选择性信息披露行为，某些情况下，甚至可能出现披露虚假正面信息的情况。这可能导致一般投资者受到公司互联网报告所传递的“繁荣”表象的诱导，作出错误投资决策，承担投资亏损的风险后果，或导致资深投资者由于发现互联网报告信息有失公允性，转而寻求从其他渠道获得信息以资决策。长此以往，公司互联网报告行为将无法获得投资者的信任并最终流于形式，公司也将面临声誉损失的风险。那么，在监管机构介入的背景之下，公司与投资者间信号传递博弈的均衡结果又将如何？是否可能使博弈结果出现有益的改进，以在促进公司透明地披露信息的同时，对投资者利益形成积极的保护。

接续2.3.1节的分析，显然，如上市公司经营状况良好属于类型 θ_1，其必然传递好消息的信号 X_G。此时，信号 X_G 公允反映了公司的真实情况，监管机构不必介入。当上市公司经营状况不良属于类型 θ_2 时，如其在互联网报告中公允传递了坏消息的信号 X_B，则认为其互联网信息披露具有透明度，良好履行了信息披露义务，监管机构仍不必介入；而如其仍在互联网报告中大量传递好消息信号，少言甚至缄口不言坏消息，对应当披露的信息未予披露，甚至进行无事实依据的虚假信息披露，则认为其互联网报告具有机会主义倾向和误导性嫌疑。此时，监管机构应当介入。监管机构介入的作为主要表现在：通过侦查公开揭露上述机会主义互联网报告行为，使上市公司不但无法建立正面声誉 R_G，反而发生声誉损失 R_L（显然，$R_L<0$），并对上市公司予以必要惩罚。如罚款 F，且由于监管机构公开揭露，公司股价将随揭露而下降，公司将不可能获得股价上升等预期收益 W_G。则监管机构介入将使 θ_2 类型的上市公司在传递 X_G 信号时的支付发生变化，即无论投资者投资或不投资，上市公司预期收益将均为 R_L-C_c-F。则图2-1的信号传递博弈模型将转化为图5-3。

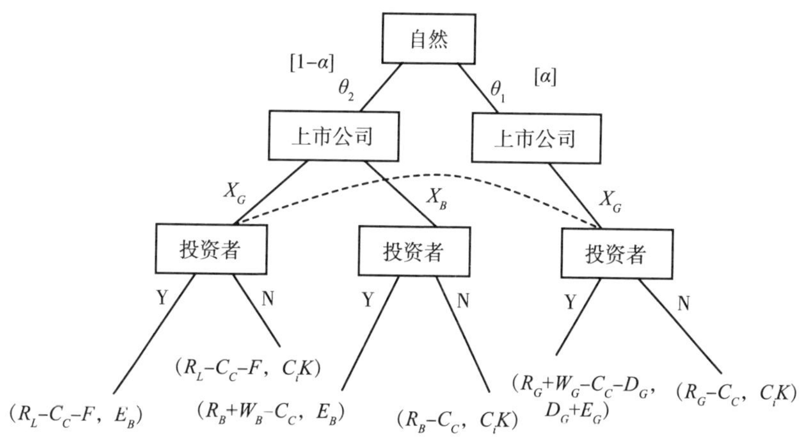

图5-3 监管介入下公司与投资者的信号传递博弈模型

如监管机构对上市公司机会主义互联网报告行为进行了充分揭露，使其受到的声誉损失 R_L 和惩罚 F 足够大，将使得 $U_1(X_G,Y,\theta_2)<U_1(X_B,Y,\theta_2)$，$U_1(X_G,N,\theta_2)<U_1(X_B,N,\theta_2)$。此时，无论投资者投资或不投资，类型为 θ_2

上市公司的最佳互联网报告策略均将是如实传递坏消息信号，以避免受到监管机构的公开揭露和惩罚。

可见，在监管机构的有力介入之下，上市公司与投资者间信号传递博弈的精炼贝叶斯均衡是分离均衡，即经营状况良好的 θ_1 类型公司将传递 X_G 好消息信号，而经营状况不良的 θ_2 类型公司将如实传递 X_B 坏消息信号。显然，博弈均衡结果出现了有益的改进，排除了机会主义互联网报告行为，保证了公司互联网报告的透明度，则投资者将对公司互联网报告信息赋予信任，资本市场信息流通的效率以及信息利用的效果均将得到提高。因此，监管机构有必要介入公司互联网报告领域。

然而，实践中，监管机构面对的是众多上市公司巨量且动态更新的互联网报告信息，监管机构监督检查行动可以动用的人力资源毕竟有限而且受到监管成本的约束，监管机构介入的前提是：须能有效率地对公司互联网报告所传递的信号予以甄别，从中发现经营状况不良公司的机会主义报告行为，否则，监管机构即便介入仍可能收效甚微。

本书2.3.3节公司与监管机构间的不完全信息静态博弈分析结果表明，监管机构的监管能力和监管效率在很大程度上决定了二者间的博弈均衡结果，其监管能力和监管效率越高，监督检查行动发现问题的概率越大，将对公司机会主义互联网报告行为形成威慑作用，则公司进行机会主义互联网报告的概率将越小，监管机构的监管将取得越好的成效。因此，问题归结为监管机构如何提高其监管能力和监管效率。倘若仍然沿用现有对传统公司报告的监管模式，由监管机构人员对公司互联网报告信息进行检查以发现异常报告行为，监管机构将可能遭遇监管效率的“瓶颈”，疲于应付众多公司不断更新的互联网报告信息，即便以大量增加监管成本为代价提高监督检查行动的概率，仍可能无法有效应对各种机会主义互联网报告行为。显然，互联网报告的兴起对监管机构提出了挑战，监管能力和监管效率的提高不能单纯通过监管成本的增加来解决，设计创新的监管机制才是根本。

5.4.2 声誉反馈监管机制的设计

声誉是现代公司关键的无形资产，是公司过去行为及其结果的综合体现，良好的声誉可以提高利益相关者对公司的忠诚度，为公司带来有形经济利益，并在危机出现时减缓其破坏力（Forbrun and Van Reil，1997）。一家公司拥有正面声誉，将向市场传达公司各方面行为的诚信和高品质信号，降低信息不对称风险，减少监督需求，从而降低监督成本。例如，在交易一方对交易另一方不了解而导致直接经验知识缺乏的情况下，声誉可以代替直接经验知识，为其提供有关公司类型的信息，使其不必为控制公司的机会主义行为而发生监督成本并顺利达成交易，从而克服了市场信息不完全的缺陷。因此，声誉可以作为昂贵监管机制的替代（Williamson，1996），是一种低成本的软监管机制。

1. 电子商务领域的声誉反馈机制

声誉反馈机制在电子商务领域得到了广泛应用。通过互联网开展商务活动，由于买卖双方互不认识，卖方了解其产品的性能，而买方对卖方的类型及其产品均不了解，买卖方之间形成了严重的信息不对称。如何树立买方对素不相识的卖方及其产品的信任？这需要运用声誉反馈机制。即由买方在完成交易之后，根据其与卖方交易的经验对卖方的诚信水平、产品性能等进行评级或文字评价。前期各买方的评级或评价可为后续买方所观察，辅助其形成对卖方类型的观点以及与之交易风险水平的评价，从而作为其交易决策的参考。包括易贝（eBay）、亚马逊（Amazon）和 E 拼人（Epinions）在内的全球众多著名电子商务网站均建立了声誉反馈系统。以 E 百为例，买方和卖方均可在交易完成之后根据交易经验为对方留下正面、负面或中立的评级反馈，累积的反馈将用于计算买卖方的在线声誉分，所有反馈均保存于买卖方在线资料中，且可为每一位访问 E 百的人员观察。通过这一系统，买卖方的过去交易历史将受到充分的揭示，从而可以阻止不诚信行为，有效引导合作。

电子商务声誉反馈机制的有效性得到了一些研究的证实。例如，巴和帕夫洛（Ba and Pavlou，2002）实证检验了电子市场建立声誉反馈系统所产生的信任水平的提升，发现声誉反馈系统可以为有声誉卖家带来价格溢价。巴克斯和德拉罗克斯（Bakos and Dellarocas，2002）研究了一个卖方重复与买方交易的交易系统，发现即使是最简单的声誉反馈系统，即仅进行非正面即负面的二分反馈，都可以提供比诉讼威胁更经济有效的解决方案。以下，本书将借鉴电子商务声誉反馈机制为公司互联网报告设计声誉反馈监管机制。

2. 公司互联网报告声誉反馈监管机制的设计

互联网报告是先进互联网技术在公司对外信息披露领域的创新应用。因此，监管机构对公司互联网报告的监管目标应当不仅在于有效引导诚信、客观、透明的信息披露行为，保护信息使用者尤其是投资者的利益，而且在于有效引导这一创新报告行为，鼓励公司将互联网技术的卓越能力充分运用于对外信息披露领域，促进公司信息的高效、公平和充分流动，提升公司透明度。因此，监管机制设计须考虑在满足监管成本约束、提高监管能力和监管效率基础上，实现上述双重有效引导的监管目标。

电子商务声誉反馈机制的基本目标是在存在逆向选择或道德风险环境中推动有效的交易。逆向选择发生在交易双方达成交易协议之前，由于双方间存在信息不对称，交易一方对另一方类型不知晓的情况下。此时，声誉反馈机制通过作为信号机制缓解逆向选择问题，即通过发布前期交易者的经验信息帮助后期交易者了解交易另一方的类型，促进其作出正确决策。道德风险发生在交易双方达成交易协议之后，交易一方有机会通过违背协议规定获取收益的情况下。此时，声誉反馈机制通过作为惩罚机制阻止道德风险，即通过公开揭露交易一方的欺骗行为使其不再受到后续交易方的信任甚至被驱逐出市场对其实施惩罚，如果惩罚现值超过当前欺骗的收益，则公开揭露欺骗行为的威胁将促使理性交易方具有充分合作的动机。逆向选择和道德风险的区别在于：前者假设交易方的行为受到其天生“类型”的完全限制，后者假设所有交易方能够进行同样类型的行为（如合作或欺诈）。实践中，逆向选择和道德风险问题往往同时存在。

公司互联网报告领域存在逆向选择问题。这表现在报告公司知道其互联网报告信息质量，而信息使用者不知道，每当制定决策，信息使用者均不敢轻易相信目标公司的互联网报告信息，转而由其他渠道如纸质报告获取信息，或至少将其他渠道获取的信息与公司互联网报告信息相核对，仅在二者一致的情况下，才对公司互联网报告信息予以信任，而一旦发现不一致，则将信任纸质报告信息，不信任互联网报告信息。如此，公司虽投入大量资源建设网站进行信息披露却收不到预期的信任和回报，公司进行互联网报告的动力将下降，互联网报告将缺乏维护和管理，则信息使用者愈加不信任互联网报告，致使公司互联网报告最终形同虚设失去实质意义。公司互联网报告领域存在道德风险问题，这表现在公司为了增进自身效用而具有进行机会主义信息披露的动机，典型的包括通过宣扬正面信息、隐瞒负面信息的选择性信息披露进行印象管理，甚至进行无事实依据的虚假信息披露，而身处公司外部的信息使用者难以观测该行为，机会主义信息披露将导致信息使用者直接承担使用不当信息的后果，而由于监管机制不完善，公司并不承担相应损失甚至可能享受收益。

德拉鲁罗斯（2005）指出，声誉反馈机制是互联网信任建设问题的经典解决方案，其有利于引导合作且无须付出高昂的制度执行成本。在具有逆向选择和道德风险问题的公司互联网报告领域，可以运用声誉反馈机制作为信号机制和惩罚机制。包括：通过公开的声誉传递信号，以甄别诚信互联网报告公司，促进信息使用者对其赋予信任；并通过公开的声誉揭露具有机会主义报告行为的公司，触发对其的不信任甚至惩罚，从而达到鼓励透明、高质量互联网报告行为的目的。声誉反馈机制的设计通常包括五个步骤：建立声誉反馈系统、确保充分真实的反馈、设定反馈信息的类型、集结反馈信息、确定声誉算法。以下逐一展开阐述。

（1）建立声誉反馈系统。根据系统结构设计的不同，声誉反馈系统包括两类：集中型声誉反馈系统（centralised reputation feedback system）和分布型声誉反馈系统（distributed reputation feedback system）（Jøsang et al.，2007）。集中型声誉反馈系统通常建设一个声誉反馈的中心平台，并制订集中的沟通方案，使各交易方在交易完成后可对交易伙伴进行评级或评价并向中心平台反馈，中心平台基于所收到的评级或评价运用声誉算法，为每一个交易方计算声誉分，且所有声誉分公开可见。相反，分布型声誉反馈系统不存在上述中心平台，而是由各交易方记录与交易伙伴的交易经验，并在后续交易方提出请求的情况下提供反馈信息，一个考虑与特定目标方交易的交易方需要首先发现各前期交易方的分布，并力图从尽可能多的与目标方打过交道的交易方处获得其反馈的评级信息，而后基于所收到的评级信息运用声誉算法，计算目标交易方的声誉分。

由于集中型声誉反馈系统通过运用中心平台集中控制反馈信息的收集与分发并公开揭示各交易方的声誉分，使得声誉分能够同时承担传递信号和触发惩罚的功能。因此，其成为公司互联网报告声誉反馈系统的适当选择。公司互联网报告声誉反馈系统要求以下三方的共同参与，包括：维护系统并在适当情况下介入调查的监管机构、提交反馈信息并观察反馈信息和声誉分的信息使用者以及获得反馈信息并作出解释或改进的上市公司。系统运行机理如下：①监管机构负责建立并维护集中型声誉反馈系统，在系统中心平台上通过超链接等方式为每一家公司建立独立页面；②信息使用者登录该中心平台特定公司页面，发表对特定公司互联网报告信息质量的文字评价信息；③上市公司投资者关系部持续关注信息使用者反馈的信息并在规定时间内（如三个工作日内）要么对其作出解释要么承认存在的不足并承诺改进甚至赔偿损失；④信息使用者根据对上市公司处理行为的满意度进行评级并反馈给中心平台；⑤监管机构开发声誉计算算法，运用软件根据信息使用者反馈的所有评级自动计算声誉分；⑥所有前期信息使用者反馈的文字评价、评级以及声誉分公开显示于各公司页面，供后续信息使用者浏览和参考；⑦倘若信息使用者对上市公司的处理行为不满意或上市公司认为信息使用者反馈的文字评价或评级不恰当，均可通过声誉反馈系统设置的报警功能申请监管机构介入调查。然而，经监管机构调查认定的过错方将受到公开揭示和惩罚。

（2）确保充分真实的反馈。充分、真实的反馈是声誉反馈系统赖以运转的基础（Dellarocas，2005）。这提出了两个值得关注的问题：其一，是否可能获得充分的反馈？其二，如何保证反馈的真实性？

在电子商务声誉反馈系统中提交反馈信息不会直接使反馈者自身受益，而其他人可无成本地使用反馈信息并从中获益。此时，反馈具有正面外部性，它是一种公共物品。根据经济学理论，人们可能没有动机主动提交这类反馈，可能出现反馈的低供给和“搭便车”现象。公司互联网报告声誉反馈系统在设计上主要面向发现特定公司互联网报告存在信息质量问题如可靠性、公允性或及时性问题，威胁甚至使其利益受损的信息使用者，并不期望所有阅读互联网报告的信息使用者提交反馈。因为，进行高质量互联网信息披露是公司理应履行的义务。而由于公司将在规定时间内对信息使用者提交的反馈信息作出解释、承诺改进甚至赔偿，且在必要情况下，信息使用者可申请监管机构的介入。此时，信息使用者提交反馈将可能使其自身受益，这对信息使用者将产生激励作用。因此，利益受到威胁甚至损害的信息使用者具有进入系统中心平台提交反馈信息的动机。从而，充分的反馈可能得到。

确保真实反馈是声誉反馈机制设计的一个重要挑战，因为，可能存在不真实反馈的外部激励，出现操纵声誉信息的情况（Jurca and Faltings，2007）。电子商务声誉反馈系统通常设计成买卖双方互评的双边反馈系统，可能出现的不真实反馈表现为两种情况：其一，一方出于损害另一方的目的有意对另一方给出差评；其二，由于是买卖双方互评，一方在看到另一方给出差评之后，出于报复心理而对另一方给出差评，或一方在看到另一方给出好评之后，出于互惠的考虑而给予对方好评。

公司互联网报告的声誉反馈系统设计为单边反馈系统，即仅由信息使用者对公司互联网报告信息质量反馈文字评价和评级，以避免双方互评可能造成的报复及互惠评级行为，实现信息使用者对公司互联网报告行为独立的监督作用。同时，该系统要求公司持续关注反馈信息并在规定时间内对信息使用者的评价做出解释或承诺改进，且允许信息使用者及公司在双方存在分歧情况下申请监管机构的仲裁，上述设计一方面用以保证信息使用者的反馈能够得到当事公司的重视和及时处理；另一方面，也可用以防范信息使用者提交不真实反馈恶意损害公司声誉的情况。从而，反馈的真实性将可能得到保证，声誉反馈系统的可靠性也将随之获得支持。

（3）设定反馈信息的类型。反馈信息类型设定的原则应当是简明扼要且具有信息含量。公司互联网报告声誉反馈系统的反馈信息由文字评价和评级构成，且采用先文字评价再评级的方式。即发现特定公司互联网报告存在质量问题的信息使用者，首先登录声誉反馈系统中该公司页面以简要文字描述问题并等待公司在规定时间内处理，而后，根据公司作出的解释或承诺的满意度提交评级。

评级粒度是声誉反馈机制设计的一个关键元素（Dellarocas et al.，2006），在电子商务声誉反馈系统中，评级粒度的设计主要有三种类型：二元评级、三元评级和五星评级。其中，二元评级指交易方在交易结束后对另一方的评级仅有“正面”和“负面”二元选择，“正面”代表交易方对交易结果满意，“负面”代表不满意；三元评级指提供“正面”、“中立”及“负面”的三元选择，“中立”代表交易方对交易结果评价一般，其余二者与二元的含义相同；五星评级使反馈粒度更加细化，其以一到五颗星分别代表交易方满意度递进的层次，能够较准确地反映交易方的满意程度。鉴于五星评级较二元及三元评级的优越性，公司互联网报告声誉反馈系统评级粒度可采用五星形式，即以一到五颗星依次代表很不满意、不满意、一般、满意、很满意，信息使用者所反馈的所有评级将作为计算公司声誉分的基础。

（4）集结反馈信息。在存在逆向选择的情况下，声誉反馈机制的目标是通过发布更多信息以促进社会认知，在存在道德风险情况下，声誉反馈机制的目标是通过公开对当前行为反馈的坏消息带来未来惩罚的威胁来促进自律（Dellarocas，2004）。为促进后期信息使用者对特定公司互联网报告信息质量的认知，公司页面上应集中发布前期信息使用者反馈的全部文字评价和评级，反馈信息的发布以时间为序，最新提交的反馈显示于页面最上方，以下依次显示之前提交的反馈，并同时显示公司的解释以及当前处理状态，包括“等待公司处理中”、“监管机构调查中”和“处理完毕”等，上述信息均公开可见可为所有后期信息使用者观察，作为其认知和决策的参考。公开发布的前期反馈信息中出现的负面评价及评级，将向后期信息使用者传递特定公司互联网报告行为存在机会主义倾向或管理不善的信号，触发其对公司当前互联网报告信息提高警惕甚至不予信任，则公司将面临声誉损失，公司通过互联网报告实现对外沟通和关系管理的目标将难以实现。

（5）确定声誉算法。随着时间的推移，声誉反馈系统可能集结了大量反馈信息，为总括地反映各家公司的声誉状况，须为每一家公司计算一个能够反映其声誉的声誉分。声誉分值根据持续反馈的评级动态更新，并被显示于声誉反馈系统特定公司页面的显要位置，基于信息使用者真实反馈计算的声誉分将具有揭示公司互联网报告行为倾向的能力，成为传递给后期信息使用者的信号以促进其认知甚至触发对公司的惩罚。

电子商务声誉反馈系统广泛使用两类声誉计算方法：加总法和加权平均法。二元及三元评级系统常采用加总法，即一个正面评级增加一分交易方的声誉分，一个负面评级减少一分交易方的声誉方，中立评级则不改变其声誉分。五星评级系统常运用加权平均法，一到五颗星分别以1～5分表示，并根据评级者自身的声誉、评级历史、所反馈的评级与其他交易方评级的相似度等因素对其做出的评级赋权，各交易方的声誉分通过加权平均所有对其反馈的评级计算获得，E拼人和亚马逊等著名电子商务网站均采用上述加权平均算法计算卖家的声誉分。

由于公司互联网报告声誉反馈系统的评级粒度采用五星形式，其声誉分的计算应当运用加权平均法。计算方法：五星评级仍分别以1～5分表示，在权重设置上，对于通过信息使用者和公司双方互动即可解决问题的所有反馈评级以同等权重（1）看待，对经过监管仲裁认定为公司过错的信息使用者评级，由于通常性质更为严重，可根据监管机构对公司处罚数额的高低赋予相应更高的权重（如1.2、1.5、1.8等），对于经监管仲裁认定为信息使用者恶意的评级则不予纳入计算范围，如此加权平均计算公司的声誉分。

此外，为增进信息使用者对公司互联网报告行为倾向动态性的认知，声誉反馈系统可在计算上述总声誉分的同时计算不同时间窗（如过去3个月、过去1年、过去3年）的声誉分。从而，声誉反馈系统将不仅公开揭示信息使用者反馈的文字评价和评级，而且公开揭示总声誉分和各时间窗声誉分，这些公开可观察的信息将成为据以判断公司互联网报告行为倾向的动态信号，使声誉反馈系统成为一个集中反映公司互联网报告信息质量的知识共享的公开平台。在有足够多信息使用者参与这一反馈系统的情况下，将使反馈系统的声誉信息在大量人群中共享，则反馈系统的影响力将得以迅速放大，并触发对低声誉分公司互联网报告的集体不信任，使其遭遇声誉损失甚至惩罚。从而使得公司互联网报告行为受到较完全监控，促使公司自觉维护并提高其互联网报告质量和认真对待信息使用者的反馈信息，以有效保护其互联网报告声誉，从而监管机构预期的监管目标将可能实现。

5.4.3　最佳实践指南

互联网技术创造了不同于纸质报告的崭新报告范式。相比纸质报告，互联网报告的创新性主要表现在：海量信息容量、动态信息更新以及可以灵活运用包括文字、图表、声频、视频、实时在线互动工具在内的各种信息列报技术。创新的互联网报告在带来了全新公司对外报告模式的同时，也带来了报告实践多样化的问题。一些前期调查研究结果表明，公司互联网发布信息的性质、范围、格式和质量等均存在显著差异（Fisher et al.，2004；Debreceny and Rahman，2005；Debreceny et al.，2002；Khan，2007），斯科尔茨等（Scholz et al.，2000）的调查发现，各家公司使用的财务报告术语五花八门，卡恩（2007）指出，这将对信息的可理解性、可比性和可利用性提出挑战。

本书以中国百强为研究样本，以定期报告为观测点进行的调查显示：88家中国百强在其网站发布了包括年度报告、半年度报告和季度报告在内的定期报告，然而，所使用的报告术语却多达19种。其中，冠以“定期报告”名称列报的31家，“业绩报告”13家，“财务报告”11家，“公司报告”7家，“财务信息”4家，“年度/中期报告”4家，“年报及中报”3家，“年报”3家，“年报中报季报”2家，“定期信息”1家，“定期公告”1家，“年报下载”1家，“财务摘要”1家，“报告”1家，“年报与中期报告”1家，“公司公告”1家，“定期业绩报告”1家，“年报/半年报”1家，“财务报表”1家。

德布里森尼等（Debreceny et al.，2002）认为，尽管在互联网报告发展过程中不可避免地会出现这种情况，但如此巨大的差异也产生了大量问题。包括：公司作为报告主体不确定应当披露哪些信息和如何披露信息；使用者难以查找所需的信息；监管机构和准则制定者难以跟踪、监控、比较和评估各家公司的互联网报告实践。这提出了监管机构是否有必要制定互联网报告准则或指南，以致力于标准化公司互联网报告行为，避免当前在许多国家出现的公司互联网报告实践过度多样化的问题（Mohamed et al.，2009）。

对互联网报告准则的最早探讨出现于1999年11月国际会计准则委员会（IASC）发布的一份名为《互联网上的企业报告》的研究报告中，基于对22个国家660家公司互联网报告实践的调查结果指出，由传统沟通方式向新数字沟通方式的转变可能带来信息使用者确定性的下降，国际会计准则委员会（International Accounting Standards Committee，IASC）、国际证券事务监察委员会组织（International Organization of Securities Commissions，IOSCO）、国际会计师联合会（The International Federation of Accountants，IFAC）以及各国准则制定机构有必要成立一个互联网企业报告任务组，以评价现有互联网企业报告形式，识别最佳电子报告模式，制定行为规范并最终制定互联网报告准则。为强化企业互联网报告信息的质量，报告根据多伦多证券交易所（Toronto Stock Exchange）1999年发布的《电子沟通披露指南》和法国证券监管委员会（Commission des Operations de Bourse，COB）1999年发布的互联网企业报告指南的建议，提出了一套行为规范——《互联网企业报告标准——当前应用的行为规范》，作为将来互联网企业报告准则制定的基础。行为规范着重讨论了以下问题：互联网财务信息与以其他形式发布的可比信息间的关系、避免已审计信息和未审计信息相混淆的考虑、互联网信息的可用性、网站链接的完整性、信息发布的及时性、网站数据的存档以及网站内容的安全性等（Lymer et al.，1999）。

本书认为，公司互联网报告的监管目标不仅在于有效引导诚信、客观、透明的信息披露行为，保护信息使用者的利益，而且包括有效引导这一创新报告行为，鼓励公司将互联网技术的卓越能力充分运用于对外信息披露领域，促进公司信息的高效、公平和充分流动，以提升公司透明度。因此，制定互联网报告准则致力于标准化或规范化互联网报告实践的观点并不可取，这可能抑制互联网报告的创新特质。然而，为避免过度多样化可能带来的弊端，由监管机构组织制定“最佳实践指南”，在报告的内容、技术应用和应当考虑问题等方面为公司的互联网报告实践提供有益指引则有其必要性。值得一提的是，2008 年 3 月，加拿大特许会计师协会业绩报告委员会（Canadian Performance Reporting Board of the Canadian Institute of Chartered Accountants，CPRB）和加拿大投资者关系协会（Canadian Investor Relations Institute，CIRI）根据上述 IASC 的《互联网上的企业报告》和 FASB 发布的《企业报告信息电子发布》研究报告，联合制定并发布了一份名为《互联网上的财务和经营报告——一份讨论摘要》的指南。指南的两大目标是：识别互联网上财务和经营披露的核心构件；推荐良好实践。指南认为公司网站上经营和财务报告信息的提供是一项战略性问题，公司应对其采取与其他战略领域同等的重视态度，公司应将电子披露融入向投资者披露信息的总体战略之中。指南对公司网站投资者关系专栏应当报告哪些信息以及如何保证网站的导航性、可用性等提出了建议，但指南并未对运用互联网进行财务和经营信息披露过程中可能出现的风险及其治理问题展开讨论。

本书认为，第 2 章所提出的各项风险因素尤其是技术风险因素的产生部分源于公司互联网报告实践缺乏指南的现实状况，一份具实践指导意义的最佳实践指南将有助于公司在互联网报告过程中采取最佳的互联网信息披露行动，增强风险防范意识，主动采取措施预防并降低相关风险，从而推动公司进行透明、高质量的互联网报告行为。以下，本书尝试为公司互联网报告制定最佳实践指南。

1. 基本原则

首先应当明确，公司进行互联网报告的基本原则是：基于诚信、客观、透明的原则运用互联网履行信息披露义务。即应当本着诚信的精神，通过网站进行及时、准确、相关和充分的信息披露，如实报告公司的财务、经营及其他信息，确保公司网站成为外界获取公司信息的最佳来源，树立公司良好的互联网形象。

2. 网站设计的主要考虑

（1）风格。风格是网站上所有元素（布局、文字、颜色等）组成后给人的视觉印象，风格是公司网站设计首先应当考虑的要素。网站风格应能传递公司的品牌形象和独特文化，良好的网站风格将影响信息使用者对公司的整体印象，吸引信息使用者对网站内容的更多关注，从而增加网站内容的利用率。

（2）可用性。网站越易于使用，信息使用者对网站背后的组织越易信任（Corritore et al.，2003）。可用性指网站的易用性及网站设计的友好性，确保公司网站可以为信息使用者所迅速了解、熟悉并高效地使用。

为达到可用性，应当注意如下事项，包括：①为网站设计一个简明的框架和一致的结构，包括采用一致的页面设计和菜单形式，使得网站所有功能易于使用；②确保在网站上清晰地列报标题和关键信息，使信息使用者可以迅速发现所要寻找的信息；③确保导航工具直观易用，包括提供站点搜索工具、带超链接的网站地图和内容表以及帮助按钮等；④确保页面载入的速度，避免建立需要长时间载入的复杂页面，注意保持信息使用者浏览页面的积极性；⑤在网站主页醒目位置提供向投资者关系管理页面的链接，应当只需少量点击即可进入财务报告页面；⑥网页列报的信息应当易于打印。

（3）可访问性。可访问性指确保网站及其所有网页可以被高效访问而不受环境限制。网站设计须使得所有信息使用者可以访问信息并获得服务，同时，所有页面应当清晰可辨并可再现，以使信息使用者可以记录所访问过的位置并可回到原页面。

（4）内容选择。内容是网站最有价值的部分，是对网站绩效评价的唯一标准（Gandia，2008）。公司网站应当成为获取公司信息的最佳来源，保证部分信息的原版性，即该部分信息只有从公司网站方能获得，倘若网站信息均可由其他渠道得到，则公司建设网站进行互联网报告将失去实质意义。

公司互联网报告应当披露的内容至少包括：①公司的使命、战略、文化、历史及地理分布；②公司所在行业、经营环境、主要业务、所提供的产品和服务以及市场及其未来趋势的分析；③公司新闻：使网站成为公司所有新闻发布的核心站点，并标明每条新闻更新的时间；④环境和社会责任信息：阐述公司能源消耗、废物回收、碳排放、水耗用、人权、产品责任和反贪污贿赂方面的政策及量化数据，发布年度社会责任报告；⑤人力资源信息：包括员工构成、人员招聘和职业发展信息；⑥无形资产信息：展示公司拥有的专利权、著作权、专利技术等；⑦提供向证券监管机构、证券交易所的链接，以便于查阅法定披露信息；⑧投资者关系信息。

应当为投资者关系信息设立独立栏目，使之承担向投资者沟通信息的任务，该栏目信息应当与网站其他信息相区分。其通常包括以下内容：董事长报告书；公司治理信息：包括股权结构和主要股东信息、董事及高级管理层简介、高管任免程序和薪酬政策、董事会下属委员会的构成职责及其履职情况、公司内部控制制度和风险管理系统等；历年业绩预告、年度、半年度和季度报告；临时公告；经营回顾与分析；财务概要，提供至少 3 个年度的主要财务指标（可能情况下，提供 5 ~ 10 年数据），包括总资产报酬率、净资产报酬率、每股现金流、每股盈利、市盈率等；月度或季度营运数据；业绩推介会的幻灯片、声频或视频资料；投资者简报；年度股东大会、财务分析师会议的记录稿件、声频或视频；高级管理层就公司重大事件等的演讲稿件、声频或视频；投资者重要事件日历；股票及股价信息；分红配股；公司重大的投资或并购事件；追踪本公司股票的分析师名单；本公司信用评级信息；投资者常见问题；投资者关系部的联络信息。

3. 保证互联网报告信息质量的考虑

一旦公司运用互联网进行信息披露活动，信息使用者即有权利推定公司对互联网报告信息承担责任。因此，公司应设计并执行适当的内部控制机制，并采取必要技术手段确保互联网报告信息具备各项质量特征。

（1）可靠性。设计并执行适当的内容创建机制确保互联网报告内容的可靠性，使得报告内容如实反映公司财务状况、经营业绩和其他情况，具有准确性和可验证性。

（2）相关性。网站各栏目设计应当考虑所面向的信息使用者群体（投资者、债权人等）及其需求，提供满足其需求的信息。

（3）公允性。基于诚信、客观、透明的信息披露原则进行互联网报告，不披露无事实依据的虚假信息，全面报告公司经营情况和财务状况，提供有关公司的均衡观点，避免对公司自身的过度宣扬，不隐瞒负面信息。公司将由于对正面及负面信息同样公开和透明，而更可能获得投资者的信任与支持。

（4）公平性。在保证网站可访问性的同时，将股东大会、业绩推介会、公司与财务分析师或机构投资者的会议资料（包括会议记录稿件、幻灯片、声频、视频等）置于公司网站，考虑实时播报会议进程，以使一般信息使用者能够通过互联网知悉会议内容，平等地获得机构投资者、财务分析师所获得的信息，保障各类信息使用者公平获取信息的权力。

（5）完整性。网站各栏目应当完整列报有助于信息使用者了解公司的相关信息，不遗漏或省略特定信息尤其是负面信息。包括：①规定网站信息保存的时间期限，保证网站各栏目持续列示规定期限内的相关信息，保持期限内信息的完整性；②完整列报公司规定期限内的年度、半年度、季度报告和各时间段营运数据，不遗漏期间任何一份定期报告和定期报告中的任何部分内容，且列报于公司网站的定期报告应是向证券监管机构报送的原版内容，其中的审计报告应具有审计师签名。信息列报的完整性不仅有助于信息使用者全面掌握公司情况，而且也便于信息使用者在日后回访网站时查找曾经浏览过的信息。

（6）及时性。设计并执行适当的内容更新机制，及时更新网站内容。包括：①为互联网报告各栏目确定更新周期，如公司新闻每日更新、营运数据每月更新、财务报告每季度更新等，确保网站内容能够传达公司最新发展；②及时披露公司重大事件信息，使各利益相关方可以通过公司网站了解事件进展；③在网站主页或投资者关系页面设立一个区域，在其中强调网站最新更新的信息；④运用电子邮件提醒和RSS订阅功能，及时向信息使用者传递最新更新的信息；⑤为所有信息标明更新日期以提醒信息的时效性，避免使用“最新消息”“截至目前最新”等可能引起对信息时效产生误解的措辞。

（7）可理解性。运用清晰易于理解的语言进行陈述，确保互联网报告信息清晰明了、通俗易懂、可为一般信息使用者所理解。应当使用标准财务报告术语进行互联网报告信息的列报，在存在标准财务报告术语的情况下不自创报告术语，保证信息的可理解性和可比性。

（8）一致性。应当明确互联网报告是公司对外沟通战略执行的一个组成部分，互联网报告与公司其他形式的信息披露如传统财务报告共同构成了公司对外信息披露的内容，互联网报告的信息应与其他形式报告的信息间保持逻辑一致性，不应出现二者冲突的情况。

4. 规避风险的考虑

（1）适当运用免责声明。在可能引发法律责任纠纷情况下考虑运用免责声明，以减轻公司承担的责任，但不应滥用免责声明，避免引起信息使用者对公司推卸责任的怀疑。且免责声明应当以醒目方式列示，以便引起信息使用者的充分注意。

（2）保护公司机密信息。设计并执行适当的内容层级批准机制，确保不泄露公司重要信息尤其是机密信息，避免出现损害公司竞争优势的情况。

（3）明确区分已审计和未审计信息。不在网站同一个栏目或同一个网页同时列报已审计信息和未审计信息，不将已审计信息与未审计信息相互超链接，运用技术手段明确区分已审计信息，例如，以独立的格式文档单独列报已审计年度报告信息，避免信息使用者混淆信息的审计状态。

（4）正确列报审计报告。审计报告通常应当作为年度报告整体的一部分列报，在单独列报审计报告情况下，应确保审计报告仅与相应的审计师审定版财务报告相关联，不将审计报告与其他信息相关联，避免信息使用者误以为其他信息已经审计师审计。

（5）谨慎转载其他方信息。转载其他方编制的信息前应获得作者的许可并经公司审查，转载时应标明其他方名称，并明确指出信息来源，避免侵犯其他方权益；由于分析师评论或分析师报告通常对公司投资价值进行评价，或推荐购买公司股票，为避免引起误导，不应在公司网站转载分析师评论或分析师报告；如在网站列示追随本公司的分析师名单，应注意同时列示对公司持正面和负面观点的分析师名单，以免引起误解。

（6）充分运用警示功能。加强对互联网报告内容的审核，注重诉讼风险的防范，重点排除列报可能为公司引致诉讼风险的信息，并充分运用警示功能，以减轻公司的法律责任。包括：①对重要未审计信息，如营运数据，进行类似于“信息未经审计”的警示；②对财务预测等前瞻性陈述进行类似于“前瞻性陈述可能与实际结果不相符”的警示；③在列报大篇幅文档的摘要信息如年度报告摘要时，由于摘要信息并不能表达原版文档内容的全貌，进行类似于“摘要数据不能完整反映公司财务状况和经营成果”的警示，并提供可获得完整原版文档的网址；④在提供向第三方网站超链接的情况下，当信息使用者离开公司网站进入超链接所指向的第三方网站之前，进行类似于“您正离开本公司网站”的警示，为避免引起误解，不要提供向分析师网站的超链接；⑤在转载第三方对公司的评论或列示追随本公司的分析师名单的情况下，进行类似于“第三方观点不代表本公司观点”“公司未对分析师观点的准确性进行审核，且公司未认可分析师报告及其结论”的警示，为避免产生误导嫌疑，不要在公司网站列示分析师报告；⑥在公司在线论坛中进行类似于“论坛参与者发布的消息非本公司官方消息”的警示。并注意上述警示须在视觉上与被警示内容尽可能接近并且显见，以避免信息使用者对其产生过度信赖心理。

（7）避免信息超载。应当结构化网站信息以促进信息使用者的信息阅读过程，避免出现信息超载情况。包括：①设计层次鲜明的网站内容结构，使信息使用者可迅速掌握网站主要内容；②将年度报告、业绩推介和其他大篇幅文档内的主要信息抽取出来以亮点或摘要形式列报，以便于信息使用者通过初步查看即可了解其中主要内容，并在必要时，进一步深入网页阅读详细信息。

（8）有效管理在线论坛。制定管理在线论坛的制度，指定具有对外沟通知识背景和经验的论坛管理员，规定管理员职责权限，对论坛实施有效的管理，及时对论坛参与者发布的不实言论、疑问、批评、指责等作出回复和澄清，使论坛成为公司与外部利益相关者间互动沟通并达到相互理解的平台。同时，禁止公司内部其他员工以公司员工名义参与论坛讨论，避免引起外界将员工言论与公司意志相联系的解读。

（9）建立详细日志。信息使用者可能因公司互联网报告特定时点的信息披露提起法律诉讼，详细的日志将会提高公司重建任何时间点网站内容的能力，有助于公司对诉讼作出积极应对。

5. 持续提升互联网报告

（1）观摩同行业领先公司的网站或公认的优秀公司网站，向他们学习网站设计和内容安排。

（2）监控网站内容的访问情况，运用点击量、访问时间等指标评价网站内容的使用率，收集网站上不同类型信息有用性的证据，以不断改进互联网报告的内容安排。

（3）就网站的可用性、内容、结构设计和信息质量等问题以问卷形式向信息使用者开展调查，以期获得终极使用者对提高公司互联网报告质量的意见和建议。

（4）设计并执行适当的内容评价机制，定期评价互联网报告内容和技术应用的适当性，对发现的潜在风险因素及时反馈并予以纠正，同时改进相关内容管理机制，积极运用自身力量主动发现和纠正问题，避免被其他方发现并指出问题甚至出现责任纠纷的被动局面。

（5）积极运用创新的互联网列报技术，增进公司与外部利益相关方的沟通和互动。例如，以便于信息使用者进行数据使用和分析的文档格式如XBRL或Excel等提供财务和经营信息，促进信息使用者信息利用的效率；在公司网站提供RSS订阅和电子邮件提醒功能，允许信息使用者预订感兴趣的信息，一旦公司网站更新相关信息，即将信息向其推送，使信息使用者能够持续获得公司最新信息，这是一个积极的对外关系管理策略。

5.5　本章小结

本章主要内容包括：

第一，根据复合治理理论提出了公司互联网报告风险的复合治理机制思想。

第二，以公司作为互联网报告风险治理的第一责任承担主体，实证检验了公司治理机制对互联网报告及时性的影响，并基于检验结果指出我国公司治理机制改进的方向。本书将完善的公司治理机制作为公司互联网报告风险治理的第一内核机制，其可以从源头上遏制公司互联网报告过程中包括选择性信息披露和虚假信息披露在内的机会主义风险因素存在的空间，预防、降低信息误导和诉讼等相关风险。

第三，基于 IT 治理理论围绕组织结构、流程和关系机制三大要素构建了公司互联网报告的 IT 治理机制，提出了公司在其已有 IT 治理框架基础上有必要设置的七个组织、六项流程及五种关系机制，目的在于通过指导公司构建和执行完善的 IT 治理机制，全方位提高公司对互联网报告相关风险的治理能力。本书将完善的 IT 治理机制作为公司互联网报告风险治理的第二内核机制，其可以从根本上抑制公司互联网报告过程中系列技术及管理风险因素尤其是各项关键风险因素存在的空间，预防、降低信息不可靠和诉讼风险等相关风险。

第四，以审计执业界作为公司互联网报告风险治理的第二责任承担主体，借鉴 AICPA 和 CICA 联合推出的 WebTrust 鉴证原理，为公司互联网报告设计了第三方鉴证机制——Webreport 鉴证，并对 Webreport 鉴证的目标、性质、机理及主要流程等进行了探索。本书将第三方鉴证机制作为公司互联网报告风险治理的第一外围机制，旨在从公司外部施加独立、客观、公正的力量对机会主义、技术和管理风险因素尤其是各项关键风险因素存在的空间形成遏制作用，预防、降低信息误导和信息不可靠等相关风险。

第五，以监管机构作为公司互联网报告风险治理的第三责任承担主体，借鉴电子商务声誉反馈机制原理为公司互联网报告的监管设计了声誉反馈监管机制，由声誉信息担负传递信号和触发惩罚的功能，从而在多数情况下以非正式的声誉约束代替正式监管。不仅有助于节约大面积审查众多公司的互联网报告信息以发现问题尤其是机会主义信息披露问题的监管成本，而且有助于提高监管效率。值得一提的是，声誉反馈监管机制对现有的政府监管、自律监管和社会监督三位一体的监管架构做了一定程度的改进。表现在：更加强调运用社会监督的力量，拓展了社会监督的内涵，令广大信息使用者成为公司信息披露行为的监督主体而非仅由审计师执行社会监督，从而对公司互联网报告行为实施了更加完全的监控。本书将声誉反馈监管机制作为公司互联网报告风险治理的第二外围机制，旨在从公司外部施加积极的监控力量遏制机会主义、技术和管理风险因素尤其是各项关键风险因素存在的空间，达到预防、降低信息误导和信息不可靠等相关风险的目的。

第六，制定了最佳实践指南，该指南由监管机构发布作为公司互联网报告实践的指引，指导公司在互联网报告过程中采取最佳信息披露行动，增强风险防范意识，预防、降低相关风险。本书将最佳实践指南作为公司互联网报告风险治理的第三外围机制。

由此，本章为公司互联网报告风险的治理提出了由两项内核机制和三项外围机制（见图5－4）构成的复合治理机制，以期通过一套复合治理机制的联合实施，既从公司内部建设遏制风险的内在力量，又从公司外部施加监控和防范风险的外在有力约束和积极引导。上述复合治理机制的提出为互联网时代公司互联网上信息披露风险的有效治理提供了创新的解决方案，有利于在引导公司更好地运用互联网技术提高透明度并保护自身利益的同时，实现保护信息使用者利益的根本目标。

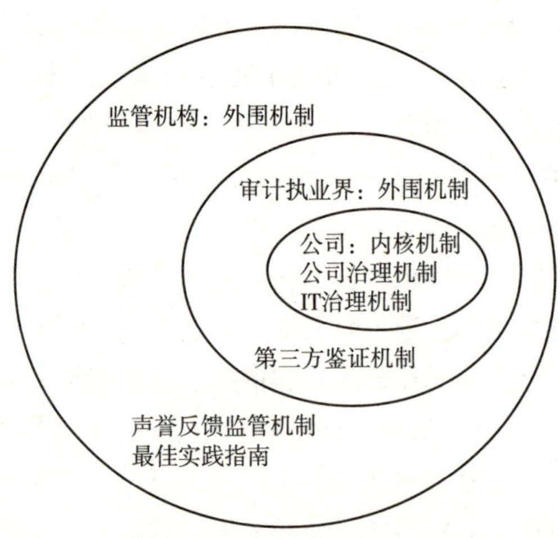

图5－4　复合治理机制示意

第6章

结论与展望

6.1 主要研究结论

面对互联网商务应用的迅速普及，中国证监会为进一步完善我国上市公司治理曾在先后出台的《上市公司治理准则》和《上市公司与投资者关系工作指引》中明确指出，“持续信息披露是上市公司的责任”“公司应充分重视互联网沟通平台的建设”“丰富和及时更新公司网站的内容”等。可以预见，随着互联网对社会经济生活日益深刻的全面渗透，前期学者提出的“公司信息披露将逐步移往互联网”的预言将成为现实。然而，公司互联网报告的兴起固然可能极大增加资本市场上流通的信息量，但其信息质量尤其是可靠性和公允性却令人忧虑，各种信息风险将可能始终困扰公司互联网报告实践。

在公司互联网报告产生及发展近二十年的历程中，国内外学者对互联网报告的现状、差异比较、影响因素等进行了多角度的研究，而风险问题研究始终处于被忽视的位置。学者们为倡导公司尤其上市公司积极开展互联网信息披露工作，在互联网报告发展的前期阶段，更多地探讨其优势和意义等，有利于推动公司大力开展互联网报告实践，有利于引导公司尝试进行创新的信息披露行为，这值得赞赏。然而，随着互联网报告的逐步推广和深入应用，研究重心应当转向其风险问题，对风险形成的机理、风险因素识别、风险治理机制设计等展开系统研究，从而引导利益相关各方对互联网报告形成理性且全面的认识，具备风险意识并积极参与相关风险的治理，促进公司互联网报告实践的健康、良性发展，创造一个符合各方利益的高质量网上信息生态系统。本书对公司互联网报告风险问题的研究得到了以下主要结论：

（1）技术、机会主义、管理和监控风险因素构成了公司互联网报告的四大类风险因素。公司在互联网报告过程中对互联网技术的不当应用、采取的机会主义报告行为、不健全的管理机制以及有效监管机制缺失的现实监管环境均可能诱发包括信息误导风险、信息不可靠风险在内的公司互联网报告各种风险的形成。

（2）信息使用者在参与公司互联网报告实践过程中，面临的关键风险因素依次为：选择性信息披露、虚假信息披露、缺乏有效监管机制、缺乏有效的第三方鉴证机制，以及内容创建机制和诉讼风险防范机制设计和运行失当。在有效监管机制缺失的背景之下，公司互联网报告将主要表现为强调正面信息、隐瞒负面信息的选择性信息披露行为，虚假信息披露也可能相机出现，公司机会主义互联网报告行为将对信息使用者的利益构成严重威胁。信息使用者面临的主要风险是信息误导风险和信息不可靠风险。其中，信息误导风险主要是由于公司为诱导信息使用者的判断而有意进行选择性信息披露或虚假信息披露等机会主义互联网报告行为带来的风险，信息不可靠风险主要是由于公司在互联网报告过程中各项管理机制不健全，典型的如内容创建机制设计和运行失当而产生的信息错误风险。两项风险均可能对信息使用者的利益造成损害，应当予以重点防范，其中，信息误导风险更加值得关注。

（3）公司在互联网报告过程中面临的关键风险因素依次为：选择性信息披露、虚假信息披露、高级管理层的支持不足、诉讼风险防范机制设计和运行失当、内容创建机制设计和运行失当、内容发布机制设计和运行失当、互联网本身的安全隐患、内容层级批准机制设计和运行失当、对在线互动技术管理不善、内容更新机制设计和运行失当、缺乏互联网报告战略的指引以及支持互联网报告管理的组织结构设置不当。机会主义互联网报告行为将不仅可能损害信息使用者的利益，而且还可能损害公司利益及声誉，基于诚信、客观、透明的原则进行信息披露应当是公司最佳的互联网报告策略。且公司应当设计并执行适当的管理机制，设计适当、执行有效的系列管理机制本质上是对公司自身的保护机制。否则，将不仅难以达到互联网报告的预期目标，而且可能反而令公司遭遇诉讼、机密信息泄露等多重困扰，规避法律责任和保护机密信息是公司在互联网报告过程中应当予以认真考量的问题。公司面临的主要风险包括诉讼风险、竞争劣势风险、声誉损失风险、形象受损风险和互联网安全风险。同时，公司应当树立互联网报告是公司在互联网上的形象工程以及不当的互联网报告行为可能对公司自身声誉和形象造成负面影响的认识，互联网时代的公司应当注重自身声誉及形象的建设和持续维护。

（4）风险是公司互联网报告的伴生物，诸如信息误导风险、信息不可靠风险及由此引发的诉讼风险、声誉损失风险等多种风险将对信息使用者和公司造成困扰，信息使用者和公司是首当其冲的风险承担者，而监管机构及审计执业界也将面临前所未有的挑战，难以独善其身。公司互联网报告风险的客观存在及其可能对多个利益相关方产生影响的性质要求多方协同参与共同成为风险治理主体，联合实施风险治理机制，形成一套功能互补的公司互联网报告风险的复合治理机制，不但从公司内部建设遏制风险的内在力量，而且从公司外部施加监控风险的外在有力约束和良性引导，从而达到全面治理相关风险的目的。

（5）公司互联网报告风险治理的本质问题是如何保证互联网报告信息质量的问题。公司是互联网报告行为的实施主体，是互联网报告收益的直接获得者也是其风险的必然承担者。因此，公司应当成为互联网报告风险治理的第一责任承担主体。完善的公司治理机制是治理互联网报告风险的第一内核机制，其可以从根源上遏制互联网报告过程中各项机会主义风险因素存在的空间，预防、降低信息误导和诉讼风险等相关风险。同时，互联网报告是公司的一个对外沟通战略信息系统，对互联网报告风险的治理不能忽视互联网报告系统是一个依托于互联网的信息系统的本质。因此，需要建设完善的IT治理机制将其作为治理互联网报告风险的第二内核机制，其可以从根本上抑制公司互联网报告过程中系列技术及管理风险因素尤其各项关键风险因素存在的空间，预防、降低信息不可靠和诉讼风险等相关风险。总之，公司治理机制和IT治理机制是本书以公司为风险治理主体提出的两大内核机制。

（6）作为公共利益守护神的审计师应当成为公司互联网报告风险治理的第二责任承担主体。由审计师根据控制性原则和实质性原则及其对应标准对公司互联网报告实践开展控制测试和实质性测试，并颁发Webreport印鉴的第三方鉴证机制是治理互联网报告风险的第一外围机制，通过外部独立、客观、公正的第三方力量的介入将对公司互联网报告过程中系列机会主义、技术和管理风险因素尤其各项关键风险因素存在的空间形成遏制作用，预防、降低信息误导和信息不可靠风险等相关风险，为公司互联网报告的信息质量提供合理保证。

（7）监管机构是资本市场秩序的坚定维护者和强有力的保卫者，监管机构应当成为公司互联网报告风险治理的第三责任承担主体。而互联网报告信息更新的动态性及列报技术的灵活性等特殊性质要求监管机构设计创新的监管机制，并据以改良现行监管架构予以应对。由监管机构实施的声誉反馈监管机制是治理互联网报告风险的第二外围机制，运用声誉反馈监管机制同时作为信号机制和惩罚机制，从而在多数情况下以非正式的声誉约束代替正式监管，不仅有助于节约监管成本，而且有助于提高监管效率。声誉反馈监管机制对现有的政府监管、自律监管和社会监督三位一体的监管架构进行了有益的改进，其更加强调运用社会监督力量，并拓展了社会监督的内涵，有望对公司互联网报告行为实施更加完全的监控，有助于对公司互联网报告过程中系列机会主义、技术和管理风险因素尤其各项关键风险因素存在的空间形成遏制作用，预防、降低信息误导和信息不可靠风险等相关风险，从而为信息使用者提供必要的保护。

（8）当前，公司互联网报告信息缺乏可比性问题以及各项技术风险因素的产生，部分源于公司互联网报告行为缺乏最佳实践指南的引导，导致公司在互联网报告过程中对于最佳实践及风险防范均缺乏认识，报告行为一定程度上存在随意性。一份具现实指导意义的最佳实践指南有助于公司在互联网报告过程中采取最佳的互联网信息披露行动，增强风险防范意识，预防、降低相关风险，推动公司进行透明、高质量的互联网报告行为。本书将由监管机构颁布的最佳实践指南作为治理互联网报告风险的第三外围机制。

6.2 创新之处

在公司互联网报告产生及发展近二十年的历程中，国内外学者对互联网报告的现状、差异比较、影响因素等进行了多角度的研究。然而，风险问题研究始终处于被忽视的地位。本书的研究有助于改善公司互联网报告领域风险研究极度缺乏的状况，主要创新之处包括：

（1）运用博弈论作为理论分析工具，以公司互联网报告供应链上重要的利益相关方，公司、信息使用者和监管机构分别作为博弈参与方，分析了各方为寻求自身利益最大化而达到的博弈均衡结果，以及博弈过程中各方面临的风险及风险形成的内在原因，并在博弈分析结论的基础上，指出公司在互联网报告过程中对互联网技术的不当应用、采取的机会主义报告行为、管理机制不健全以及有效监管机制缺失的现实监管环境四大类因素共同诱发了其风险的形成，从而首次系统阐释了公司互联网报告风险形成的机理。

（2）系统识别了公司互联网报告的技术、机会主义、管理和监控四大类风险因素，采集了风险因素存在性的实证证据，并通过运用基于语言变量的模糊风险评价方法揭示了公司互联网报告供应链上重要利益相关方面临的关键风险因素和主要风险，为包括信息使用者、公司、审计师以及监管机构在内的利益相关各方对公司互联网报告形成全方位的理性认识，正确认识其风险和不利后果，并采取恰当机制予以积极治理，从而预防、降低相关风险，获得互联网报告的预期收益提供了理论支持和指引。

（3）以复合治理理论为理论依据，提出了公司互联网报告风险的复合治理机制的思想，并构建了由两项内核机制及三项外围机制构成的一套公司互联网报告风险的复合治理机制。分别以公司互联网报告供应链上的责任利益相关方，公司、审计师和监管机构作为风险治理主体，为公司提出了完善公司治理机制和 IT 治理机制的方向，为审计执业界建立了第三方鉴证机制，为监管机构设计了声誉反馈监管机制并制定了最佳实践指南，从而构建了一套系统的公司互联网报告风险的复合治理机制，以上机制有望协同配合，功能互补，为公司互联网报告风险的全面治理提供创新的解决方案，并为保证公司互联网报告的信息质量提供积极的支持。

6.3　研究展望

本书沿着风险因素识别、实证证据搜集、模糊风险评价、复合治理机制研究的技术路线展开，对公司互联网报告的风险问题进行了较系统的研究，并在上述各方面取得了一定的研究成果，为公司互联网报告供应链上利益相关各方的风险识别和风险治理提供了理论依据和实证证据。然而，应当看到，公司互联网报告领域风险问题的研究才刚刚起步，本书的研究虽然有助于建设相关理论体系，但仍存在不足，一些需要在未来继续探索的内容包括：

（1）由于公司互联网报告风险问题的前期研究相当薄弱，缺乏有关实证数据。本书基于公司规模与公司互联网报告水平显著正相关的前期研究主要结论，在技术和管理风险因素实证证据的搜集、机会主义风险因素存在性的研究以及公司治理机制的改进研究等部分均以美国《财富》（中文版）评选的中国上市公司100强排行榜公司为研究样本，主要依靠网站调查等手段手工收集相关实证证据，由于调查工作量大，使得研究样本量受到限制，所获实证证据虽然为本书的研究奠定了基础，但实证证据仍显有限。后续研究可以考虑以更大规模的样本量对公司互联网报告风险相关问题展开研究，以期提供更丰富和更适当的实证证据，并获得更进一步的研究结论。

（2）本书对公司互联网报告风险的评价，是在运用专家调查法获得相关领域专家对各风险因素的评判观点的基础上，基于语言变量的模糊风险评价方法而得到的结论。专家调查法的优点在于能够获得专家在相关领域高层次的知识和经验的支持；缺点在于风险评价具有较多主观性而客观性不足，且所调查的专家人数有限。尽管本书通过相关实证证据的采集为专家判断提供了证据支持以力图降低判断的主观性，并通过风险评价会的召开，使得专家观点和意见得以较充分的交流和共享，但专家的观点也可能存在偏颇。后续研究可以考虑对公司互联网报告的主要利益相关方，包括上市公司、信息使用者（如投资者、分析师）、监管机构和审计师，展开较大范围的调查，获得各利益相关方对公司互联网报告风险问题的认识与看法，并运用因子分析或回归分析等统计分析手段进行分析，以期获得更为恰当的研究结论。本书受到研究条件的限制，没有开展上述大范围的调查。

（3）本书第5章提出了复合治理机制的构想，基于公司互联网报告风险治理的本质问题是如何保证互联网报告信息质量的问题这一基本研究结论，以公司为风险治理主体，提出了公司治理机制改进的方向，并提出了公司在其已有IT治理框架基础上应当进一步完善的IT治理机制。而后，本书以审计师为风险治理主体，为公司互联网报告探索了第三方鉴证机制，旨在为互联网报告信息质量提供合理保证。最后，以监管机构作为风险治理主体，为公司互联网报告设计了声誉反馈监管机制并制定了最佳实践指南，期望运用声誉反馈监管机制降低监管成本并提高监管效率，以适应互联网时代对公司信息披露监管提出的新要求。上述由两项内核机制及三项外围机制构成的公司互联网报告风险的复合治理机制的提出具有创新意义，但机制设计的完善性须等待实践的检验，上述各项机制设计仍存在提高的空间。例如，本书为第三方鉴证提出了控制性原则和实质性原则及其系列标准以据以实施控制测试和实质性测试，这些原则和标准仍可能不尽完善，所提出的鉴证程序也可能不尽充分，期待后续研究的进一步探索。

附录 1

公司互联网报告管理现状调查问卷

互联网报告是现代公司运用互联网进行的对外信息披露和关系管理活动，包括向公司利益相关各方披露信息的内容、形式、时机以及公司网站的持续维护和更新等均要求卓越的管理，以保证高质量的互联网报告行为，以支持公司对外沟通战略和总体战略目标的实现。

本课题组拟在收集上市公司互联网报告管理现状数据的基础上，提出管理机制设计的建议。我们诚挚地邀请您参与问卷题项的回答，这对我们的研究有极大的帮助，对贵公司的互联网报告和对外关系管理工作也将有一定的启发作用。在此，谨向您致以最深的谢意！

以下题项为填空题及单选题，请您根据贵公司情况予以回答。

1. 贵公司于（　　　）年起，通过在公司网站对外披露信息进行互联网报告工作。

2. 为引导公司互联网报告实践的长期良性发展，达到预期的对外沟通和关系管理目标，避免可能的风险，贵公司是否制定了互联网报告战略，使其与公司对外沟通战略相协调，并服务于公司总体战略目标的实现？

是（　　）　　　　否（　　）

3. 请填写贵公司负责互联网报告工作并制定与互联网信息披露相关决策的部门、机构或委员会名称____，贵公司是否在上述部门、机构或委员会之下设立了互联网报告团队？

是（　　）　　　　否（　　）

4. 请填写贵公司参与互联网报告日常内容及技术管理的人员总数（　　　）人，其中，专职（　　　）人，兼职（　　　）人。

5. 请填写贵公司每年用于公司网站建设和维护的经费投入约为人民币（　　　）万元。您认为贵公司是否为互联网报告的管理工作投入了充分的物力资源（如资金）？

非常不充分（　）不充分（　）一般（　）很充分（　）非常充分（　）

6. 贵公司负责互联网报告内容批准的最高层次人员是____________________，您认为贵公司是否为互联网信息披露的内容设计了充分的内容批准机制，即根据内容的重要性程度确定负责批准人员的层次，以防止不当披露重要信息甚至有损公司竞争优势的信息的情况？

非常不充分（　）不充分（　）一般（　）很充分（　）非常充分（　）

7. 贵公司是否为互联网报告设计了充分的内容发布机制，以防止未获发布授权的人员擅自发布信息的情况，保证公司网站仅发布已经过授权批准程序批准的信息？

非常不充分（　）不充分（　）一般（　）很充分（　）非常充分（　）

8. 贵公司是否为公司互联网报告设计了充分的评价机制，以通过对互联网报告内容的可靠性、完整性及内容和技术应用的适当性的持续评价，发现存在的问题，提出改进意见，促进公司互联网报告质量的持续改进和提高。

非常不充分（　）不充分（　）一般（　）很充分（　）非常充分（　）

请填写贵公司负责评价互联网报告内容的部门名称：____________________。

附录 2

公司互联网报告风险分析问卷

当前，通过建设网站进行各项财务和非财务信息的披露已成为国内外众多公司普遍的对外报告实践。互联网时代，公司互联网报告行为的收益是显著的，包括提高公司的透明度声誉、与各利益相关方保持良好的信息沟通、为公司树立正面的形象，并借此降低代理成本和资本成本等。然而，互联网报告在带来众多益处的同时，各种风险因素也不可避免地暗藏其中。对公司互联网报告的各项风险因素进行分析，评价其风险强度，并进而确定关键风险因素，不仅有助于形成系统的公司互联网报告风险管理理论，而且有利于公司互联网报告供应链上利益相关各方树立正确的风险观念，据以实施适当的风险治理措施，这对于引导互联网报告实践的健康发展意义重大。

本书在对前期公司互联网报告相关研究文献进行系统回顾和总结的基础上，提出了如下四个维度共 22 项风险因素，请您对这些风险因素进行评价。您的意见对我们的研究有很大的帮助，在此，谨向您致以最诚挚的谢意！

一、发生可能性和严重性相对重要性的评价

公司互联网报告各风险因素风险强度的计量是对各风险因素引发的风险事件所导致风险后果发生的可能性及严重性两个维度进行综合度量的结果。为计算各风险因素的风险强度，需要对发生可能性和严重性分别赋以权重。您认为发生可能性与严重性两者的相对重要性如何？请在如下表述中选择一项您认为恰当的表述，并在空白栏中打钩。

严重性与发生可能性相比　　同等重要（　　）
稍微重要（　　）
明显重要（　　）
强烈重要（　　）
极端重要（　　）

二、发生可能性和严重性的评价

以下表格的首列是各风险因素、其引发的风险事件及所导致的风险后果的定性文字描述，请您对问卷中各风险因素引发的风险事件所造成风险后果发生的可能性及其严重性两个方面进行评价，并从五个选项（依次为“非常低”、“低”、“中等”、“高”和“非常高”）中择一作答（在相应的空格内打“√”）。由于评价本身具有主观模糊性，您可在各风险因素之下的空白行内对您的选择作简要的说明。如您认为还有其他风险因素，请在问卷表格最后的空白行中列出，如您对本问卷有任何意见和建议，请在本问卷的结束部分提出。

公司互联网报告的风险及其治理机制研究

<table>
<tr><th>项　　目</th><th colspan="2"></th><th>非常低</th><th>低</th><th>中等</th><th>高</th><th>非常高</th></tr>
<tr><td colspan="8">一、技术风险因素</td></tr>
<tr><td rowspan="4">1. 互联网本身的安全隐患
风险事件：互联网报告系统被黑客攻击或计算机病毒破坏，互联网报告信息被篡改
风险后果：信息使用者——基于被篡改后的信息制定决策出现决策失误
公司——互联网报告系统受损甚至瘫痪</td><td rowspan="2">信息使用者</td><td>发生可能性</td><td></td><td></td><td></td><td></td><td></td></tr>
<tr><td>严重性</td><td></td><td></td><td></td><td></td><td></td></tr>
<tr><td rowspan="2">公司</td><td>发生可能性</td><td></td><td></td><td></td><td></td><td></td></tr>
<tr><td>严重性</td><td></td><td></td><td></td><td></td><td></td></tr>
<tr><td rowspan="4">2. 提供向第三方网站的超链接
风险事件：第三方网站信息有失真实和公允，信息使用者误信第三方网站信息
风险后果：信息使用者——决策失误
公司——被提起诉讼且声誉和形象受损</td><td rowspan="2">信息使用者</td><td>发生可能性</td><td></td><td></td><td></td><td></td><td></td></tr>
<tr><td>严重性</td><td></td><td></td><td></td><td></td><td></td></tr>
<tr><td rowspan="2">公司</td><td>发生可能性</td><td></td><td></td><td></td><td></td><td></td></tr>
<tr><td>严重性</td><td></td><td></td><td></td><td></td><td></td></tr>
<tr><td rowspan="4">3. 将已审计信息与未审计信息相互超链接
风险事件：信息使用者误将未审计信息认定为已审计信息
风险后果：信息使用者——决策失误
公司——被提起诉讼且声誉和形象受损</td><td rowspan="2">信息使用者</td><td>发生可能性</td><td></td><td></td><td></td><td></td><td></td></tr>
<tr><td>严重性</td><td></td><td></td><td></td><td></td><td></td></tr>
<tr><td rowspan="2">公司</td><td>发生可能性</td><td></td><td></td><td></td><td></td><td></td></tr>
<tr><td>严重性</td><td></td><td></td><td></td><td></td><td></td></tr>
<tr><td rowspan="4">4. 将审计报告与未审计信息或不完整的财务报告相互超链接
风险事件：信息使用者误以为未审计信息或不完整的财务报告已经审计师审计并出具审计报告
风险后果：信息使用者——决策失误
公司——被提起诉讼且声誉和形象受损</td><td rowspan="2">信息使用者</td><td>发生可能性</td><td></td><td></td><td></td><td></td><td></td></tr>
<tr><td>严重性</td><td></td><td></td><td></td><td></td><td></td></tr>
<tr><td rowspan="2">公司</td><td>发生可能性</td><td></td><td></td><td></td><td></td><td></td></tr>
<tr><td>严重性</td><td></td><td></td><td></td><td></td><td></td></tr>
</table>

续表

项　　目			非常低	低	中等	高	非常高
5. 信息超载 风险事件：信息使用者阅读大量的互联网报告信息 风险后果：信息使用者——由于信息处理能力有限，信息评价的质量反而下降	信息使用者	发生可能性					
		严重性					
6. 不当应用多媒体技术 风险事件：应用多媒体技术进行正面信息的宣扬，信息使用者受到误导 风险后果：信息使用者——决策失误 公司——被提起诉讼且声誉和形象受损	信息使用者	发生可能性					
		严重性					
	公司	发生可能性					
		严重性					
7. 对在线互动技术管理不善 风险事件：聊天室、在线论坛等出现谣言、对公司的质疑甚至批评 风险后果：信息使用者——受到误导，决策失误 公司——声誉和形象受损	信息使用者	发生可能性					
		严重性					
	公司	发生可能性					
		严重性					
二、机会主义风险因素							
1. 选择性信息披露 风险事件：公司互联网报告强调正面信息、隐瞒或淡化负面信息，形成了强烈的正面主题偏向 风险后果：信息使用者——被误导出现决策失误 公司——被提起诉讼且声誉和形象受损	信息使用者	发生可能性					
		严重性					
	公司	发生可能性					
		严重性					
2. 虚假信息披露 风险事件：公司互联网报告无事实依据的虚假信息 风险后果：信息使用者——被误导出现决策失误 公司——被提起诉讼且声誉和形象受损	信息使用者	发生可能性					
		严重性					
	公司	发生可能性					
		严重性					
三、管理风险因素							
1. 缺乏互联网报告战略的指引 风险事件：公司的互联网报告实践缺乏有效规划，难以保证互联网报告的质量及其长期良性发展 风险后果：信息使用者——产生期望差距，信息需求未得到有效满足 公司——声誉和形象受到负面影响	信息使用者	发生可能性					
		严重性					
	公司	发生可能性					
		严重性					

续表

项　　目			非常低	低	中等	高	非常高
2. 支持互联网报告管理的组织结构设置不当 风险事件：公司互联网报告的管理未能受到完善设置的组织结构的支撑，难以保证互联网报告的质量 风险后果：信息使用者——产生期望差距，信息需求未得到有效满足 公司——声誉和形象受到负面影响	信息使用者	发生可能性					
		严重性					
	公司	发生可能性					
		严重性					
3. 高级管理层的支持不足 风险事件：公司员工参与网站管理的积极性和对互联网报告重要性的认识不足，难以保证互联网报告的质量 风险后果：信息使用者——产生期望差距，信息需求未得到有效满足 公司——声誉和形象受到负面影响	信息使用者	发生可能性					
		严重性					
	公司	发生可能性					
		严重性					
4. 人力资源配备不充分 风险事件：公司网站疏于管理和维护，难以保证互联网报告的质量 风险后果：信息使用者——产生期望差距，信息需求未得到有效满足 公司——声誉和形象受到负面影响	信息使用者	发生可能性					
		严重性					
	公司	发生可能性					
		严重性					
5. 物力资源投入不充分 风险事件：公司网站的管理工作力不从心，难以保证互联网报告的质量 风险后果：信息使用者——产生期望差距，信息需求未得到有效满足 公司——声誉和形象受到负面影响	信息使用者	发生可能性					
		严重性					
	公司	发生可能性					
		严重性					
6. 内容创建机制设计和运行失当 风险事件：公司互联网报告的信息出现错误，报告信息的质量尤其是可靠性存在问题 风险后果：信息使用者——基于不可靠信息制定决策，出现决策失误 公司——被提起诉讼且声誉和形象受损	信息使用者	发生可能性					
		严重性					
	公司	发生可能性					
		严重性					
7. 内容层级批准机制设计和运行失当 风险事件：公司重要信息包括战略发展方向、重大决策等信息为竞争方所窥探 风险后果：公司——竞争优势地位受损	公司	发生可能性					
		严重性					

续表

项目			非常低	低	中等	高	非常高
8. 诉讼风险防范机制设计和运行失当 风险事件：信息使用者使用公司互联网列报的不公允信息或使用敏感性信息，如未审计的营运数据、前瞻性的盈利预测信息等但未受到必要的风险警示，公司互联网列报的信息如前瞻性信息等被其他方如原告律师所收集并进而采取针对公司的法律行为 风险后果：信息使用者——受到误导出现决策失误 公司——被提起诉讼且声誉和形象受损	信息使用者	发生可能性					
		严重性					
	公司	发生可能性					
		严重性					
9. 内容发布机制设计和运行失当 风险事件：未获发布授权的人员擅自在公司网站发布错误信息、误导性信息甚至机密信息 风险后果：信息使用者——受到误导出现决策失误 公司——被提起诉讼、声誉和形象受损、竞争优势地位受损	信息使用者	发生可能性					
		严重性					
	公司	发生可能性					
		严重性					
10. 内容评价机制设计和运行失当 风险事件：公司对互联网报告管理的监控、反馈及改进机制失效 风险后果：信息使用者——基于不可靠或误导性信息制定决策，出现决策失误 公司——某些风险因素持续存在无法通过适当评价机制得以及时识别和消除，影响公司互联网报告的持续改进和质量的提高	信息使用者	发生可能性					
		严重性					
	公司	发生可能性					
		严重性					
11. 内容更新机制设计和运行失当 风险事件：互联网报告各栏目内容未能及时更新，甚至出现内容陈旧的情况 风险后果：信息使用者——产生期望差距，信息需求未得到有效满足 公司——被认为管理质量不佳，声誉和形象受损	信息使用者	发生可能性					
		严重性					
	公司	发生可能性					
		严重性					

续表

项　　目			非常低	低	中等	高	非常高
四、监控风险因素							
1. 缺乏有效的监管机制 风险事件：监管机构难以对公司互联网报告实施有效的监管 风险后果：信息使用者——在使用互联网报告信息的过程中无法获得应有的保护 监管机构——监管能力受到质疑	信息使用者	发生可能性					
		严重性					
	监管机构	发生可能性					
		严重性					
2. 缺乏有效的第三方鉴证机制 风险事件：审计执业界无法对公司互联网报告开展鉴证业务 风险后果：信息使用者——在使用互联网报告信息的过程中无法得到合理的保证 审计执业界——执业能力受到质疑	信息使用者	发生可能性					
		严重性					
	审计执业界	发生可能性					
		严重性					
请您在如下空白行中填写您认为还应当予以评价的风险因素：							
		发生可能性					
		严重性					
		发生可能性					
		严重性					

如您对本问卷有任何意见和建议，请在如下空白行中填写：

____

____

____

____

附录 3

采集的正面及负面关键词

正面关键词
霸主　百佳　百强　榜首　倍　飙升　标杆　畅销　超过　超越　成功　成熟　成长　驰名　充裕　充足　出色　创纪录　大型　第一　典范　顶级　发展　飞跃　斐然　翻番　丰富　丰厚　丰收　丰硕　赶超　高成长　高出　高达　高度　高品质　高效　高于　高质量　巩固　广泛　广阔　冠军　好评　好于　辉煌　机会　机遇　跻身　极大　佳绩　坚实　奖　骄傲　骄人　佼佼者　捷报　杰出　进展　净增　劲增　巨大　看好　可观　跨越　扩大　扩张　牢固　乐观　里程碑　理想　利好　良好　亮点　亮丽　靓丽　领导　领军　领跑者　领头羊　领先　龙头　满意　美好　美誉　名列　排名　攀升　跑赢　飘红　平稳　旗舰　前列　前茅　前三　前沿　强大　强劲　强盛　强势　抢眼　荣登　荣获　荣列　荣耀　荣膺　荣誉　入围　入选　三大　上升　上扬　上涨　深厚　升高　升级　升至　盛誉　十佳　十强　实力　实现　首创　首个　首家　首批　首破　首位　刷新　率先　受惠　特大　特级　腾飞　提升　突出　突破　凸显　突显　拓宽　拓展　完美　完善　完胜　旺盛　唯一　位居　位列　稳定　稳固　稳健　稳居　稳占　喜人　先河　先进　新锐　显著　享誉　向好　新高　新台阶　新增　雄厚　雄踞　亚军　一级　一流　引领　饮誉　赢得　优良　优势　优秀　优异　优于　优质　有利　圆满　远超　远高于　跃居　跃上　跃升　增大　增幅　增加　增强　增收　增效　增长　增值　增至　占据　彰显　振奋　知名　之首　走高　瞩目　主导　主流　著名　卓有成效　卓越　卓著　最佳　最强　最好
负面关键词
变化　波动　波折　不够　不利　不良　不明朗　不确定　不顺　差距　低迷　丢失　动荡　短缺　多变　风险　复杂　供大于求　过剩　极微　挤压　艰巨　艰难　竞争　紧缺　紧张　减少　居高不下　减值　降低　堪忧　亏损　困难　流失　矛盾　攀升　受压　瞬息万变　损失　挑战　微利　微降　未达　未能　问题　下跌　下降　下行　压力　压缩　严峻　严重　影响　约束　震荡

参考文献

[1] 白重恩、刘俏、陆洲等：《中国上市公司治理结构的实证研究》，载于《经济研究》2005年第2期。

[2] 陈秉正：《公司整体化风险管理》，清华大学出版社2003年版。

[3] 程新生、徐婷婷、王琦等：《自愿性信息披露与公司治理：董事会功能与大股东行为》，载于《武汉大学学报》（哲学社会科学版）2008年第7期。

[4] 崔学刚：《董事会治理效率：成因与特征研究——来自中国上市公司的数据》，载于《财贸研究》2004年第2期。

[5] 杜兴强、温日光：《公司治理与会计信息质量：一项经验研究》，载于《财经研究》2007年第1期。

[6] 高雷、宋顺林：《公司治理与公司透明度》，载于《金融研究》2007年第11期。

[7] 葛家澍、杜兴强：《知识经济下财务会计理论与财务报告问题研究》，中国财政经济出版社2006年版，第95～100页。

[8] 顾孟迪、雷鹏：《风险管理》，清华大学出版社2009年版，第12～16页。

[9] 郭晓亭、蒲勇健、林略：《风险的概念及其数量刻画》，载于《数量经济技术经济研究》2004年第2期。

[10] 洪剑峭、张静、娄贺统：《防止上市公司虚假信息披露机制的一个模型分析》，载于《复旦学报》（自然科学版）2003年第5期。

[11] 胡勇、任德斌、吴少华等：《电信互联网风险评估指标体系研究及应用》，载于《电信科学》2008年第5期。

[12] 黄张凯、徐信忠、岳云霞：《中国上市公司董事会结构分析》，载于《管理世界》2006年第11期。

[13] 姜国华、徐信忠、赵龙凯：《公司治理和投资者保护研究综述》，载于《管理世界》2006年第6期。

[14] 兰玉杰、韩志勇：《我国高科技上市公司董事会特征与绩效关系的实证研究》，载于《经济社会体制比较》2007 年第 5 期。

[15] 刘均：《风险管理概论》，清华大学出版社 2008 年版，第 17 ~ 20 页。

[16] 刘新立：《风险管理》，北京大学出版社 2006 年版，第 1 ~ 16 页。

[17] 吕俊杰、董红：《基于区间数判断矩阵的模糊信息安全风险评估模型》，载于《统计与决策》2010 年第 16 期。

[18] 吕一博、苏敬勤：《基于创新过程的中小企业创新能力评价研究》，载于《管理学报》2009 年第 3 期。

[19] 倪明胜、纪宁：《风险社会与风险治理》，载于《求知》2010 年第 8 期。

[20] 倪受彬：《中国上市公司董事会治理与制度完善》，载于《河北法学》2006 年第 9 期。

[21] 潘琰、李燕媛：《中国公众投资者的网上报告需求调查》，载于《福州大学学报》（哲学社会科学版）2006 年第 4 期。

[22] 潘琰、辛清泉：《所有权、公司治理结构与会计信息质量——基于契约理论的现实思考》，载于《会计研究》2004 年第 4 期。

[23] 潘琰、辛清泉：《解读企业信息需求——基于机构投资者的信息需求探索》，载于《会计研究》2004 年第 12 期。

[24] 潘琰、庄建芳：《公司网上报告风险与注册会计师的作用》，载于《中国注册会计师》2007 年第 5 期。

[25] 普雷切特（Pritchett S. T.）：《风险管理与保险》（*Risk Management and Insurance*），中国社会科学出版社 1998 年版，第 1 ~ 2 页。

[26] 石水平、郭晰雪：《公司治理与盈利预测的自愿披露》，载于《山西财经大学学报》2008 年第 9 期。

[27] 斯凯柏（Skipper）：《国际风险与保险：环境—管理分析》（*International Risk and Insurance: An Environmental-managerial Approach*），机械工业出版社 1999 年版，第 4 ~ 12 页。

[28] 孙敬水、周永强：《我国上市公司董事会特征与信息披露违规：基于 2004 ~ 2006 年数据实证分析》，载于《工业技术经济》2008 年第 1 期。

[29] 孙蔓莉：《论上市公司信息披露中的印象管理行为》，载于《会计研究》2004 年第 3 期。

[30] 王明涛:《证券投资风险计量、预测与控制》，上海财经大学出版社 2003 年版，第 10~15 页。

[31] 王跃堂、朱林、陈世敏:《董事会独立性、股权制衡与财务信息质量》，载于《会计研究》2008 年第 1 期。

[32] 魏迎宁:《简明保险辞典》，中国财政经济出版社 2003 年版，第 5~15 页。

[33] 比弗，W. H.:《财务呈报——会计革命》（薛云奎译），东北财经大学出版社 1999 年版，第 30~38 页。

[34] 杨海峰:《基于 XBRL 的公司互联网报告改进的有效性研究》，中国财政经济出版社 2009 年版，第 61~83 页。

[35] 杨莉、李南:《FAHP 在软件项目风险优先级排序中应用》，载于《计算机工程与应用》2010 年第 30 期。

[36] 杨向阳、王文平:《股权结构、董事会特征与会计信息质量关系的实证研究——来自 A 股上市公司的经验证据》，载于《商业研究》2009 年第 5 期。

[37] 杨雪冬:《全球化、风险社会与复合治理》，载于《马克思主义与现实》2004 年第 4 期。

[38] 姚宇、侯建明:《风险投资项目运营风险评估模型研究》，载于《工业技术经济》2005 年第 8 期。

[39] 叶青、易丹辉:《中国证券市场风险分析基本框架的研究》，载于《金融研究》2000 年第 6 期。

[40] 于全辉:《基于有限理性假设的行为经济学分析》，载于《经济问题探索》2006 年第 7 期。

[41] 赵丽芳:《公司治理与会计信息质量控制系统研究》，载于《当代财经》2007 年第 12 期。

[42] 中国互联网信息中心（CNNIC）:《第 35 次中国互联网发展状况统计报告》，www. cnnic. net. cn，2015 年 2 月。

[43] 周建波、孙菊生:《经营者股权激励的治理效应研究——来自中国上市公司的经验证据》，载于《经济研究》2003 年第 5 期。

[44] 周仁俊、喻天舒、杨战兵:《公司治理激励机制与业绩评价》，载于《会计研究》2005 年第 11 期。

[45] 朱淑珍:《金融创新与金融风险——发展中的两难》，复旦大学出

版社 2002 年版，第 20 ~ 23 页。

[46] 卓志：《风险管理理论研究》，中国金融出版社 2006 年版，第 56 ~ 60 页。

[47] Netbai：员工泄密占企业商业机密泄露事件七成以上，www. netbai. com，2010.

[48] Abdelsalam O. H.，Bryant S. M.，Street D. L.，"An Examination of the Comprehensiveness of Corporate Internet Reporting Provided by London-Listed Companies"，*Journal of International Accounting Research*，2007，6（2）：1 – 33.

[49] Abdelsalam O. H.，El-masry A.，"The impact of board independence and ownership structure on the timeliness of corporate internet reporting of Irish-listed companies"，*Managerial Finance*，2008，34（12）：907 – 918.

[50] Abdelsalam O. H.，Street D. L.，"Corporate governance and the timeliness of corporate internet reporting by U. K. listed companies"，*Journal of International Accounting，Auditing and Taxation*，2007（16）：111 – 130.

[51] Abrahamson E.，Amir E.，"The information content of the president's letter to shareholders"，*Journal of Business Finance and Accounting*，1996，23（8）：1157 – 1182.

[52] AbuGhazaleh N. M.，Qasim A.，Haddad A. E.，"Perceptions and attitudes toward corporate website presence and its use in investor relations in the Jordanian context"，*Advances in Accounting，Incorporating Advances in International Accounting*，2012（28）：1 – 10.

[53] Aerts W.，"Inertia in the attributional content of annual accounting narratives"，*The European Accounting Review*，2001，10（1）：3 – 32.

[54] AICPA，Other Information in Documents Containing Audited Financial Statements：Auditing Interpretations of Section 550A，www. aicpa. org，2001.

[55] AICPA Assurance Services Executive Committee，The shifting paradigm in business reporting and assurance，Whitepaper，2008.

[56] Al-Ajmi J.，"Audit and reporting delays：Evidence from an emerging market"，*Advances in Accounting，incorporating Advances in International Accounting*，2008（24）：217 – 226.

[57] Albert T. C.，Goes P. B.，Gupta A.，"GIST：A model for design

and management of content and interactivity of customer-centric websites", *MIS Quarterly*, 2004 (6): 161 – 182.

[58] Allam A., Lymer A., Benchmarking financial reporting online: the 2001 review, Working Paper, University of Birmingham, Birmingham, 2002.

[59] Allam A., Lymer A., "Developments in Internet financial reporting: review and analysis across five developed countries", *The International Journal of Digital Accounting Research*, 2003, 3 (6): 165 – 199.

[60] Aly D., Simon J., Hussainey K., "Determinants of corporate Internet reporting: evidence from Egypt", *Managerial Auditing Journal*, 2010, 25 (2): 182 – 202.

[61] Armitage S., Marston C., "Corporate disclosure, cost of capital and reputation: Evidence from finance directors", *The British Accounting Review*, 2008 (40): 314 – 336.

[62] Ashbaugh H., Johnstone K. M., Warfield T. D., "Corporate reporting on the Internet", *Accounting Horizons*, 1999, 13 (3): 241 – 257.

[63] Auditing and Assurance Standards Board of the Australian Accounting Research Foundation, Auditing Guidance Statement AGS1050—Audit issues relating to the electronic presentation of financial reports, Melbourne, www. auasb. gov. au, December, 1999.

[64] Auditing and Assurance Standards Board of the Australian Accounting Research Foundation, Guidance Statement GS 006: Electronic publication of the auditor's report, Melbourne, www. auasb. gov. au, December, 2007.

[65] Auditing and Assurance Standards Board of the Australian Accounting Research Foundation, Guidance Statement GS 006: Electronic publication of the auditor's report, Melbourne, www. auasb. gov. au, March, 2010.

[66] Auditing and Assurance Standards Board of the Australian Accounting Research Foundation, Auditing Guidance Statement AGS 1050-Audit issues relating to the electronic presentation of financial reports, Melbourne, www. auasb. gov. au, July, 2002.

[67] Australian Securities Investment Commission, Policy Statement 107, www. cpd. com. Au.

[68] A'lvarez I. G., Sa'nchez I. M. G., Domı'nguez L. R., "Voluntary

and compulsory information disclosed online-The effect of industry concentration and other explanatory factors", *Online Information Review*, 2008, 32 (5): 596 -622.

[69] Ba S., Pavlou P., "Evidence of the effect of trust building technology in electronic markets: Price premiums and buyer behavior", *MIS Quarterly*, 2002, 26 (3): 243 -268.

[70] Baird J. E., Zelin R. C., "The effects of information ordering on investor perceptions: An experiment utilizing presidents' letters", *Journal of Financial and Strategic Decisions*, 2000, 13 (3): 71 -81.

[71] Bakos Y., Dellarocas C., Cooperation without Enforcement? A comparative analysis of litigation and online reputation quality assurance mechanism, Proceedings of the 23rd International Conference on Information Systems, Barcelona, Spain, December 2002, 15 -18.

[72] Barkemeyer R., Comyns B., Figge F., Napolitano G., "CEO Statements in Sustainability Reports: Substantive Information or Background Noise", *Accounting Forum*, 2014, 38: 241 -257.

[73] Beck C., Campbell D., Shrives P. J., "Content analysis in environmental reporting research: Enrichment and rehearsal of the method in a British-German context", *The British Accounting Review*, 2010 (42): 207 -222.

[74] Bell B. A., "Corporate web sites and securities offerings", *New York Law Journal*, 1998, 5: 20 -24.

[75] Bell P. M., Badiru A. B., "Fuzzy modeling and analytic hierarchy processing-Means to quantity risk levels associated with occupational injuries-part II: The development of a fuzzy rule-based model for the prediction of injury", IEEEE Transactions on Fuzzy Systems, 1996, 4 (2): 132 -138.

[76] Boehm B. W., *Software Risk Management*, IEEE Computer, Society Press, Washington, D. C., 1989.

[77] Bollen L., Hassink H., Bozic G., "Measuring and explaining the quality of Internet investor relations activities: a multinational empirical analysis", *International Journal of Accounting Information Systems*, 2006 (7): 273 -298.

[78] Bollen L. H., Hassnick H. F., De Lange R. K., et al., "Best practices in managing investor relations websites: Directions for future research",

Journal of Information Systems, 2008, 22 (2): 171 – 194.

[79] Bonson E., Escobar T., "Digital reporting in eastern Europe: an Empirical Study", *International Journal of Accounting Information Systems*, 2006 (7): 299 – 318.

[80] Boritz J., No W., "Security in XML-based Financial Reporting Services on the Internet", *Journal of Accounting and Public Policy*, 2005, 24 (1): 11 – 35.

[81] Bowen R. M., Davis A. K., Matsumoto D. A., "Emphasis on pro forma versus GAAP earnings in quarterly press releases: Determinants, SEC intervention and market reactions", *The Accounting Review*, 2005, 80 (4): 1011 – 1038.

[82] Brennan N. M., Guillamon-Saorin E., Pierce A., "Impression management: Developing and illustrating a scheme of analysis for narrative disclosures-A methodological note", *Accounting, Auditing & Accountability Journal*, 2009, 22 (5): 789 – 832.

[83] Brennan N., Hourigan D., "Corporate reporting on the internet by Irish companies", *The Irish Accounting Review*, 2000, 7 (1): 37 – 68.

[84] Bury L., "On line and on time", *Accountancy*, 1999 (8): 28 – 29.

[85] Campbell D. J., Craven B., Shrives P., "Voluntary social reporting in three FTSE sectors: a comment on perception and legitimacy", *Accounting, Auditing & Accountability Journal*, 2003, 16 (4): 558 – 581.

[86] Canadian Investor Relations Institute (CIRI), Financial and business reporting on the Internet-A discussion brief, www. cica. ca, 2008.

[87] Chan T., Watson I., Wee M., "The impact of the Internet on earnings announcements", *Pacific-Basin Finance Journal*, 2005 (13): 263 – 300.

[88] Chatterjee B., Hawkes L., "Does Internet Reporting Improve the Accessibility of Financial Information? A comparative study of New Zealand and Indian companies", *The Australasian Accounting Business & Finance Journal*, 2008, 2 (4): 33 – 58.

[89] Chen C. T., "A fuzzy MCDM method based on the decision maker's optimistic attitude", *Journal of Management and Systems*, 2000, 7 (3): 379 – 394.

[90] Cheng E. C. M., Courtenay S. M., "Board Composition, regulatory

regime and voluntary disclosure", *The International Journal of Accounting*, 2006 (41): 262-289.

[91] Chou C. C., Chang C. J., "Continuous auditing for web-released financial information", *Review of Accounting and Finance*, 2010, 9 (1): 4-32.

[92] Clatworthy M., Jones M. J., "Financial reporting of good news and bad news: Evidence from accounting narratives", *Accounting and Business Research*, 2003, 33 (3): 171-185.

[93] Clatworthy M. A., Jones M. J., "Differential reporting patterns of textual characteristics and company performance in the chairman's statement", *Accounting, Auditing and Accountability Journal*, 2006, 19 (4): 493-511.

[94] Clements C. E., Wolfe C. J., "An experimental analysis of multimedia annual Reports on nonexpert report users", *Advances in Accounting Information Systems*, 1997 (5): 107-136.

[95] Commission de-Operation de Bourse (COB), Guidelines concerning the use of internet by listed companies in a regulated market when they communite financial information, Press Release, www.COB.fr, May 1999, viewed July 2004.

[96] Cormier D., Ledous M. J., Magnan M., "The use of web sites as a disclosure platform for corporate performance", *International Journal of Accounting Information Systems*, 2009 (10): 1-24.

[97] Corritore C. L., Kracher B., Wiedenbeck S., "On-line trust: concepts, evolving themes, a model", *International Journal of Human-Computer Studies*, 2003 (58): 737-758.

[98] Courtis J. K., "Colour as visual rhetoric in financial reporting", *Accounting Forum*, 2004, 28 (3): 265-281.

[99] Craven B. M., Marston C. L., "Financial reporting on the Internet by leading UK companies", *European Accounting Review*, 1999, 8 (2): 321-333.

[100] Cyert, R. M., Ijiri, Y., "Problems of implementing the Trueblood objectives report", *Journal of Accounting Research*, 1974, supplement: 29-45.

[101] De Bussy N. M., Watson R., Leyland F., et al., "Stakeholder communication management on the Internet: An integrated matrix for the identification of opportunities", *Journal of Communication Management*, 2000, 5 (2):

138 – 146.

[102] Debreceny R., Gray G. L., The impact of the Internet on traditional assurance services and opportunities for new assurance services: Challenges and research opportunities, Working Paper, California State University, California, 1996.

[103] Debreceny R., Gray G. L., "Financial reporting on the Internet and the external audit", *European Accounting Review*, 1999, 8 (2), 335 – 350.

[104] Debreceny R., Gray G. L., Mock T. J., "Financial reporting web sites: What users want in terms of form and content", *The International Journal of Digital Accounting Research*, 2002, 1 (1): 1 – 23.

[105] Debreceny R., Gray G. L., Rashman A., "The determinants of Internet financial reporting", *Jounal of Accounting and Public Policy*, 2002, 21 (4): 371 – 394.

[106] Debreceny R., Rahman A., "Firm-specific determinants of continuous corporate disclosures", *The International Journal of Accounting*, 2005 (40): 249 – 278.

[107] Dellarocas C., Sanctioning reputation mechanisms in online trading environments with moral hazard, Working Paper, http: //ccs. mit. edu, July, 2004.

[108] Dellarocas C., "Reputation mechanism design in online trading environments with pure moral hazard", *Information Systems Research*, 2005, 16 (2): 209 – 230.

[109] Dellarocas C., Dini F., Spagnolo G. *Designing reputation (feedback) mechanisms, Final Version to Appear in the Handbook of Procurement*, Cambridge University Press, 2006.

[110] Dewally M., Ederington L., "Reputation, certification, warranties, and information as remedies for seller-buyer information asymmetrics: Lessons from the online comic book market", *Journal of Business*, 2006, 79 (2): 693 – 729.

[111] Elliot R. K., Jacobson P. D., "Costs and benefits of business information disclosure", *Accounting Horizons*, 1994, 8 (4): 80 – 96.

[112] El-Masry E. E., Reck J. L., "Continuous online auditing as a re-

sponse to the Sarbanes-Oxley Act", *Managerial Auditing Journal*, 2008, 23 (8): 779 -802.

[113] Ettredge M., Richardson V. J., Scholz S., Going concern auditor reports at corporate web sites: A regulatory loophole, Working Paper, University of Kansas, Kansas, 1999.

[114] Ettredge M., Richardson V. J., Scholz S., "The presentation of financial information at corporate web sites", *International Journal of Accounting Information Systems*, 2001 (2): 149 -168.

[115] Ettredge M., Richardson V. J., Scolz S., "Dissemination of information for investors at corporate web site", *Journal of Accounting and Public Policy*, 2002, 21 (4 -5): 357 -369.

[116] European Union, Directive 2003/71/EC of the European Parliament and of the Council of 4 November 2003 on the Prospectus to be Published when Securities are Offered to the Public or Admitted to Trading and Amending Directive 2001 /34 /EC, ec. europa. eu, 2003.

[117] Ezat A., El-masry A., "The impact of corporate governance on the timeliness of corporate internet reporting by Egyptian listed companies", *Managerial Finance*, 2008, 34 (12): 848 -867.

[118] Fama E. F., Jensen M. C., "Separation of ownership and control", *Journal of Law and Economics*, 1983 (26): 301 -325.

[119] Financial Accounting Standards Board (FASB), Electronic distribution of business reporting information, www. rutgers. edu, 2000.

[120] Financial Accounting Standards Board (FASB). Improving Business Reporting, Insights into enhancing voluntary disclosure, Steering Commitee Report, 2001.

[121] Financial Services Authority (FSA), The Perimeter and the Internet, www. fsa. gov. uk.

[122] Fisher R., Chu S. Z., "Initial online trust formation: the role of company location and web assurance", *Managerial Auditing Journal*, 2009, 24 (6): 542 -563.

[123] Fisher R., Oyelere P., Laswad F., "Corporate reporting on the Internet: Audit issues and content analysis of practices", *Managerial Auditing*

Journal, 2004, 19 (3): 412 -439.

[124] Fjeld K., Molesworth M., "PR practitioners' experiences of, and attitudes towards, the internet's contribution to external crisis communication", *Corporate Communications: An International Journal*, 2006, 11 (4): 391 -405.

[125] Forbrun C. J., Van Reil C. B. M., "The reputational landscape", *Corporate Reputation Review*, 1997 (1): 5 -13.

[126] Forker J. J., "Corporate governance and disclosure quality", *Accounting and Business Research*, 1992 (22): 111 -124.

[127] Francis J., Smith A., "Agency costs and innovation: Some empirical evidence", *Journal of Accounting and Economics*, 1995 (19): 383 -409.

[128] Frost C., Pownall G., "Accounting disclosure practices in the United States and the United Kingdom", *Journal of Accounting Research*, 1994, 32 (1): 75 -102.

[129] Gandia J. L., "Determinants of Internet-based corporate governance disclosure by Spanish listed companies", *Online Information Review*, 2008, 32 (6): 791 -827.

[130] Gefen D., Karahanna E., Straub D. W., "Trust and TAM in online shopping: an integrated model", *MIS Quarterly*, 2003, 27 (1): 51 -90.

[131] Ghani E. K. Digital reporting formats and users of financial reports: Decision quality, perceptions and cognitive information processing in the context of recognition versus disclosure, Pamerston: Massey University, 2008.

[132] Ghani E. K., Laswad F., Tooley S., "Digital reporting formats: Users' perceptions, preferences and performances", *The International Journal of Digital Accounting Research*, 2009 (9): 45 -98.

[133] Gowthorpe C., Flynn G., Smaller listed companies' financial reporting on the Internet 2000/2001, Institute of Chartered Accountants in England and Wales, London, UK. 2001.

[134] Grahama J. R., Harveya C. R., Rajgopal S., "The economic implications of corporate financial reporting", *Journal of Accounting and Economics*, 2005 (40): 3 -73.

[135] Green G., Spaul B., "Digital accountability", *Accountancy International Edition*, 1997 (5): 49 -50.

[136] Guillamon-Saorin E., Impression management in financial reporting, Evidence from the UK and Spain, University College Dublin, 2006.

[137] Gul F. A., Leung S., "Board leadership, outside director's leadership expertise and voluntary corporate disclosures", *Journal of Accounting and Public Policy*, 2004, 23 (5): 351 - 379.

[138] Haniffa R. M., Cooke T. E., "Culture, corporate governance and disclosure in Malaysian corporations", *Abacus*, 2002, 38 (3): 317 - 348.

[139] Healy P. M., Palepu K. G., "Information asymmetry, corporate disclosure, and the capital markets: a review of the empirical disclosure literature", *Journal of Accounting and Economics*, 2001 (31): 405 - 440.

[140] Héroux S., Web site content management and analysis: a stakeholder and contingency perspective, Working Paper, École des sciences de la gestion Université du Québec à Montréal, 2006.

[141] Héroux S., Fortin A., Exploring IT governance and strategic control of web site content: a field study, Working Paper, École des sciences de la gestion, Université du Québec à Montréal, December 2009.

[142] Hodge F., "Hyperlinking unaudited information to audited financial statements: effects on investor judgments", *The Accounting Review*, 2001, 76 (4): 675 - 691.

[143] Hussey R., Gulliford J., "Regulating financial reporting on the Internet", *Journal of Financial Regulation and Compliance*, 1998, 6 (1): 21 - 25.

[144] Institute of Chartered Accountants in England and Wales (ICAEW), The 21st Century annual report, Papers from a conference held on the 11th September, London. 1998.

[145] International Federation of Accountants (IFAC), International Accounting Education Standards Board (IAESB), International education standard 8: Competence requirements for audit professionals, www. ifac. org, 2006.

[146] International Organization of Securities Commissions (IOSCO), Report on securities activity on the Internet, 1998, 27.

[147] International Organization of Securities Commissions (IOSCO), Report On securities activity on the Internet Ⅱ, 2001, 3.

[148] International Organization of Securities Commissions (IOSCO),

Report on securities activity on the Internet Ⅲ, 2003, 3.

[149] Ismail T. H., Sobhy N. M., "Determinants of auditors' perceptions of the work needed in the audit of internet-based financial reports in Egypt", *Journal of Applied Accounting Research*, 2009, 10 (2): 132 – 150.

[150] IT Governance Institute, IT Governance Status Report, 2007.

[151] Jasim Al-Ajmi, "Audit and reporting delays: Evidence from an emerging market", *Advances in Accounting, Incorporating Advances in International Accounting*, 2008 (24): 217 – 226.

[152] Jensen M. C., "The modern industrial revolution, exit and the failure of internal control systems", *Journal of Finance*, 1993 (48): 831 – 880.

[153] Jensen M. C., Meckling W., "Theory of the firm: Managerial behavior, costs and ownership structure", *Journal of Financial Economics*, 1976 (3): 305 – 360.

[154] John K., Senbet L. W., "Corporate governance and board effectiveness", *Journal of Banking and Finance*, 1998 (22): 371 – 403.

[155] Jones M., Xiao J., "Financial reporting on the internet by 2010: a consensus view", *Accounting Forum*, 2004 (28): 237 – 263.

[156] Jøsang A., Ismail R., Boyd C., "A survey of trust and reputation systems for online service provision", *Decision Support Systems*, 2007, 43: 618 – 644.

[157] Jurca R., Faltings B., "Obtaining reliable feedback for sanctioning reputation mechanisms", *Journal of Artificial Intelligence Research*, 2007 (29): 391 – 419.

[158] Kaplan J., Strategic IT portfolio management: governing enterprise transformation, New York, Pittiglio Rabin Todd and McGrath Inc., 2005.

[159] Karwowski W., Mital A., "Potential applications of fuzzy sets in industrial safety engineering", *Fuzzy Sets and Systems*, 1986 (19): 105 – 120.

[160] Keliwon K. B., Mohamed Z. M., Internet financial reporting disclosure strategy, Working Paper, 2009.

[161] Kelton A. S., Internet financial reporting: The effects of hyperlinks and irrelevant information on investor judgments, Knoxville: University of Tennessee, 2006.

[162] Kelton A., Yang Y., "The impact of corporate governance on Inter-

net financial reporting", *Journal of Accounting and Public Policy*, 2008 (27): 62 - 87.

[163] Kent M. L., Taylor M., White W. J., "The relationship between web site design and organisational responsiveness to stakeholders", *Public Relations Review*, 2003 (29): 63 - 77.

[164] Khadaroo I., "Corporate reporting on the internet: Some implications for the auditing profession", *Managerial Auditing Journal*, 2005, 20 (6): 578 - 591.

[165] Khan T., "Internet financial reporting: Disclosure about companies on websites", *Journal of Business Systems, Governance and Ethics*, 2007, 12 (2): 37 - 46.

[166] Khan A. H., Muzaffar A. T., Nazmul A. K., Corporate financial reporting on Internet global developments and an appraisal of practices in Bangladesh, Working Paper, American International University-Bangladesh, 2008.

[167] Khan M. N. A. A., Ismail N. A., "Users' Perceptions of Various Aspects of Malaysian Internet Financial Reporting", *Journal of Organizational Management Studies*, www. ibimapublishing. com, 2012.

[168] Krippendorff S., *Content Analysis: An introduction to its methodology*, Beverly Hills: Sage Publications, 1980.

[169] La Porta R., Lopez-de-Silanes F., Shleifer A., "Corporate ownership around the world", *Journal of Finance*, 1999 (54): 471 - 518.

[170] Leary M. R., Kowalski R. M., "Impression management: A literature review and two-component model", *Psychological Bulletin*, 1990, 107 (1): 34 - 47.

[171] Lious T. S., Wang M. J. J., "Ranking fuzzy numbers with integral value", *Fuzzy Sets and Systems*, 1992 (50): 247 - 255.

[172] Lipton M., Lorsch J., "A modest proposal for improved corporate governance", *Business Lawyer*, 1992 (59): 59 - 77.

[173] Litan E. R., Wilson P., "Corporate disclosure in the Internet age", *The Financial Times*, 24th May 2000.

[174] Loh L., Venkatraman N., "Diffusion of information technology outsourcing: Influence sources and the kodak effect", *Information System Research*,

1992, 3 (4): 334 -358.

[175] Louwers T. J., Pasewark W. R., Typpo E. W., "The internet: changing the way corporations tell their story", *CPA Journal*, 1996, 66 (11): 24 -28.

[176] Lowengard M., "The internet puzzle", *Institutional Investor*, 1997, 41 (5): 163 -179.

[177] Lymer A., Debreceny R., "The auditor and corporate reporting on the Internet: Challenges and institutional responses", *International Journal of Auditing*, 2003, 7 (2): 103 -120.

[178] Lymer A., Debreceny R., Gray G., et al., "Business reporting on the internet", International Accounting Standards Committee, London. November, 1999.

[179] Macleod S., "The evaluation of PR on the internet", *Journal of Communication Management*, 2000, 5 (2): 179 -188.

[180] Mariq S. M., Financial reporting on the Internet by Saudi joint stock companies: Impact on the audit profession, Working Paper, 2007.

[181] Marston C., Polei A., "Corporate reporting on the Internet by German companies", *International Journal of Accounting Information Systems*, 2004, 5 (3): 281 -368.

[182] Mayer R. C., Davis J. H., Schoorman F. D., "An integrative model of organizational trust", *Academy of Management Review*, 1995, 20 (3): 709 -734.

[183] Merkl-Davies D. M., Brennan N. M., "Discretionary disclosure strategies in corporate narratives: Incremental information or impression management?", *Journal of Accounting Literature*, 2007 (26): 116 -194.

[184] Milne M. J., Patten D. M., "Securing organizational legitimacy: an experimental decision case examining the impact of environmental disclosures", *Accounting Auditing and Accountability Journal*, 2002, 15 (3): 372 -405.

[185] Mohamed E. K. A., Oyelere P., Al-Busaidi M., "A survey of Internet financial reporting in Oman", *International Journal of Emerging Markets*, 2009, 4 (1): 56 -71.

[186] Momany T., Al-Shorman S., 2006, "Web-based voluntary financial reporting of Jordanian companies", *International Review of Business Research*

Papers, 2 (2): 127 - 139.

[187] Nel G., "Future of financial reporting on the Internet", *South African Journal of Information Management*, 2004, 6 (2): 1 - 14.

[188] Neu D., Warsame H. A., Pedwell K. A., "Managing public impressions: Environmental disclosures in annual reports", *Accounting, Organizations and Society*, 1998, 23 (3): 265 - 282.

[189] Ngai E. W. T., Wat F. K. T., "Fuzzy decision support system for risk analysis in e-commerce development", *Decision Support Systems*, 2005 (40): 235 - 255.

[190] Noack D., "Web pages help build investor relations", *Investor's Business Daily*, 10 October 1997, A1.

[191] Nordberg D. Shareholder communication: The next wave, Centre for business performance, Institute of Chartered Accountants in England and Wales, London, 1999.

[192] Osma B. G., Guillamón-Saorín E., "Corporate governance and impression management in annual results press releases", *Accounting, Organizations and Society*, 2011 (3): 1 - 22.

[193] Ottinger L. L., Understanding the effectiveness of multimedia technology as a persuative tool: An experimental investigation, Texas: A&M University, 1993.

[194] Owusu-Ansah S., "Timeliness of corporate financial reporting in emerging capital markets: Empirical evidence from the Zimbabwe Stock Exchange", *Accounting and Business Research*, 2000 (30): 241 - 254.

[195] Oyelere P., Laswad F., Fisher R., "Determinants of Internet financial reporting by New Zealand companies", *Journal of International Financial Management and Accounting*, 2003, 14 (1): 26 - 63.

[196] Patton A., Baker J. C., "Why won't directors rock the boat?", *Harvard Business Review*, 1987, 65 (6): 10 - 18.

[197] Pervan I., "Voluntary financial reporting on the internet-analysis of the practice of Croatian and Slovene listed joint stock companies", *Financial Theory and Practice*, 2006, 30 (1): 1 - 27.

[198] Peterson R., "Crafting information technology governance", *Infor-*

mation Systems Management, 2004, 21 (4): 7 -22.

[199] Pirchegger B., Wagenhofer A., "Financial information on the Internet: A survey of the homepages of Austrian companies", *The European Accounting Review*, 1999, 8 (2): 383 -395.

[200] Poon, Pak-Lok, Li D., et al., "Internet financial reporting", *Information Systems Control Journal*, 2003 (1): 1 -3.

[201] Prentice R. L., Richardson V. J., Scholz S., "Corporate web site disclosure and rule 10b -5: An empirical evaluation", *American Business Law Journal*, 1999, 36 (4): 531 -578.

[202] Ramarapu N. K., Frolick M. N., Wilkes R. B., et al., "The emergence of hypertext and problem solving: An experimental investigation of assessing and using information from linear versus nonlinear systems", *Decision Sciences*, 1997, 28 (4): 825 -849.

[203] Richardson V. J., Scholz S., "Corporate reporting and the Internet: Vision, reality, and intervening obstacles", *Pacific Accounting Review*, 2000, 11 (2): 153 -160.

[204] Romain G., Legislation in moderation, Accountancy, 2000, 126 (12): 92.

[205] Rose J. M., "The effects of multimedia-induced affective states on recall and decision-making by individual investors", *International Journal of Accounting Information Systems*, 2001 (2): 22 -40.

[206] Rowbottom N., "The application of intangible asset accounting and discretionary policy choices in the UK football industry", *British Accounting Review*, 2002, 34 (4): 335 -357.

[207] Ryan J. A., Exploring the investor relations website: The impact of internet reporting on institutions, Birmingham: University of Birmingham, 2010.

[208] Samaha K., Dahawy K., Abdel-Meguid A., et al., "Propensity and comprehensiveness of corporate internet reporting in Egypt: Do board composition and ownership structure matter", *International Journal of Accounting and Information Management*, 2012, 20 (2): 142 -170.

[209] Schadewitz H. J., Blevins D. R., "Major determinants of interim disclosures in an emerging market", *American Business Review*, 1998, 16 (1):

41 –55.

[210] Schlenker B. R. , Impression management: The self-concept, social identity, and interpersonal relations, Belmont: Brooks-Cole, 1980.

[211] Schmucker K. J, *Fuzzy sets*, *natural language computations and risk analysis*, Rockville: Computer Science Press, 1984.

[212] Scholz S. , Nelson K. M. , Zeppetella M. , Managing the context issues of non – financial accounting information on the Internet: an intelligent agent approach, Paper Read at 33rd Hawaii International Conference on System Sciences at Maui, Hawaii, 2000.

[213] Schrand C. , Walther B. R. , "Strategic benchmarks in earnings announcements: The selective disclosure of prior-period earnings components", *The Accounting Review*, 2000, 75 (2): 151 –177.

[214] Scott T. , "Incentives and disincentives for financial disclosure: voluntary disclosure of defined benefit pension plan information by French firms", *Accounting Review*, 1994, 69 (1): 26 –43.

[215] Securities and Exchange Commission, Rule 304 of Regulation S-T, General rules and regulations for electronic filings, www. sec. gov, 1995.

[216] Securities and Exchange Commission, Release Nos. 33 –7233, Use of electronic media for delivery purposes, www. sec. gov, 1995.

[217] Securities and Exchange Commission. Release Nos. 33 –7856, Use of Electronic Media, www. sec. com, 2000.

[218] Shleifer A. , Vishny R. W. , "A survey of corporate governance", *Journal of Finance*, 1997, 52 (2): 737 –783.

[219] Smith B. , Pierce A. , "An investigation of the integrity of Internet financial reporting", *The International Journal of Digital accounting Research*, 2005, 5 (9): 47 –78.

[220] Smith M. , Taffler R. J. , "The chairman's statement and corporate financial performance", *Accounting and Finance*, 1992, 32 (2): 75 –90.

[221] The Audit Issues Task Force, Other information in electronic sites containing audited financial statements-AU550, New York, 1997.

[222] Thomas J. , "Discourse in the marketplace: The making of meaning in annual reports", *The Journal of Business Communication*, 1997, 34 (1):

47 - 66.

[223] Toronto Stock Exchange (TSX), Electronic communications disclosure guidelines, Canada, www. tse. com, 1999.

[224] Toronto Stock Exchange (TSX), Company Manual, Canada, www. tse. com, 2005.

[225] Trabelsi S., An empirical examination of corporate website as a voluntary disclosure medium, BAA Annual Conference, Royal Holloway, University of London, 2007.

[226] Trabelsi S., Labelle R., Evidence that corporate websites is a part of the firm's overall disclosure package, Working Paper, Brock University, 2006.

[227] Trabelsi S., Labelle R., Laurin C., "The management of financial disclosure on corporate websites: A conceptual model", *Canadian Accounting Perspectives*, 2004, 3 (2): 235 - 259.

[228] Trites G., The impact of technology on financial and business Reporting, Canadian Institute of Chartered Accountants, Toronto, 1999.

[229] Turel A., "The Expectation Gap in Internet Financial Reporting: Evidence from an Emerging Capital Market", *Middle Eastern Finance and Economics*, 2010 (8): 94 - 107.

[230] UK Auditing Practices Board, The electronic publication of auditors' reports, Auditing Practices Board, London, 2001.

[231] UK Investor Relations Society, A brief introduction to investor relations, www. irs. org. uk, 2003.

[232] Van Grembergen W., *Strategies for information technology governance*, Hershey, PA: Idea Group Publishing, 2004.

[233] Van Grembergen W., Introduction to the minitrack IT governance and its mechanisms, in Proceedings of the 40th Hawaii International Conference on System Sciences (HICSS), 2007.

[234] Verrecchia R. E., "Discretionary disclosure", *Journal of Accounting and Economics*, 1983 (5): 179 - 194.

[235] Wallman S. M. H., "The future of accounting and disclosure in an evolving world: The need for dramatic change", *Accounting Horizons*, 1995, 9 (3): 81 - 91.

[236] Wallman S. M. H. , "The future of accounting and financial reporting, Part IV: Access accounting", *Accounting Horizons*, 1997, 11 (2): 103 - 116.

[237] Wang Y. M. , Elhag T. M. S. , " A fuzzy group decision making approach for bridge risk assessment", *Computers & Industrial Engineering*, 2007 (53): 137 - 148.

[238] Watson A. , Shrives P. , Marston C. , " Voluntary disclosure of accounting ratios in the UK", *British Accounting Review*, 2002, 34 (4): 289 - 313.

[239] Weill P. , Ross J. , *IT governance: How top performers manage IT decision rights for superior results*, Boston: Harvard Business School Press, 2004.

[240] Williamson O. E. , *The mechanisms of governance*, Oxford University Press, New York. 1996.

[241] Xiao Z. , Jones M. , Lymer A. , " Immediate trends in Internet reporting", *European Accounting Review*, 2002, 11 (2): 245 - 275.

[242] Xiao J. Z. , Yang H. , Chow C. W. , "The determinants and characteristics of voluntary Internet - based disclosures by listed Chinese companies", *Journal of Accounting and Public Policy*, 2004 (23): 191 - 225.

[243] Zeng J. , An M. , Smith N. J. , "Application of a fuzzy based decision making methodology to construction project risk assessment", *International Journal of Project Management*, 2007 (27): 589 - 600.

后 记

本书是在我博士论文的基础上修改形成，在对上市公司互联网报告行为进行调查的基础上对其风险及治理机制开展了探索性的研究。

我要深深感谢我的导师潘琰教授对我的培养和关爱。十年前，对财经知识几无所知的我认识了恩师，是她一路的指导和爱护，引领我逐步踏入学术殿堂，成为这个庄严殿堂中的一名学子。十年来，恩师以渊博的知识、严谨的治学态度、敏锐的学术思维和勤奋不倦的工作作风，教会了我做人、做事、做学问的道理和方法，使我受益终身。每当我浮躁、在学术研究中不认真时，恩师严厉的批评常令我羞愧，而恩师对我的关爱又常常溢于言表。能成为恩师的弟子，是我莫大的荣幸和骄傲。恩师对我的深情厚爱，我常觉得无以回报，唯有深深铭记在心。

感谢王光远教授、陈国宏教授、张歧山教授、汤新华教授在我论文开题时给予的指导。这篇论文选题来源于恩师的国家自然科学基金项目，由于国际范围内极少见到相关的前期研究，我在接到选题时十分茫然，虽然查阅了国内外有关风险研究的文献，但直至开题，研究思路仍不清晰。正是各位教授在开题报告会上提出的真知灼见令我茅塞顿开，我根据相关意见修订了研究技术路线，才有今天书稿的出炉。在此，向各位表示衷心的谢意！感谢陈国宏教授、李登峰教授、朱斌教授、许萍教授在我论文预答辩时提出的批评指正，正是循着各位教授的意见去思考，才有今天这份书稿内容上的提升。在此，向各位教授表示诚挚的感谢。

感谢吴秋明教授、张歧山教授、叶阿忠教授、周小亮教授和冯玲教授的传道、授业、解惑，在你们的课堂上我学到了新知，接触到了崭新的领域，开阔了视野。感谢我的同学们，陈晓杰、欧雅捷、周夕志、郭昆、郭炬、林斌、任劭喆、蔡猷花、蔡彬清、许娇、胡慧芳、邓丽君，共同学习的时光多少美好，期望未来的日子里我们互相勉励。感谢可爱的师妹和师弟，欧凌燕、李灵翔、周晟、柯伟玲、郑霞云、黄健美、林炎滨、胡海全、刘显飞为我的研究提供的帮助和支持，祝你们学业和事业顺利。

感谢我的父亲、母亲、爱人和孩子，多年以来，为了学业，我忽视了多少与你们相聚的时光。岁月倏忽，父母渐老，我的老父亲常以我为荣，对我寄予了殷殷期盼，而我常因学业抽不出回家看他的时间，祝愿亲爱的父母平安、健康！十年如梦，我的女儿渐渐成长，有多少次我叫她不要吵，说妈妈要看书。忙碌的我，常忘了照顾女儿，年幼的她常独自与娃娃说话。我最爱的女儿，未来的日子，妈妈要好好伴你长大。

博士生涯已然翻过，未来的路仍在继续。今天的我，也已不再年轻。这十年，艰难且充实，这十年，令我感受到了求知的痛苦和快乐，令我发现世界之大，自己之渺小。一路走来，风霜雨雪，阳光与星辉，都已成为我生命的积淀。逝者如斯，我知道，我应珍惜所拥有。无论未来如何，我将更加从容地前行。愿爱与希望伴我左右。

林　琳

2016年3月31日

图书在版编目（CIP）数据

公司互联网报告的风险及其治理机制研究／林琳著.
—北京：经济科学出版社，2016.10
（福建省社会科学研究基地财务与会计研究中心系列丛书）
ISBN 978-7-5141-7400-7

Ⅰ.①公…　Ⅱ.①林…　Ⅲ.①上市公司-财务风险-研究-中国　Ⅳ.①F279.246

中国版本图书馆CIP数据核字（2016）第260069号

责任编辑：赵　蕾　刘懿信
责任校对：杨　海
责任印制：李　鹏

公司互联网报告的风险及其治理机制研究
林　琳　著
经济科学出版社出版、发行　新华书店经销
社址：北京市海淀区阜成路甲28号　邮编：100142
总编部电话：88191217　发行部电话：88191540
网址：www.esp.com.cn
电子邮件：esp@esp.com.cn
天猫网店：经济科学出版社旗舰店
网址：http://jjkxcbs.tmall.com
北京季蜂印刷有限公司印装
710×1000　16开　16印张　270000字
2016年12月第1版　2016年12月第1次印刷
ISBN 978-7-5141-7400-7　定价：42.60元
（图书出现印装问题，本社负责调换。电话：010-88191502）